a mente carismática

No último século, o movimento pentecostal demonstrou crescente relevância na arena pública em âmbito global. Escrito com elegância e piedade, este livro da lavra de Valmir Nascimento Milomem Santos examina os fundamentos bíblicos, teológicos e práticos para o desenvolvimento de uma intelectualidade genuinamente pentecostal. Uma obra indispensável para todo cristão que almeja testemunhar o evangelho na arena contemporânea.

Davi Lago

Escritor e conferencista; Mestre em Teoria do Direito.

A mente carismática é uma preciosa síntese do pensamento pentecostal ao representar o cenáculo (Última Ceia e Pentecoste) como o paradigma do ser pentecostal, a interioridade e a exterioridade. Demonstra a importância de construir uma exterioridade na presença pública pentecostal relevante a partir da interioridade espiritual na dinâmica do Espírito. Propõe um equilíbrio entre erudição e devoção, mente e coração; passando pelas principais doutrinas pentecostais balizadas no evangelho quíntuplo: Jesus salva, santifica, batiza, cura e voltará; com centralidade na pessoa e obra de Cristo. Ao aproveitar pressupostos de propostas teológicas que nasceram na história da igreja cristã, propõe o equilíbrio exigido pela cosmovisão cristã, para não idolatrar a teoria em detrimento de Deus, que é a fonte dela, mas sempre priorizar o amor e as questões do coração. Ao analisar a presença pública dos pentecostais, faz sugestões magistrais à atual participação política dos evangélicos no Brasil e propõe uma atuação sadia para a igreja, dialogando com teólogos e filósofos contemporâneos. A obra se propõe, com equilíbrio e sobriedade, a abordar temas complexos, contraditórios e sensíveis na atual conjuntura política brasileira. Parabéns ao pastor Valmir Nascimento, pela clareza e profundidade de seu pensamento.

Claiton Ivan Pommering

Doutor e Mestre em Teologia pelas Faculdades EST;
diretor da Faculdade Refidim; escritor e conferencista.

Valmir Nascimento Milomem Santos faz parte da nova geração de pensadores pentecostais. Nesta obra, ele desfaz o mito: quem ora não pensa e quem pensa não ora. Milomem mostra como uma mente empoderada pelo Espírito não é alienada. Em vez disso, possui uma fé consciente da sua missão porque tem seus pés firmado no chão da história.

José Gonçalves

Mestre em Teologia pela Faculdade Batista do Paraná (FABAPAR); graduado em Teologia pelo Seminário Batista de Teresina (1995) e licenciado em Filosofia pela Universidade Federal do Piauí (2001); escritor e conferencista.

É com grande alegria que endosso a obra "*A Mente Carismática*" do jurista e teólogo Valmir Nascimento. Como magistrado, reconheço a importância de compreendermos as diferentes manifestações de fé em nossa sociedade e o impacto que elas têm na esfera pública. Afinal, Estado laico não é hostil à religião. Conhecido por obras anteriores, Valmir Nascimento, com sua abordagem profunda, nos oferece neste novo livro uma análise criteriosa da fé pentecostal, destacando sua relevância e contribuição para o debate público contemporâneo, esclarecendo como a vivência carismática pode e deve dialogar com os desafios e oportunidades de nossa época. "*A Mente Carismática*" não é apenas uma leitura para os que compartilham da fé pentecostal, mas para todos os que se interessam em entender como a espiritualidade influencia e enriquece a vida cívica, as questões culturais e a política.

William Douglas

Desembargador Federal e escritor.

Valmir Nascimento Milomem Santos

a mente carismática

A formação da *espiritualidade pentecostal* e o seu testemunho na praça pública

Thomas Nelson Brasil

Pentecostal Carismático

COPIDESQUE Josemar de Souza Pinto
PRODUÇÃO Gisele Romão da Cruz
REVISÃO Carolyne Larrúbia
DESIGN DE CAPA Rafael Brum
PROJETO GRÁFICO E DIAGRAMAÇÃO Patrícia Lino

Dados Internacionais de Catalogação na Publicação (CIP)
(BENITEZ Catalogação Ass. Editorial, MS, Brasil)

N199m
1. ed Nascimento, Valmir
A mente carismática / Valmir Nascimento. – 1.ed. – Rio de Janeiro : Thomas Nelson Brasil, 2024.

224 p. ; 15,5 x 23 cm.

ISBN 978-65-5689-954-1

1. Bíblia N.T. Evangelhos. 2. Bíblia – Novo Testamento – Crítica textual. 3. Movimento carismático. 4. Pentecostalismo. 5. Teologia pública. I. Título.

06-2024/05 CDD-269.4

Índice para catálogo sistemático:
1. Movimento carismático : Pentecostalismo : Cristianismo 269.4

Bibliotecária responsável:
Aline Graziele Benitez – Bibliotecária - CRB-1/3129

Rua da Quitanda, 86, sala 601A - Centro,
Rio de Janeiro/RJ - CEP 20091-005
Tel.: (21) 3175-1030
www.thomasnelson.com.br

Agradecimentos

Um coração cheio do Espírito Santo é também um coração transbordante de gratidão. Por isso, expresso meu profundo agradecimento, primeiramente a Deus, pela vida e salvação em Jesus Cristo, e por todas as bênçãos recebidas. Agradeço de coração à minha esposa e amiga, Marcele, e aos meus filhos, Vinícius e Beatriz, por serem parte essencial da minha vida e por apoiarem meu ministério. Minha gratidão também se estende ao amigo Jonas Mendes, pela leitura prévia da obra e pelas valiosas observações. Aos amigos César Moisés de Carvalho e Gutierres Siqueira, meu agradecimento pelo incentivo e pelos textos de apresentação e prefácio. Uma palavra de agradecimento especial vai para Samuel Coto, publisher do Grupo HarperCollins Brasil, que acreditou neste projeto desde o início, e a toda sua equipe editorial, pelo esmero e cuidado com os originais, especialmente André Lodos e Aline Lisboa.

Sumário

Apresentação

A obra que o leitor tem em mãos representa uma dupla alegria para mim. A primeira é que ela é produto da pena de um amigo de longa data e cujo labor literário legou-nos excelentes textos em áreas que antes eram praticamente inexploradas no pentecostalismo: o ambiente estudantil e a relação da fé com a política. Feito que ele repete com a obra que tenho o privilégio de escrever sua apresentação, não havendo texto algum, de autor brasileiro pentecostal, que aborde a temática, sobretudo na perspectiva que ele o faz. Com formação em Direito e Teologia, especializado em ambas as áreas, além de estar cursando doutorado em Filosofia, este mato-grossense de Cáceres, criado em Pontes Lacerda, casou-se com Marcele Milomem, tendo um casal de filhos, Vinícius e Beatriz. Quando o conheci, na época, foi por meio do seu blogue *Como viveremos?*, em que o autor dava claros sinais de sua preocupação com a ausência de textos e produções justamente nesse campo no qual ele se dedica a escrever. Naquele tempo, pela ausência de tais fontes, tanto ele quanto eu — e os demais — recorríamos aos textos do chamado movimento de "cosmovisão cristã", isto é, aos livros de autores neocalvinistas que, começando pela obra *E agora, como viveremos?* (CPAD), lançada em 2000, chegaram ao país como a grande novidade para quem desejava exercer alguma influência nessas frentes.

Desse tempo a esta parte muita coisa mudou. Tive a oportunidade de trabalhar diretamente com o pastor Valmir no período em que dirigi o Setor de Educação Cristã da CPAD, tanto por ele ser comentarista de revista de Escola Dominical para jovens quanto por palestrar nos eventos da área da mesma editora, ocasiões em que estreitamos nossa amizade e aprofundamos as discussões. É interessante, porém, lembrar como o conheci. Foi por volta de 2008. Eu havia acabado de lançar *O mundo de Rebeca* (CPAD), e ele me convidou para uma entrevista sobre o romance para um blogue da extinta UBE (União dos Blogueiros Evangélicos). Contudo, foi apenas em março de 2015, no 7o Congresso Nacional de Escola Dominical da CPAD, ocorrido em São Paulo, que nos conhecemos pessoalmente, e desde então temos tido a oportunidade de partilhar o mesmo espaço em eventos e outros trabalhos, além de encontros informais e de lazer, dando-me ele a alegria de desfrutar de alguns momentos em sua residência, junto com sua linda e hospitaleira família.

Essa minha primeira alegria, de apresentar um amigo e seu excelente trabalho, é seguida de um segundo motivo que me entusiasma: esta inédita obra faz parte de um movimento que é resultado direto de uma conscientização e do amadurecimento da urgente necessidade de os teólogos e pensadores pentecostais brasileiros tomarem as rédeas e dirigirem o processo de sua maturidade bíblica, teológica, histórica e filosófica. Esse movimento é de tempo bem recente, tendo não mais que uma década, postulado desde quando se propôs a ideia de uma "hermenêutica pentecostal", em 2013, e com a consequente observação de que pensamos por meio de pressupostos distintos dos tipicamente reformados, traduzidos e resumidos no fato de que nossa fé, antes de credal, é experiencial. Desde então seguiu-se a produção de diversas obras de autores nacionais, sejam convergindo, sejam divergindo, mas todas, de alguma forma e em algum grau, orbitando em torno do assunto e adensando o inevitável processo de maturação teórica do pentecostalismo.

Portanto, *A mente carismática* representa um avanço e uma grande contribuição na esteira desse movimento em que os pentecostais-carismáticos não apenas reivindicam seu óbvio e inalienável direito de ler e interpretar as Escrituras, produzir teologia própria, refletir sobre sua história e escolher um aporte filosófico que melhor se adeque aos seus pressupostos, mas intentam com esse exercício propor uma "teologia pública de matriz pentecostal". As dezenas de obras traduzidas que têm aportado no Brasil nos últimos anos evidenciam que nossos irmãos pentecostais-carismáticos estrangeiros já tiveram sua primavera bíblica, teológica, histórica e filosófica. É a vez de o pentecostalismo brasileiro fazer o mesmo. Apesar de tal movimento ainda estar em seu início, os sinais são muito bons, pois a produção literária nacional, de cunho técnico, em uma década, é exponencialmente superior a tudo que se produziu nesse campo em mais de um século! Menciono o pentecostalismo brasileiro pelo simples fato de que, se tratando de América Latina, em nosso vizinho país, o teólogo pentecostal peruano Bernardo Campos, em seu excelente opúsculo *Hermenêutica do Espírito*, lançado em português em 2018, propõe, por exemplo, uma "inteligência espiritual".

Não obstante, *A mente carismática* vai além e apresenta os caminhos para que aproveitemos, consciente e propositadamente, essa prática espontânea que caracteriza o pentecostalismo. Assim, é com muita alegria, entusiasmo e com meu melhor coração que indico a leitura deste relevante trabalho do pastor Valmir Nascimento, fruto de suas pesquisas e do mais responsável amadurecimento intelectual. Um pensador genuinamente pentecostal que, sem abrir mão da experiência com o Espírito Santo, indica a direção que devemos trilhar para que "saiamos do cenáculo para a praça pública", preservando o que "lá dentro" recebemos, já que tal depósito é o que fará toda a diferença "aqui fora".

César Moisés Carvalho

Curitiba, primavera de 2022.

Prefácio

Em língua inglesa já existem inúmeros trabalhos de pentecostais em teologia pública, filosofia e cosmovisão. Alguns nomes como Michael D. Palmer, Amos Yong, Miroslav Volf, Steven M. Studebaker, Mark J. Cartledge, James K. A. Smith, entre outros, contribuem com uma espécie de teologia pneumática para as ciências humanas e sociais. No Brasil, esse tipo de trabalho começou a nascer em anos recentes. Por esse motivo, celebro a iniciativa do pastor Valmir Nascimento. À medida que o pentecostalismo cresce, a necessidade de produção, reflexão e orientação teológica se faz cada vez mais urgente. A teologia pentecostal já passou da fase de justificação. É necessário, agora, mostrar a nossa voz construtiva.

Entre as percepções da presente obra, Valmir Nascimento comenta: "Um dos perigos do ativismo religioso reside em querer ir ao mundo sem antes passar pelo cenáculo, é pretender apresentar e exigir uma ética social antes mesmo de uma experiência de transformação pessoal." Esta é, talvez, a síntese do livro. O autor nos convida a falar ao mundo, mas, antes, devemos passar pelo cenáculo até que do alto sejamos "revestidos de poder". Essa é também a beleza da fé pentecostal. O seu ativismo social e político não é meramente humanista. É um ativismo que nasce do sopro do Espírito em corações aquecidos pela chama da paixão que o evangelho desperta e renova. É a "virtude" do Espírito que nos concede poder para ousar em palavras e posturas proféticas.

O pentecostalismo cresceu, e cresceu rápido. Hoje os pentecostais já têm respeitabilidade econômica, política e intelectual. Estamos, gradualmente, criando uma tradição. Mas tudo isso cobra um preço. É o custo da ética e do discipulado. É o desafio de andar pelo mundo sem compartilhar os seus valores mais profundos. Nascimento observa: "Quando o povo de Deus age no poder do Espírito, se desfaz a cultura do ódio étnico e da discriminação histórica." Eis o ponto: como se dizer cheio do Espírito e, simultaneamente, cultivar os valores da sociedade polarizada em que vivemos? De que "espírito" somos? Da divisão carnal ou do Espírito que nos santifica e nos batiza para o testemunho público e eficaz do evangelho? O livro nos mostra como a vida carismática demanda ética renovada.

Outro ponto levantado pelo livro: é possível agir com inteligência entre os "sábios deste mundo" e também cultivar uma fé espiritual e "sobrenatural"? Nascimento, citando a narrativa lucana do apóstolo Paulo em Atenas, mostra que sim. Aliás, o apóstolo dos gentios é a síntese em pessoa da "mentalidade carismática": paixão, razão e ação, tudo em um só propósito conduzido pelo Espírito Santo. Esta é a cosmovisão pentecostal: o encontro do afeto com a mente pelo poder carismático.

A cosmovisão pentecostal não é a tentativa vã de explicar tudo e todos, nem acompanha a arrogância moderna pretendida "dona da verdade", mas é a imaginação marcada pela narração, estética e afetividade. Nascimento nos mostra a cosmovisão pentecostal, mas não espera que essa cosmovisão esgote o mundo; pelo contrário, na cosmovisão pentecostal nada é esgotável porque o relacionamento com o Espírito é infinito.

Diante de uma teologia pública pentecostal, podemos perguntar: será que outras teologias públicas já dão conta do recado? Em uma crítica fina, o autor mostra que não. Valmir Nascimento passa pela teologia da libertação, teologia da missão integral e pelo neocalvinismo e mostra alguns dos seus limites. O pentecostalismo tem a chance, não pequena, de apresentar uma síntese de teologias públicas do passado, evitando os erros conhecidos e assimilando as virtudes de cada corrente. Portanto, o principal erro que devemos evitar é a fome de poder e o ativismo desmedido. Como o autor escreve, "A igreja, com efeito, não tem uma estratégia social; ela própria é uma estratégia social". A igreja, cheia do Espírito, é a transformação que transforma; é transformada enquanto transforma.

Gutierres Fernandes Siqueira

São Paulo, Brasil, primavera de 2022.

Introdução

Desde o seu surgimento no início do século 21, o movimento pentecostal-carismático moderno sempre lidou com diversas críticas e preconceitos. Acusada de ser na melhor das hipóteses *um movimento à procura de uma teologia*, um corpo errante sem consistência doutrinária e intelectual, que vive e se alimenta do barulho e das emoções, a tradição pentecostal historicamente foi considerada a *Cinderela do mundo teológico*, a *Gata Borralheira do protestantismo*. Embora tenha amplo reconhecimento como um povo que fala em línguas, ora, evangeliza e faz missões, o povo pentecostal não tem sido respeitado pelas correntes dominantes do mundo teológico como um povo que pensa. Não importa qual seja o nível de instrução e as credenciais acadêmicas, na mesa com outras denominações, o crente pentecostal é lembrado como o irmão do "manto", do "mistério divino" e, é claro, do "sapatinho de fogo".

Em nossos dias, as redes sociais expressam essa percepção de maneira bem cômica, como é o caso da anedota a respeito da pergunta: "Por que a galinha atravessou a rua?" Luterano: "Atravessou pela fé, e pela fé somente." Calvinista: "Estava predestinada a atravessar a rua." Pentecostal: "A galinha foi batizada com fogo. Oh, glória! *Aaleluiaaaa*!"

Esse tipo de brincadeira evidentemente não é problema para um legítimo pentecostal, pois, além da necessidade de saber rir das diferenças, mantendo a unidade com outras vertentes da cristandade, supõe-se que ele acredita na atualidade dos dons e caminha no poder do Espírito. A questão é que a ênfase excessiva na parte mística da fé, ainda que tenha seu lugar e importância, pode esconder a riqueza de outros elementos que fluem da fé pentecostal, impedindo a sua contribuição em outras áreas da vida. Quando isso ocorre, o cristão pentecostal é forçado a pegar carona na boleia de outras tradições para guiá-lo no oceano das incertezas contemporâneas e ajudá-lo a tratar dos assuntos sociais, culturais e políticos.

O problema surge quando os recursos tomados emprestados não se amoldam e, pior ainda, contrariam a essência da fé pujante e dinâmica que caracteriza o movimento do Espírito. Ao se valer de pressupostos teológicos racionalistas, antissobrenaturais e cessacionistas para lidar com o mundo fora do ambiente da igreja, que desprezam o poder e a atuação de Deus em sua criação, o cristão pentecostal acaba por assimilar uma mentalidade anticarismática. Isso o orienta a uma forma de vida incongruente e incompatível com a sua forma de compreender a dinâmica espiritual. Igualmente perigosa é a aproximação com correntes teológicas que colocam o evangelho subordinado a ideologias e bandeiras políticas, desviando-o de sua missão primordial e espiritual.

A visão caricata da fé pentecostal, que a restringe a rodopios e manifestações performáticas de êxtase e poder, pode culminar em prejuízo ao próprio testemunho cristão diante da sociedade, porquanto não incentiva a saída das águas rasas da superficialidade e estudos mais profundos sobre o seu potencial doutrinário, e como poderia contribuir com temas que dizem respeito à praça pública.

O crescimento expressivo do pentecostalismo no mundo todo, com a sua saída da marginalidade social e a interação cada vez mais frequente com a cultura e com o mundo político, amplifica ainda mais os riscos de testemunho negativo perante a cidade dos homens. A experiência nos mostra e as notícias evidenciam que a saída do cenáculo e a chegada abrupta ao palácio por meio do ativismo político, sem amadurecimento e fundamentos bem estabelecidos, quase sempre resultam em escândalos à igreja e estragos sociais.

Em meu livro *Entre a fé e a política*[1], chamei atenção para o fato de que a legitimidade democrática de participação política dos evangélicos não deve se esquecer da responsabilidade bíblica. A conquista de espaço nas estruturas de poder[2] e o reconhe-

---

[1] Nascimento, Valmir. *Entre a fé e a política: participação dos evangélicos no processo político-eleitoral — reflexões sobre a legitimidade, abuso de poder e ética cristã na esfera pública.* Rio de Janeiro: CPAD, 2018.

[2] Ver: Lago, Davi. *Brasil Polifônico: Os evangélicos e as estruturas de poder.* São Paulo: Mundo Cristão, 2018. Siqueira, Gutierres Fernandes. *Quem tem medo dos evangélicos?: religião e democracia no Brasil de hoje.* São Paulo: Mundo Cristão, 2022.

cido peso político nas disputas eleitorais em décadas recentes devem ser exercidos com cuidado e prudência, sob pena de sucumbir aos seguintes riscos:

1. tentação de utilizar o poder político a serviço da igreja,[3] pela ambição de obter benefícios, privilégios ou facilidades para a denominação religiosa, em detrimento do bem comum;
2. ilusão de que, como crentes, os evangélicos sejam imunes à corrupção, fazendo que, em vez de confrontarem a corrupção, acabem por disfarçá-la, sob o argumento de que algo está sendo feito para o bem;
3. desejo de dominação política com base em visões teocráticas que colocam em risco o princípio democrático e o papel da igreja na terra, ao subverter a sua missão espiritual;
4. formação de alianças com ideologias que destoam do cristianismo ortodoxo e comprometem a integridade da fé;
5. ilusão de messianismo político, que subverte o sentido da política terrena, coloca as esperanças escatológicas neste mundo e atribui lealdade absoluta ao Estado e a César;
6. desenvolvimento de uma visão espiritualista da política, compreendendo a disputa eleitoral com uma batalha eminentemente espiritual.

Os perigos inerentes à participação política evangélica, como claramente se vê, são reais. Para minimizar esses riscos, a presença pública e a ação política evangélica devem vir acompanhadas de discernimento espiritual da presença cristã no mundo, a fim de desenvolver um modelo de atuação biblicamente fundamentada e socialmente coerente.

Contudo, não basta estabelecer guias de participação social e estratégias para o relacionamento com o mundo político. É preciso sair da superfície e ir ao coração; identificar os elementos que caracterizam a forma de pensar e viver neste mundo com base em uma orientação que não somente acredita, mas experimenta o poder de Deus em nossos dias. Isso implica desenvolver aquilo que eu chamo de *mente carismática*.

Além da preocupação com o testemunho na praça pública, outra inquietação que me levou a escrever este livro foi perceber, com base em minha trajetória acadêmica, a quantidade de jovens pentecostais que buscam referenciais teóricos e teológicos para uma presença pública cristã fundamentada em distintivos coerentes com sua tradição.

---

[3] Bonino, José Míguez. *Em busca de poder: evangélicos e participação política na América Latina*. E-book. Rio de Janeiro: Novos Diálogos, 2011, posição 192.

Ao ingressarem nas universidades, muitos desses jovens enfrentam temas complexos como economia, política, teoria social, cultura e justiça. Na ausência de material produzido por pentecostais, recorrem a fontes e teóricos de outras tradições cristãs. Não estou dizendo que tal procura não seja valiosa e necessária; afinal partilhamos de inúmeros pontos em comum. No entanto, algumas dessas bases teóricas confrontam diretamente a teologia e a espiritualidade pentecostais, o que torna necessário oferecermos uma perspectiva que honre a sua identidade, sem qualquer receio ou temor. Estou convencido de que a melhor forma de fazer isso é mostrar a amplitude e as implicações das experiências de fé, formando uma mentalidade cheia do Espírito.

Em direção à mente carismática

Harry Blamires inicia um dos clássicos da literatura cristã com uma solene advertência: "Não existe mais uma mente cristã."[4] Os cristãos modernos, segundo Blamires, haviam cedido à secularização, e, embora ainda aceitassem a moralidade, o culto religioso e a espiritualidade da religião cristã, rejeitaram a visão religiosa da vida como um todo e sua orientação sobrenatural, "a visão que relaciona todos os problemas humanos — sociais, políticos e culturais — aos fundamentos doutrinais da Fé Cristã"[5] e enxerga todas as coisas terrenas no contexto do eterno. Em suas palavras,

> Oramos e cultuamos de forma cristã. Depois, esvaziamos nosso cérebro do vocabulário cristão, dos conceitos cristãos, para garantir que nos comunicamos plenamente e voltamos a falar sobre política como o político, sobre bem-estar social como o assistente social, sobre relação no trabalho como o sindicalista. Assim, andamos mentalmente no secularismo. Treinamo-nos, até disciplinamo-nos para pensar de forma secular sobre algumas coisas seculares e — ironia das ironias — até conseguirmos nos persuadir de que não há nada mais cristão que ceder nessa matéria e aceitar o meio ambiente mental da outra pessoa.[6]

Olhando para o seu contexto, Blamires dizia que a substituição da mente cristã por uma mente secular era resultado em parte da acomodação intelectual dos cristãos, chegando a afirmar que a voz da profecia, ao menos no horizonte social, estava silenciosa.[7] Para resgatar a mentalidade cristã perdida nos escombros do secularismo, ele

---

[4] Blamires, Harry. *A mente cristã: como um cristão deve pensar.* São Paulo: Shedd Publicações, 2006, p. 15.

[5] Blamires, 2006, p. 16.

[6] Blamires, 2006, p. 45.

[7] Blamires, 2006, p. 56.

relembra as suas principais características: a orientação sobrenatural, a percepção do mal, o conceito de verdade, a aceitação de autoridade, a preocupação com a pessoa e a disposição sacramental.

A respeito do primeiro atributo, Blamires recorda que "a mente cristã considera que a vida e a história humanas estão nas mãos de Deus. Vê o universo inteiro sustentado pelo poder e pelo amor do Senhor. Considera a ordem natural, e o tempo encerrado na eternidade".[8] A orientação sobrenatural também "percebe esta vida como uma experiência inconclusiva, que apenas nos prepara para outra. Considera este mundo um lugar de refúgio temporário, não nosso lar verdadeiro e final".[9]

Décadas após o livro de Blamires, escrito em 1963, é realmente impressionante como a dimensão sobrenatural segue sendo desprezada pelos círculos cristãos no seu trato com as questões sociais. A maior parte das opções cristãs relegam esse elemento e, ainda que inconscientemente, continua usando a linguagem e os valores seculares para lidar com a esfera pública e os problemas humanos. Considerando que a fé pentecostal se encontra enraizada na convicção da sobrenaturalidade, as *mentalidades cristãs genéricas* que desconsideram esse pressuposto são inadequadas e insuficientes para orientar o cristão pentecostal na sua vida em sociedade.

É exatamente diante dessa crise que passamos a indagar sobre a existência de uma *mente carismática*, uma forma de experienciar, pensar e viver publicamente fiel à espiritualidade pentecostal pujante. Se ela existe, como funciona e quais são os seus pressupostos essenciais? Seria possível falar em uma visão de mundo norteada por princípios pentecostais? Haveria uma teologia pública informada por tais elementos? Se sim, quais são as aproximações e distanciamentos de outras tradições?

O presente livro foi escrito com a intenção de responder a essa e outras indagações sinceras. Não posso assegurar que tenha conseguido responder a todas elas, mas ofereço algumas pistas para todo aquele, pentecostal ou não, que esteja interessado em descobrir o potencial da espiritualidade cheia do Espírito, para além das experiências individuais. Sugiro que a fé pentecostal compreende um imaginário social amplo, capaz de nos nortear no relacionamento com as ordens cultural, social e política, sem desprezar suas principais convicções e afetos. A fé radicalmente pentecostal sustém uma mentalidade iluminada e capacitada pelo Espírito, que orienta o viver e o testemunho no mundo criado por Deus.

---

[8] BLAMIRES, 2006, p. 71.

[9] BLAMIRES, 2006, p. 72.

Para este empreendimento, devo destacar que o propósito desta obra não é discutir a mente com base na antropologia teológica,[10] com ênfase nas dimensões cognitivas e psicológicas do ser humano. Embora esse aspecto permeie de uma forma ou de outra o desenvolvimento do assunto, sobretudo para pressupor que a mente carismática é uma mente redimida e renovada, a própria expressão da mente de Cristo (1Coríntios 2:16), que se contrasta com a mente corrompida pelo pecado, o objetivo principal é compreender a mente carismática com referência a um conjunto de noções, afetos e atitudes coletivos que fluem dos pressupostos teológicos e experiências históricas da comunidade de fé pentecostal.

A mente carismática é uma forma de organizar, dar sentido e orientar a presença do cristão na sociedade, tendo como diretriz seus fundamentos bíblicos e teológicos, mas sobretudo suas experiências espirituais marcantes. É uma mente que opera segundo os valores do Reino de Deus, pelos quais somos guiados a nos relacionar com este mundo e os demais cidadãos.

A mente carismática é espiritual em sua essência, sem deixar de ser relacional e social, preocupando-se com as questões cotidianas sem perder suas ênfases devocionais. Afinal, é absolutamente problemático estabelecer uma dicotomia entre espiritual e social. Não faz sentido imaginar que a espiritualidade radicada na cruz e revestida de poder no dia de Pentecostes não tenha implicações sociais e públicas. Donald Kraybill expressou essa verdade ao dizer que não temos um evangelho espiritual e um social, mas um único e integrado evangelho do Reino. "Esse evangelho funde as realidades social e espiritual em uma só. Jesus une o espiritual em um todo e indivisível."[11]

A mente carismática se dirige pelo sagrado e pela "presença verdadeira" de Deus neste mundo, ainda que tal presença seja misteriosa e inexplicável em muitos sentidos. Como escreveu Roger Scruton, "apesar de inexplicável, ninguém que a tenha experimentado pensa que se trata [a presença] simplesmente de uma ilusão: ela vem até nós com um caráter autoverificável que silencia o ceticismo, mesmo que exija interpretação".[12] A mente carismática se firma não nas abstrações teóricas de um *Design* Inteligente, mas no encontro direto e pessoal com Deus. Essa mentalidade, que é cheia do Espírito, compreende este mundo como uma terra dominada pela presença divina, por isso está sempre na expectativa do seu agir.

---

[10] Para esta abordagem, veja KEENER, Craig S. *A mente do Espírito: a visão de Paulo sobre a mente transformada*. São Paulo: Vida Nova, 2018.

[11] KRAYBILL, Donald. *O reino de ponta cabeça*. São Paulo: JesusCopy, 2017, p. 35.

[12] SCRUTON, Roger. *A alma do mundo: a experiência do sagrado contra o ataque dos ateísmos contemporâneos*. Rio de Janeiro: Record, 2017, p. 21.

Esse conceito de *mente* guarda pertinência com a concepção de *imaginário social* de Charles Taylor:[13] o modo com que imaginamos coletivamente a vida e as ordens sociais, mesmo que de maneira pré-teórica. Nesse caso, a *mente carismática* refere-se primeiramente à forma pela qual os cristãos pentecostais compartilham a sua existência social e se combinam com os outros. Esse imaginário incorpora uma noção de expectativas e conhecimento comum que nos capacita e nos conduz às práticas coletivas que compõem a vida social. Isso envolve tanto a noção de como as coisas geralmente funcionam (aspecto factual) quanto uma ideia de como elas devem funcionar (aspecto normativo).

No seu fazer teológico, a mente carismática é imaginada com base na experiência espiritual. Isso significa que a espiritualidade vivenciada, seja pessoalmente, seja expressa em narrativas bíblico-históricas, nutre a teologia sistematizada. Seguindo Steven Land, irei defender que a *mente cheia do Espírito* resulta da *tarefa da teologia como espiritualidade*, integrando crenças, afetos e ações (ortodoxia, ortopatia, ortopraxia).[14] Tal integração é necessária para que a espiritualidade[15] e a teologia não se fragmentem em intelectualismo, sentimentalismo e ativismo. Afinal de contas, "Deus que é Espírito cria na humanidade uma espiritualidade que é ao mesmo tempo cognitiva, afetiva e comportamental, conduzindo assim em direção a uma epistemologia, metafísica e ética unificadas".[16]

O cenáculo e os elementos formativos da *mente carismática*

Para a formulação dos elementos da mente carismática, conceberei o cenáculo como metáfora teológica. Esse quarto dos tempos bíblicos captura um quadro simbológico significativo e vibrante da fé carismática, por meio de episódios e imagens. Para os cristãos em geral e pentecostais-carismáticos em particular, o cenáculo, embora não seja sagrado, é um importante símbolo da fé, pois foi nesse

---

[13] TAYLOR, Charles. *Uma era secular*. São Leopoldo, RS: Unisinos, 2010, p. 210.

[14] LAND, Steven. *Pentecostal Spirituality: A Passion for the Kingdom*. Cleveland, Tennessee: CPT Press, 2010, p. 28.

[15] É bem verdade que nos últimos tempos o termo "espiritualidade" entrou na moda e ganhou conotações pós-modernas e eminentemente subjetivas, contrapondo-se à religiosidade. Diante de tantos empregos, a palavra se diluiu a tal ponto que quase não entendemos o seu sentido. Mas, em vez de deixarmos que a expressão pereça em decorrência de usos indevidos, acho mais apropriado o resgate à sua essência e sentido básico, como qualidade ou característica do que é espiritual. A espiritualidade evoca a abertura humana para a dimensão espiritual, para realidades que estão além da matéria e da vida concreta. De forma mais específica, em termos bíblicos, a espiritualidade refere-se à condição do *homem espiritual*, o qual se distingue do *natural* e do *carnal*, segundo o apóstolo Paulo (1Coríntios 2:14-6; 3:1-3). Logo, a espiritualidade bíblica e cristã refere-se aos diversos aspectos que emanam da condição da pessoa que foi resgatada, é guiada pelo Espírito de Deus e tem a mente de Cristo.

[16] LAND, 2010, p. 47.

local[17] que Jesus realizou a última ceia com os seus discípulos, possivelmente também onde ocorreu o derramamento do Espírito Santo no dia de Pentecostes. Por sua posição central dentro da narrativa bíblica do Pentecostes, esse quarto íntimo capta uma poderosa imagem com a qual é possível compreender as dimensões da fé cristã pentecostal, que engloba tanto a espiritualidade experimentada no interior do quarto quanto o testemunho público da praça pública.

Como veremos, uma fé que se manifesta somente dentro do cenáculo, restrita à experiência mística, é uma fé que apresenta falhas. Chamarei isso de *espiritualidade enclausurada*. Por outro lado, a fé que se preocupa tão só com o que está fora do cenáculo, com as questões de natureza social, sem considerar a experiência e o fervor do Espírito, também se mostra carente. Esse tipo denomino *religião social*.

Sugiro que uma fé íntegra e legitimamente pentecostal procede do interior do cenáculo, com base em profundas experiências com o divino, mas irrompe para fora, tornando-se um estilo de vida que molda as nossas ações e fornece diretrizes para a relação com a cultura e as estruturas de poder. Afinal, uma fé empoderada pelo Espírito começa no cenáculo, mas não se restringe a ele. No interior do cenáculo, somos regenerados, inspirados, fortalecidos, encorajados e edificados espiritualmente, mas é fora dele, no coração da cidade, que a fé se apresenta aos homens em forma de testemunho público, com coragem e ousadia.

Seguindo as narrativas bíblicas, percebemos que a fé cristã se expressa em dois movimentos igualmente importantes: o "*ingresso*" e a "*saída*" do cenáculo. Ao ingressar no cenáculo, temos um encontro real e direto com Deus, recebemos os carismas, oramos e expressamos intimidade. Ao sair dele, moldados pela íntima comunhão, a fé é expressa em palavras e atitudes. O ingresso no interior do cenáculo representa a salvação pessoal, santificação, devoção e as experiências do Espírito; enquanto isso, a saída aponta para o testemunho público em sociedade, a maneira com que vivenciamos a espiritualidade na praça pública.

A vida cristã baseada somente na espiritualidade enclausurada é individualista, espiritualista e demasiadamente eclesiocêntrica. Enquanto isso, a vida focada com exagero no exterior do cenáculo é teórica, árida e demasiadamente racional. O cristianismo autêntico se expressa no equilíbrio entre essas duas *dimensões*, entre o quarto íntimo e a praça pública.

---

[17] A despeito da afirmação de que o cenáculo de Jerusalém seja o lugar onde Jesus realizou a Santa Ceia e onde ocorreu o dia de Pentecostes, há várias objeções a isso.

Essa simbologia do "ingresso" e da "saída" do cenáculo guarda semelhanças com aquilo que Miroslav Volf chamou de *ascensão* e *retorno*, tomando por exemplo a subida e a descida de Moisés do monte santo. Segundo Volf, "a 'ascensão' é o ponto no qual, no encontro com o divino, os representantes das religiões proféticas recebem a mensagem e têm sua identidade essencial forjada — por meio da união mística com Deus, por meio da inspiração profética ou por meio de um entendimento mais profundo dos textos sagrados".[18] Já o retorno "é o ponto no qual, num intercâmbio com o mundo, a mensagem é comunicada verbalmente, decretada, transformada em liturgias ou instituições ou corporificada em leis".[19] Assim, "a 'ascensão' e o 'retorno' formam o coração palpitante da religião profética — mostrando que, embora os tipos de religião profética e de religião mística contrastem entre si, as experiências religiosas e os engajamentos com o mundo são dois componentes essenciais do tipo profético de religião".[20]

O ingresso do cenáculo ressalta a dimensão experiencial e particular da espiritualidade cristã, onde faz germinar um imaginário. No interior, temos um encontro com Deus, de natureza íntima, transformadora e formativa da fé cristã. Das narrativas do Novo Testamento podemos extrair diversas experiências espirituais que acontecem no interior do cenáculo, conduzidas pelo próprio Jesus e vivenciadas pelos discípulos. Mas irei destacar os episódios que apontam para a formação de uma identidade cristã que enfatizam a redenção, a santificação, o serviço, a esperança escatológica e o revestimento de poder do Espírito, constituindo os elementos da espiritualidade pentecostal-carismática, como manifestação original dos primeiros discípulos de Jesus.

1. ***Espiritualidade redimida.*** Tendo a Última Ceia como símbolo da morte sacrificial de Cristo, a experiência da salvação pessoal desponta como o principal elemento da espiritualidade cristã.
2. ***Espiritualidade santificada.*** A cerimônia do lava-pés no interior do cenáculo expressa a santificação que se espera do povo de Deus, cuja ordem irá repercutir no ambiente externo, na vida em sociedade.
3. ***Espiritualidade servidora.*** O ato de Jesus, ao se colocar no lugar do servo e limpar os pés sujos de seus discípulos, ilustra a dimensão do serviço da fé pentecostal.

---

[18] VOLF, Miroslav. *Uma fé pública: como o cristão pode contribuir para o bem comum*. São Paulo: Mundo Cristão. Edição do Kindle, 2018, posição 307.

[19] VOLF, 2018, posição 307.

[20] VOLF, 2018, posição 325.

4. ***Espiritualidade escatológica.*** Ao falar sobre a sua ascensão e retorno, junto com o envio do Consolador, Jesus inaugura a dimensão escatológica do Reino de Deus.
5. ***Espiritualidade carismática.*** No cumprimento da promessa de Jesus, os discípulos recebem a virtude do Espírito dentro do cenáculo. Tal acontecimento carismático capacita a espiritualidade para o testemunho em sociedade.

Prosseguindo para Atos dos Apóstolos, deparamo-nos com o testemunho dos cristãos fora do cenáculo. Saindo das sombras da marginalidade, a igreja primitiva avança para a sociedade, começando pelas casas, ruas e comunidades, prosseguindo para as cidades, praças públicas e ambientes de poder.

Tanto o itinerário traçado pelos cristãos primitivos, em movimento ascendente, quanto a forma com que lidavam com a cultura e as questões sociais e políticas, nos fornecem subsídios preciosos pelos quais estabelecemos princípios para a relação saudável com a esfera pública, sem que a igreja perca a sua essência.

Uma abordagem pentecostal-carismática

O meu propósito neste livro, portanto, é olhar primeiramente para as páginas do Novo Testamento e identificar nas narrativas bíblicas a formação instrutiva e experiencial da fé cristã, dentro do relacionamento particular de Jesus e seus discípulos. Isso será feito na primeira parte. Depois, na segunda, vamos identificar na vida dos seguidores fora do cenáculo a aplicação desses elementos. Por fim, na terceira e última parte, pretendo refletir sobre a possibilidade de uma teologia pública de matriz pentecostal-carismática, em diálogo com outras tradições cristãs.

Neste livro, adotarei um abordagem pentecostal-carismática. Estou consciente dos perigos em adotar essa expressão, principalmente diante das generalizações, espantalhos e equívocos levantados a seu respeito. Também estou ciente das distinções entre os diversos grupos continuístas dentro da tradição protestante, especialmente entre pentecostais clássicos, neopentecostais e carismáticos. Utilizo a palavra "carismático" em referência ao termo grego *charismata* empregado por Paulo em Romanos 12:6-8 e 1Coríntios 12:4-11, com o objetivo de designar os *dons sobrenaturais* concedidos graciosamente por Deus à sua igreja. Creio que seja um termo mais abrangente,[21] apto a englobar o pentecostalismo clássico,

[21] Nesse sentido, César Moisés Carvalho e Céfora Carvalho justificam o uso do termo: "Nossa abordagem, longe de excluir, inclui, pois na verdade significa que compreendemos que tais 'dons pertencem ao corpo de Cristo', e visto que 'por definição, cada membro do corpo tem ao menos um dom para contribuir para o corpo maior (Romanos 12:4-6; 1Coríntios 12:12-30)', em outras palavras, estamos dizendo que 'todos os cristãos devem se considerar carismáticos

ramo com o qual me identifico. Assim, para os propósitos desta obra, essa abordagem refere-se à crença de que o livro de Atos fornece um modelo para a igreja contemporânea e, nesta base, incentiva todos os crentes a experimentar o batismo no Espírito (Atos 2:4), entendido como capacitação para a missão, distinto da regeneração.[22] Esse enfoque teológico realça a descida do Espírito Santo, os dons espirituais, a experiência sobrenatural e as curas, assim como a capacitação dos cristãos para o serviço e ministério.

Tal abordagem parte de uma teologia bíblica que pressupõe o modelo de interpretação narrativa do Novo Testamento. Seguindo Roger Stronstad[23] e outros autores,[24] compreende-se que Lucas e Atos formam uma única composição, e as suas narrativas possuem caráter teológico e normativo. As teologias paulina e lucana, desse modo, possuem ênfases distintas, mas complementares. Enquanto historiador e teólogo independente, inspirado pelo Espírito, Lucas oferece uma fonte legítima para a doutrina pentecostal, na qual a sua concepção carismática de "ser cheio" do Espírito Santo não se confunde com o sentido soteriológico empregado por Paulo em suas cartas. Assim, uma vez que as narrativas, se verdadeiras, nos ajudam a estruturar o nosso mundo, no sentido de organizar a vida diante do caos e das incertezas, as histórias bíblicas nos fornecem princípios, trazem segurança e orientação, não em abstração teórica, mas em ação vital[25].

A abordagem empregada ao longo desta obra também irá se valer das cinco declarações cristológicas que constituem o chamado "evangelho pleno" ou o "evangelho quíntuplo",[26] que historicamente formam o símbolo da fé pentecostal:

- Jesus salva;
- Jesus batiza no Espírito Santo;
- Jesus santifica;

---

por definição'" (Carvalho, César Moisés; Carvalho, Céfora. *Teologia sistemático-carismática: a conexão pneumática entre as principais doutrinas da fé cristã*. São Paulo: Thomas Nelson, 2022, p. 86).

[22] Menzies, Robert P. *Pentecostes: essa história é a nossa história*. Rio de Janeiro: CPAD, 2016, posição 161.

[23] Stronstad, Roger. *A teologia carismática de Lucas: trajetórias do Antigo Testamento a Lucas-Atos*. Rio de Janeiro: CPAD, 2018.

[24] A publicação em 1970 do livro de I. Howard Marshall, *Fundamentos da narrativa teológica de São Lucas*, marcou uma mudança no pensamento evangélico tradicional, no qual apresenta Lucas tanto como historiador como teólogo por direito.

[25] Johns, Donald A. *Novas diretrizes hermenêuticas na doutrina da evidência inicial do pentecostalismo clássico*. In: Mcgee, Gary. *Evidência Inicial: perspectivas históricas e bíblicas sobre a doutrina pentecostal do Batismo no Espírito*. Natal/RN, Carisma, 2019, p. 204.

[26] A estrutura quíntupla remonta historicamente ao evangelho quádruplo que foi legado inicialmente aos primeiros pentecostais, a partir do movimento de santidade do século 19. O pregador A. B. Simpson (1843-1919) publicou o evangelho quádruplo, originariamente, em 1890, proclamando Jesus como salvador, santificador, curador e que em breve voltaria para reinar. Depois, os primeiros pentecostais, que deram forma ao movimento de santidade, adicionaram o batismo no Espírito Santo como uma terceira obra da graça, seguindo a salvação e a santificação.

- Jesus cura;
- Jesus é o Rei que voltará.

Isso porque, para os pentecostais, o significado da história de Jesus é articulado por meio da proclamação dele como salvador, santificador, batizador no Espírito, curador e rei vindouro. O evangelho quíntuplo funciona como as convicções narrativas centrais da comunidade pentecostal,[27] que coloca Jesus e o Espírito no centro da dramática história redentora de Deus. Amos Yong lembra que o "evangelho quíntuplo" representa "o coração teológico do movimento" e serve como uma estrutura que fornece uma autocompreensão distintiva e coerente da teologia pentecostal, ao mesmo tempo que honra a pluralidade.

As declarações cristológicas que estruturam o evangelho quíntuplo não são meras afirmações doutrinárias, mas *declarações doxológicas* sobre a pessoa de Cristo que expressam a espiritualidade e a experiência pentecostal,[28] moldando uma narrativa própria. Elas expressam convicções profundas de adoração. Tais declarações deixam transparecer que a fé pentecostal é cristocêntrica, pois honra os ofícios de Cristo e o seu papel na economia da Trindade. Por isso, mostram-se equivocadas as críticas ao pentecostalismo que afirmam uma suposta ênfase excessiva no papel do Espírito Santo. O fato é que o pentecostalismo é cristocêntrico, mas não cristomônico. Ou seja, reconhece o papel de Jesus Cristo, o Filho de Deus, sem deixar de valorizar as outras Pessoas da Trindade. A espiritualidade pentecostal clássica, enfim, é cristológica e trinitária.

Finalizo esta breve introdução afirmando que, embora esta seja uma obra escrita por um teólogo pentecostal, com base em uma teologia continuísta e aberta aos milagres, não se trata de uma abordagem apologética, muito menos sectária. Uma mente carismática, sobretudo, está aberta ao diálogo e à contribuição conjunta com as demais tradições teológicas, especialmente para que o testemunho cristão honre a Cristo e ao seu Reino neste mundo.

Uma *mente carismática*, aliás, é uma *mente cristã, evangélica, protestante e irênica*, que se conecta em vários sentidos com outras tradições e tem muito a oferecer ao resgate do caráter nuclear e primitivo da fé dos seguidores do Caminho. A mente carismática é a expressão de uma fé piedosa e inteligente (*fides intelligens*). Desse modo, este livro é um convite para que os pentecostais compreendam a força social para o testemunho público que a sua espiritualidade pujante contém, e aos não pentecostais para que percebam que o evangelho pleno oferece não somente fogo para o coração, mas também luz para a mente!

---

[27] ARCHER, Kenneth. *The Gospel Revisited: Towards a Pentecostal Theology of Wordship and Witness*. Eugene, Oregon: Pickwick Publications, 2010, p. 56.

[28] VONDEY, Wolfgang. *Teología pentecostal: viviendo el evangelio completo*. Salem, Oregon: Publicaciones Kerigma, 2019, p. 32.

Parte I

Experiências formativas dentro do cenáculo

Capítulo 1

Espiritualidade redimida

Cristãos do mundo todo viajam diariamente para Jerusalém a fim de conhecer os lugares registrados nas histórias bíblicas, principalmente aqueles narrados nos Evangelhos e em Atos dos Apóstolos, onde Jesus e os seus discípulos estiveram. Entre os destinos preferidos pelos peregrinos está um quarto de arquitetura gótica do século 14, situado no andar superior de um prédio encravado no monte Sião. O imponente ambiente ostenta grandes pilastras que se elevam do chão ao teto, unindo-se em forma de arco. Segundo a tradição, esse é o *cenáculo de Jerusalém*, palco de importantes eventos do Novo Testamento. Nele se desenrolou um dos acontecimentos mais significativos do cristianismo primitivo e um dos maiores eventos simbólicos da fé cristã: a Santa Ceia.

Antes do seu sofrimento e martírio na cruz, Jesus convida os seus discípulos para cear com ele, dando instruções precisas sobre o local onde ela haveria de ser realizada (Lucas 22:8-12). Pedro e João são instruídos pelo Mestre a encontrarem um homem que levava um cântaro de água e a segui-lo até a casa. Ali, deveriam indagar ao pai de família: "O Mestre te diz: Onde está o aposento em que hei de comer a Páscoa com os meus discípulos?" Jesus antecipa o desfecho: "Então, ele vos mostrará um grande cenáculo mobilado; aí fazei os preparativos." O evangelista Lucas registra que os discípulos foram e acharam como lhes havia dito e prepararam o local para a celebração.

À medida que lemos os registros bíblicos, imaginamos a cena. Jesus e seus discípulos ao redor de uma mesa baixa, reclinados sobre a almofadas no chão.

O evangelista Mateus relata que "Jesus tomou o pão, e, abençoando-o, o partiu, e o deu aos discípulos, e disse: Tomai, comei, isto é o meu corpo. E, tomando o cálice e dando graças, deu-lho, dizendo: Bebei dele todos. Porque isto é o meu sangue, o sangue do Novo Testamento, que é derramado por muitos, para remissão dos pecados" (Mateus 26:26-28).

Embora Jesus tivesse revelado anteriormente aos discípulos sobre o seu sacrifício, é nessa última refeição que ele irá simbolizar a sua morte redentora em favor da humanidade pecadora. Esse episódio repleto de sentido faz convergir toda a história da salvação, anunciada no Antigo Testamento e consumada no Gólgota. O cálice com o vinho representa o seu sangue, que seria vertido na cruz; e o pão, a sua carne, que seria traspassada pelos pregos. A experiência da eucaristia (palavra que provém do grego *eucharisteo* — abençoar), o partilhar do corpo e do sangue de Jesus, aponta diretamente para o Calvário, simbolizando a paixão e a morte expiatória de Cristo. A expressão empregada por Mateus, "para remissão dos pecados", recorda Mateus 1:21: "Porque ele salvará o seu povo dos seus pecados."

Jesus estava ensinando ao menos três lições, como nos diz John Stott em *A cruz de Cristo*: a centralidade da sua morte, o propósito da sua morte e a necessidade de apropriarmo-nos pessoalmente dela. Isso significa, primeiramente, que a morte ocupava o centro do pensamento que Jesus tinha de si e de sua missão. Em segundo lugar, que o seu propósito era estabelecer a nova aliança e assegurar o seu perdão prometido. E, por fim, se quisermos desfrutar dos seus benefícios, devemos nos apropriar dela individualmente. Assim, escreve Stott: "A ceia do Senhor permanece como o sinal externo perpétuo tanto da dádiva divina como da recepção humana. Tem o propósito de ser a comunhão do corpo e do sangue de Cristo (1Coríntios 10:16)."[1]

Diante da sua essencialidade na vida dos seguidores do "Caminho", esse rito litúrgico é instituído como uma ordenança de memorial da morte de Jesus até a sua vinda. Nas palavras do apóstolo Paulo, "Porque, todas as vezes que comerdes este pão e beberdes este cálice, anunciais a morte do Senhor, até que venha" (1Coríntios 11:26).

1.1. O evangelho da salvação

A teologia cristã[2] reconhece que o tema da salvação é central no evangelho. A mensagem graciosa do resgate do homem é o coração da mensagem evangelística.

---

[1] STOTT, John. *A cruz de Cristo*. São Paulo: Vida, 1991, p. 61.

[2] Em razão da sua importância, um dos ícones da teologia pentecostal, o pastor Antônio Gilberto, escreveu:

Daniel Pecota captou isso ao dizer que "a obra salvífica de Cristo é a coluna central no templo da redenção divina. É o sustentáculo que carrega a maior parte do peso, sem o qual a estrutura jamais poderia ter sido completada".[3]

A mensagem salvífica que ressoa da realização da cruz envolve o conceito bíblico e teológico de *expiação*.[4] *Diante da sua magnitude e abrangência, tal conceito é expresso por imagens e metáforas, pelo emprego de palavras como sacrifício, redenção, justificação e reconciliação.* John Stott lembra que esses termos aludem, respectivamente, às figuras do templo, do mercado, do tribunal e da casa:

1) ***Sacrifício***. Usando uma linguagem aplicada ao ambiente do templo, Jesus é "o Cordeiro de Deus, que tira o pecado do mundo" (João 1:29) e a nossa páscoa: "Porque Cristo, nossa páscoa, foi sacrificado por nós" (1Coríntios 5:7). Os Evangelhos afirmam que o "sangue" de Jesus é "derramado em favor de muitos" (cf. Mateus 26:28; Marcos 14:24).
2) ***Redenção***. A metáfora do resgate, geralmente utilizada em relações negociais do mercado, é empregada para enfatizar que o pecador foi resgatado por Cristo. "Porque o Filho do Homem também não veio para ser servido, mas para servir e dar a sua vida em resgate de muitos" (Marcos 10:45). Ele nos resgatou da maldição da Lei (Gálatas 3:13). Isso denota "que somos conservados em cativeiro do qual somente o pagamento de um resgate nos pode libertar e que o resgate é nada menos que a própria vida do Messias".[5]
3) ***Justificação***. Pela ilustração jurídica que nos leva ao recinto do tribunal, a justificação indica o ato pelo qual Deus perdoa o pecador e o declara justo

---

"Muitos crentes — e até obreiros! — , em vez de sempre priorizarem o estudo da escatologia (uma doutrina importante, é verdade, inclusive parte integrante deste tratado teológico), deveriam primeiro estudar soteriologia, isto é, as doutrinas da nossa gloriosa salvação em Cristo." E ainda: "Se todos os crentes tivessem uma plena visão da salvação; se pudessem ver plenamente ao longe a tão grande salvação que receberam, com certeza teriam atitudes diferentes no seu dia a dia. Teríamos tanto regozijo, tanta motivação, tanto entusiasmo, tanta convicção, tanto anseio e enlevo pelo céu, que não haveria na terra um só salvo descontente, descuidado, negligente e embaraçado com as coisas desta vida e deste mundo!" (GILBERTO, Antônio et al. *Teologia sistemática pentecostal.* 2. ed. Rio de Janeiro: CPAD, 2008, p. 336).

[3] PECOTA, Daniel, "A obra salvífica de Cristo", in: HORTON, Stanley (Org.). *Teologia sistemática: uma perspectiva pentecostal.* Rio de Janeiro: CPAD, 1996, p. 335.

[4] David Allen explica que o termo "expiação" "contempla o significado básico de *kaphar* (hebr. cobrir) e o significado secundário de *hilasmos* (gr. 'retirada do pecado e o cancelamento do castigo com base no sacrifício substitutivo'). O destaque da expiação se relaciona com o efeito da reconciliação sobre o próprio pecado". No sentido teológico, Allen afirma que "expiação simboliza a obra de Deus e de Cristo na cruz a favor da humanidade pecadora por meio da qual se efetua uma satisfação para o pecado a fim de proporcionar a reconciliação entre Deus e a humanidade" (ALLEN, David. *Expiação: um estudo bíblico-teológico e histórico da cruz de Cristo.* Natal: Carisma, 2020, p. 43-44).

[5] STOTT, 1991, p. 158.

diante de si, em decorrência da morte de Cristo. "Sendo justificados gratuitamente pela sua graça, pela redenção que há em Cristo Jesus" (Romanos 3:24).

4) ***Reconciliação.*** Enquanto o pecado alienou o homem, afastando-o de Deus, tornando-o seu inimigo, a cruz promoveu reconciliação. "Assim que, se alguém está em Cristo, nova criatura é: as coisas velhas já passaram; eis que tudo se fez novo. E tudo isso provém de Deus, que nos reconciliou consigo mesmo por Jesus Cristo e nos deu o ministério da reconciliação" (2Coríntios 5:17-18).

Permeando todos esses aspectos está a *libertação* promovida pela morte de Cristo. O próprio Jesus, ao entrar em uma sinagoga, leu a passagem profética do livro de Isaías a seu respeito, destacando que o Espírito do Senhor o ungiu para evangelizar os pobres e o enviou a curar os quebrantados de coração, a apregoar liberdade aos cativos, e restauração da vista aos cegos; a pôr em liberdade os oprimidos (Lucas 4:18-19). James B. Shelton explica que "na função do cordeiro pascal Jesus salva vicariamente da morte e introduz uma era de liberdade (Êxodo 12)".[6]

A ceia realizada pelo Senhor, portanto, concentrava todos esses elementos que aludem à sua obra salvadora, graciosa e benevolente. Logo se apreende que a espiritualidade iniciada no interior do cenáculo parte primordialmente da *experiência da redenção,* o que atesta que o pentecostalismo tem um sério compromisso com o evangelho, na medida em que enfatiza que a *experiência fundamental* da vida cristã é a conversão, o momento em que o pecador tem um encontro real com Cristo, reconhecendo a sua condição pecadora e o plano da salvação operado por Deus.

1.2. Jesus salva!

O pentecostalismo genuíno e a espiritualidade que dele irradia são cruciformes por natureza; têm como ponto de partida a obra de Cristo para a salvação do homem. A primeira afirmação do evangelho pleno — *Jesus salva* — evidencia uma mensagem na qual a experiência da salvação está no início da espiritualidade cristã, a mesma experiência registrada na história da igreja primitiva. Segundo Wolfgang Vondey, o evangelho pleno utiliza cinco metáforas dominantes dentro da sua narrativa (salvação, santificação, batismo no Espírito Santo, cura divina e glorificação), e a articulação desses temas sublinha o domínio da salvação para a teologia pentecostal, não somente em

---

6 ARRINGTON, French L.; STRONSTAD, Roger. *Comentário bíblico pentecostal: Novo Testamento*. Vol. 1. Rio de Janeiro: CPAD, 2015, p. 140.

razão da sua posição primária na narrativa, mas por causa da sua distribuição em todo o texto.[7] Vondey afirma:

> [...] o evangelho completo proclama esta perfeição soteriológica não por sua estrutura quíntupla, senão porque um evangelho completo sugere a importância de qualquer experiência do Espírito como um só momento no caminho em direção à [perfeição] da obra redentora e transformadora de Deus. Portanto, a salvação não é um momento do evangelho completo, senão sua razão de ser.[8]

O evangelho pleno é soteriológico do início ao fim.[9] Se o evento da Santa Ceia apontava para a morte de Cristo, foi no Pentecostes que os discípulos compreenderam claramente a missão de anunciar a salvação a todas as pessoas. Em sua primeira pregação, após terem sido cheios do Espírito, Pedro enfatizou o núcleo da mensagem cristã: "Arrependei-vos, e cada um de vós seja batizado em nome de Jesus Cristo para perdão dos pecados, e recebereis o dom do Espírito Santo" (Atos 2:38).

Visivelmente, a ênfase primeira da mensagem pentecostal é a salvação do pecador, não o revestimento de poder. O chamado ao arrependimento para o perdão dos pecados é acompanhado da promessa do batismo no Espírito, para capacitar os discípulos para o anúncio da salvação em Cristo. O marco da vida cristã é a conversão do indivíduo à obra redentora e transformadora de Deus, momento a partir do qual é regenerado e incorporado à família de Deus. Não sem razão, por causa da paixão pelo evangelho e amor pelas almas, os pentecostais são conhecidos por sua força missionária e evangelística, abrindo igrejas em lugares distantes e anunciando a todas as pessoas que Jesus salva.

Ao falar sobre essa característica notável de paixão por evangelismo e missões, desde o seu início na virada do século, William Menzies recordou que, sentindo a urgência de alcançar os perdidos antes da volta iminente de Cristo, os crentes batizados com o Espírito espalharam-se para lugares remotos levando o evangelho.

> Esses pioneiros, na maioria das vezes sem preparo acadêmico adequado e recursos materiais, estabeleciam regularmente fortes igrejas nacionais em áreas que, para outros, pareciam quase impermeáveis à penetração cristã significativa. Particularmente nas culturas animistas que tinham consciência clara do mundo dos espíritos e demônios, os pentecostais asseguravam uma resposta incomum.[10]

---

[7] Vondey, 2019, p. 47.

[8] Vondey, 2019, p. 37.

[9] Vondey, 2019, p. 47.

[10] Menzies, William. Prefácio. Pomerville, Paul A. *A força pentecostal em missões: entendendo a contribuição dos pentecostais na teologia missionária contemporânea*. Rio de Janeiro: CPAD, 2020, p. 8.

O crescimento fenomenal do pentecostalismo como o maior segmento dentro da tradição protestante decorre da sua vitalidade espiritual, capacidade de se adaptar à situação local[11] e principalmente do uso de uma linguagem direta e bastante simples para o anúncio do evangelho. O pentecostal não se preocupa em transmitir ao descrente um conjunto teórico das doutrinas cristãs, nem se vale de termos teológicos difíceis e linguagem abstrata. Ao pregar o evangelho, o crente pentecostal faz uso de uma tradição oral;[12] transmite a fé por meio do testemunho pessoal, contando para os outros aquilo que Deus fez na sua própria vida. Afinal, a mensagem é moldada pela transformação pessoal que o cristão pentecostal experimentou dentro do *cenáculo.*

1.3. A soteriologia pentecostal

De forma geral, o pentecostalismo encontra-se dentro da tradição protestante, que compreende a salvação e a vida como um todo com base em três premissas teológicas que decorrem da grande história das Escrituras: *Criação, Queda e Redenção.* O mundo e o ser humano foram criados por Deus com sentido e propósito; o homem não é um acidente cósmico resultado do acaso, mas a própria imagem e semelhança de Deus (Gênesis 1:26), por isso possui valor intrínseco e é portador de dignidade, liberdade e igualdade. Embora Adão e Eva tenham sido criados por Deus como seres perfeitos, com livre-arbítrio, inocência e pureza, o primeiro casal quebrou o pacto e desobedeceu ao mandamento divino (Gênesis 2:15-17; 3:6), ao comerem do fruto da árvore do conhecimento do bem e do mal. Em virtude da Queda, o homem se tornou propenso ao pecado, à corrupção e ao mal. Paulo expressa da seguinte maneira: "Não há um justo, nem um sequer" (Romanos 3:10); "todos pecaram e destituídos estão da glória de Deus" (Romanos 3:23). Dentro desse estado caído, a Bíblia afirma a redenção em Cristo.

Em sua abordagem soteriológica, a fé pentecostal ressalta que a salvação é o livramento do poder da maldição do pecado e a restituição do homem à plena comunhão com Deus a todos os que confessam Jesus Cristo como seu único Salvador pessoal, precedidos do perdão divino.[13] Seguindo a tradição evangelical, a doutrina pentecostal sustenta a salvação como um ato da graça de Deus pelo mérito de Jesus Cristo, não pelas obras humanas.

---

[11] McGRATH, Alister. *A revolução protestante.* Brasília: Palavra, 2012, p. 409.

[12] HOLLENWEGER, Walter. *The Pentecostals: The Carismatic Movement in the Churches.* Minneapolis, Minnesota: Augsburg Publishing House, 1971.

[13] Declaração de Fé das Assembleias de Deus. Disponível em: assembleia.org.br/wp-content/uploads/2017/07/declaracao-de-fe-das-assembleias-de-deus.pdf.

É inegável o alinhamento da teologia pentecostal com o sinergismo evangélico — (em oposição ao monergismo) e com a soteriologia arminiana. O *monergismo* compreende que a salvação ocorre do início ao fim unicamente pela soberania divina, sem qualquer esforço, cooperação e resposta humana, mesmo para o arrependimento. Enquanto isso, o *sinergismo* tem sido entendido rasamente como "uma cooperação mútua entre Deus e o ser humano na salvação".[14] Todavia, como destaca Roger Olson, o sinergismo de tradição arminiana[15] é um sinergismo evangélico "que reserva todo o poder, capacidade e eficácia da salvação à graça, mas que permite aos humanos fazerem uso da capacidade concedida por Deus de resistir ou não resistir a ela",[16] razão pela qual a única contribuição da parte dos humanos é a não resistência à graça.

O sinergista, consubstanciado na graça, acredita que somente Deus salva, ao mesmo tempo que reconhece que "as exortações universais ao arrependimento e à fé fazem sentido apenas se pudermos, na realidade, aceitar ou rejeitar a salvação".[17] A ideia de cooperação não se refere à conquista da salvação (aspecto objetivo), mas a como ela é recepcionada na vida humana (aspecto subjetivo). Sinergia, nesse ponto, não significa junção de trabalho para a conquista salvífica, que é exclusividade de Cristo na cruz do Calvário, mas ao acordo de vontades para que a redenção e todos os seus benefícios se efetivem na vida do pecador, não resistindo à graça divina. Tal abordagem não finca a salvação no aspecto subjetivo, culminando em um subjetivismo salvacionista ou existencial. Ao contrário, ele mantém o balanceamento bíblico entre objetividade e subjetividade, até onde as Escrituras permitem.

Os crentes pentecostais reconhecem a cooperação humana na dinâmica da salvação, pois acreditam que as afirmações bíblicas que convidam o pecador ao arrependimento são legítimas e que o Espírito Santo é o agente que convence o homem do pecado, da justiça e do juízo (João 16:8). O teólogo pentecostal Kenneth Archer sugere que a narrativa de Atos dos Apóstolos e as experiências com o Espírito Santo evidenciam o sinergismo bíblico pentecostal. De acordo com Archer, embora o batismo com

---

14 OLSON, Roger. *Teologia arminiana: mitos e realidades*. São Paulo: Reflexão, 2013, p. 214.

15 Há certa discussão entre os estudiosos arminianos sobre o enquadramento de Armínio como sinergista. Bangs, Picirilli, den Boer, Ellis e Arthur Skevington Wood não o colocam nessa categoria, segundo J. Matthew Pinson, que também afirma que "Armínio não era um sinergista; ele não acreditava que os indivíduos dividem com Deus sua salvação". Segundo Pinson, "Armínio não ficaria confortável com o termo 'sinergista' ou com a ideia de humanos cooperando ou trabalhando em conjunto com Deus, de alguma forma, em sua salvação". Para Bangs, Armínio era monergista. Outros teólogos sugerem termos como "monergismo condicional" (Forlines), "monergismo com graça resistível" (Keathley, Jeremy Evans e Richard Cross) e "sintelismo" (Cottrell).

16 OLSON, 2013, p. 214.

17 PECOTA, Daniel, "A obra salvífica de Cristo", in: HORTON, Stanley (Org.). *Teologia sistemática: uma perspectiva pentecostal*. Rio de Janeiro: CPAD, 1996, p. 368.

o Espírito Santo seja uma experiência distinta da conversão inicial, é um evento que está conectado com os atos salvíficos de Deus.[18] A obediência dos discípulos à ordem de Jesus para esperarem em Jerusalém, conforme Atos 2, aliado ao fato de eles serem chamados de discípulos antes da experiência do batismo no Espírito Santo, indica que eles estavam em uma relação redentora com Deus, antecipando o dom do batismo no Espírito Santo (Atos 1:4; 2:4), segundo Archer:

> A formulação dessa passagem indica uma soteriologia sinérgica. Um sinergismo bíblico pentecostal afirma que Deus sempre inicia e, ainda, pede resposta humana e cooperação. Deus prevê a habilitação de graça, mas esta graça não determina nossa resposta. Podemos resistir e entristecer o Espírito. Estamos aptos a responder afirmativamente ao Espírito de Deus por causa da graça preveniente. Graça preveniente, ao contrário da tradição geral reformada e graça eficaz, "é uma graça ajudando no que restaura a liberdade humana, mas não é uma graça coercitiva" porque ela pode ser resistida. Graça preveniente é o movimento imerecido e compassivo de Deus para a humanidade, que permite que os seres humanos respondam à chamada do Espírito para a salvação. Nós confessamos Jesus como Salvador, não porque somos passivos (uma visão monergística), mas porque nós estamos cooperando ativamente com o Espírito. Deus iniciou o relacionamento sem determinar nossas respostas (uma visão sinérgica das Escrituras).[19]

De volta à imagem da última ceia, recordo que Jesus deu as orientações para os preparativos, dizendo com riqueza de detalhes sobre as providências que os discípulos deveriam adotar para a sua realização. A lição subjacente é que nenhuma experiência genuinamente cristã é resultado da capacidade ou do mérito humano. O homem somente pode adentrar no interior do cenáculo e experimentar a plenitude da presença divina porque Deus — primeiramente — o convida e o atrai para achegar-se ao local santo. Sem o toque divino, estamos perdidos, cegos e desorientados espiritualmente. Se Deus não nos mostrar o caminho e, mais ainda, não nos conduzir a ele, nunca chegaremos ao lugar da ceia com Cristo!

A espiritualidade carismática tem como premissa básica a compreensão de que todo bem espiritual é alcançado por causa da operação prévia da graça de Deus. No centro do pentecostalismo legítimo está essa *graça preveniente*, o termo teológico que capta e explica a forma pela qual Deus capacita o homem previamente para que possa atender ao chamado da salvação. Nas palavras de A. W. Tozer, isso "significa simplesmente que,

---

[18] Archer, 2010, p. 56.

[19] Archer, 2010, p. 56.

antes de um homem poder buscar a Deus, Deus tem que buscá-lo primeiro". Para que o pecador tenha uma ideia correta a respeito de Deus, prossegue Tozer, "deve receber antes um toque esclarecedor em seu íntimo; que, mesmo que seja imperfeito, não deixa de ser verdadeiro, e é o que desperta nele essa fome espiritual que o leva à oração e à busca".

Deus sempre vai ao encontro do pecador para começar a obra da salvação, atraindo-o e capacitando-o espiritualmente para responder à obra divina. É o Senhor quem toma a iniciativa de chegar-se ao homem caído, nunca o contrário. Ele convida, corteja e busca convencer o homem pecador, não por força nem por violência, e sim pelo seu Espírito (Zacarias 4:6). No chamado à salvação, a porta do coração deve ser aberta liberalmente pelo homem, para que Deus possa entrar e cear com ele (Apocalipse 3:20).

Dentro do amplo conceito de graça preveniente, que exige a resposta livre do homem, encontra-se o aspecto pneumatológico. Somente o Espírito Santo de Deus é quem convence o homem do pecado, da justiça e do juízo (João 16:8). Nessa ocasião, Jesus estava dando as últimas instruções aos seus discípulos, enfatizando a necessidade da sua ascensão ao céu, para envio do Consolador (v. 7). Ele então diz: "E, quando ele vier, convencerá o mundo do pecado, e da justiça, e do juízo: do pecado, porque não creem em mim; da justiça, porque vou para meu Pai, e não me vereis mais; e do juízo, porque já o príncipe deste mundo está julgado" (v. 8-11).

No grego, o termo usado para "convencerá" é *elenchō,* que possui o sentido de mostrar e persuadir acerca do erro (cf. Tito 1:9). O Espírito Santo faz o homem caído reconhecer o seu estado deplorável distante do Pai e sua miséria espiritual, ajuda as nossas fraquezas (Romanos 8:26) e conduz ao arrependimento (Lucas 5:32). Nesse ponto se concentra a categoria *pneumatológica* da graça preveniente segundo John Wesley, para enfatizar que a terceira Pessoa da Trindade ilumina a mente e desperta do sono do pecado.

Em termos soteriológicos, a culpa leva o indivíduo ao reconhecimento de seu estado pecaminoso e caído diante da operação do Espírito Santo, que o faz bradar como o apóstolo Paulo: "Miserável homem que eu sou! Quem me livrará do corpo desta morte?" (Romanos 7:24), ou ainda como Isaías: "[...] ai de mim, que vou perecendo! Porque eu sou um homem de lábios impuros e habito no meio de um povo de impuros lábios; e os meus olhos viram o rei, o Senhor dos Exércitos!" (Isaías 6:5).

O Espírito Santo, portanto, tem um importante papel na dinâmica da salvação e fornece, segundo Brian Shelton, uma explicação adicional à graça preveniente.[20]

---

[20] SHELTON, Brian W. *Prevenient Grace: God's Provision for Fallen Humanity.* Indiana: Francis Asbury Press, 2014, posição 3863.

Na economia da Trindade, o Espírito Santo funciona especificamente para ajudar a nossa fé, para permitir que nossas vontades obedeçam e para *guiar em toda a verdade* (João 16:13). Conforme Shelton,

> O Espírito convence o pecador e convida-o para a salvação, mas o Espírito também permite a indiferença para ser uma resposta legítima. Na verdade, geralmente o Espírito Santo dá provas mais fortes e mais fracas da presença da bênção de Deus de acordo com nossa resposta a ele. Ao fazer todos esses atos, o Espírito Santo dá provas da presença de Deus e chamadas para toda glória para ser creditada a Deus.[21]

A atuação do Espírito Santo por meio do "convencimento" também sugere que ele age por meio da persuasão, não pela força. Significa dizer que a graça preveniente de modo algum se compara a uma atuação violenta de Deus sobre o coração humano. Afinal, convencimento pressupõe liberdade de escolha e possibilidade de resistência.

Em sintonia com essa verdade bíblica, o memorável D. L. Moody escreveu certa ocasião que "a proclamação do evangelho não pode estar divorciada do Espírito Santo. A menos que Ele dê poder à palavra, infrutíferas serão nossas tentativas em pregá-la". De acordo com Moody, "a eloquência humana — ou a persuasão da linguagem — não passa de mera aparência exterior de um morto, se o Espírito vivo não estiver presente. O profeta pode pregar aos ossos no vale, mas tem de haver o sopro do céu para que tornem a viver".[22]

Outro ponto que conecta a teologia da salvação pentecostal com a perspectiva arminiana é a abrangência universal dos efeitos da morte de Cristo. Defende-se, nesse aspecto, a *expiação ilimitada*[23]*(ou redenção universal)*, no sentido de que a salvação, por meio da morte de Cristo, estende-se a todos e a cada um dos homens (João 1:29; 3:16; Romanos 5:15-19; 1Timóteo 2:1-6; Tito 2:11). Lemos no texto bíblico que Jesus é a "propiciação pelos nossos pecados, e não somente pelos nossos, mas também pelos de todo o mundo" (1João 2:2). Deus, além de proporcionar a expiação por meio da morte de Cristo, oferece a oportunidade de salvação para todo aquele que nele crê, capacitando para o arrependimento mediante a atuação do Espírito Santo.

É importante dizer que oportunidade universal da salvação está longe de ser uma reivindicação de salvação universal.[24] Roger Olson explica que "a morte de Cristo

---

[21] Shelton, 2014, posição 3891.

[22] Moody, D. L. *O poder secreto do Espírito Santo*. Rio de Janeiro: CPAD, 1998, p. 15.

[23] Para um estudo mais abrangente, veja: Vailatti, Carlos Augusto. *Expiação ilimitada*. São Paulo: Reflexão, 2016.

[24] Shelton, 2014, posição 3801.

na cruz concedeu possibilidade de salvação a todos, mas ela é, de fato, concretizada quando os humanos a aceitam por intermédio do arrependimento e fé".[25] Ele faz uma analogia com a anistia geral oferecida aos cidadãos americanos opositores e resistentes[26] que após a Guerra do Vietnã fugiram para o Canadá e outros países. Foi-lhes oferecido o perdão quando retornassem para os Estados Unidos. Alguns retornaram e receberam o perdão, enquanto outros não. Aqueles que retornaram para os Estados Unidos, conclui Olson, não criaram a anistia declarada pelo país, simplesmente tiraram vantagem dela. Quanto aos demais, que não retornaram, eles não anularam a anistia; ela ainda estava lá para eles.

1.4. Espiritualidade redimida para a vida

O pentecostalismo interpreta a experiência da salvação para além da compreensão do livramento da condenação eterna e da justificação. A soteriologia carismática da perspectiva do Pentecostes, afirma Vondey, interpreta o novo nascimento como participação na promessa do derramamento universal do Espírito Santo (Atos 2:38-39).[27] Muito mais que assentimento intelectual, a salvação é uma experiência transformadora que afeta as emoções e a vontade da pessoa. A vida, após a conversão, é uma vida em salvação.

Ao declarar que Jesus salva, o pentecostal expressa toda a sua confiança e esperança de que Cristo é o Messias que veio, e o seu Reino encontra-se entre nós. O cristão vive essa dimensão presente da salvação com muita intensidade, como um verdadeiro súdito desse Reino; afinal, os poderes e as maravilhas de Deus realizados em Jesus inauguraram o dia do Senhor vaticinado pelos profetas, de modo que o plano salvífico de Deus esboçado no sermão de Pedro continuará até o dia do Senhor, quando o reino estiver plenamente presente.[28]

Logo, todas as dimensões da [nova] vida são definidas a partir da salvação, pelo arrependimento e certeza do perdão dos pecados. Apesar de forjada dentro do cenáculo, no ambiente íntimo e pessoal da fé, com base em uma experiência em particular, a

---

[25] Olson, 2013, p. 289.

[26] No contexto da Guerra do Vietnã, muitos jovens norte-americanos se opuseram ao conflito e procuraram evitar o alistamento militar obrigatório. Entre os principais grupos de opositores e resistentes que fugiram para o Canadá e outros países estavam objetores de consciências (por razões religiosas), evadidos do serviço militar e desertores. Após o fim da Guerra do Vietnã, houve um movimento significativo nos Estados Unidos para conceder anistia aos evadidos do serviço militar e desertores. Esse movimento resultou em várias ações importantes: Programa de Clemência de Gerald Ford (1974) e Anistia Total de Jimmy Carter (1977).

[27] Vondey, 2019, p. 59.

[28] Yong, Amos. *Quem é o Espírito Santo?: uma caminhada com os apóstolos*. Cuiabá: Palavra Fiel, 2019, p. 42.

conversão irá se projetar para a vida em sociedade. Liberto dos domínios do pecado e do mal, o salvo passa a expressar a sua nova vida na família, no trabalho, no comércio e na cultura em geral.

A crença de que Jesus é Senhor e Salvador traz amplas implicações que afetam o modo de ver e de interagir com o mundo. Começando pela autocompreensão da sua natureza, em Cristo o crente é uma nova criatura, redimida e resgatada da condenação eterna. Como resultado da encarnação e identificação de Cristo com a natureza humana, ao homem regenerado foi dada não somente uma nova posição diante de Deus como justificado, mas uma *nova humanidade*. A morte de Cristo resgata a plenitude da imagem de Deus no homem, desfigurada outrora com a queda no Éden, e revigora os atributos humanos de propósito, liberdade, igualdade, valor e dignidade. Mais que uma concepção intelectual, essa *perspectiva antropológica* de uma nova natureza redimida se manifesta numa dimensão existencial, cujo significado está além do mundo físico.

A *espiritualidade redimida* oferece uma dinâmica que dá ordem e sentido último à vida e oferece resposta a uma pergunta existencial inquietante: O que eu sou? A experiência de conversão reabilita no humano o propósito criativo de Deus, para uma vida de dignidade, valor e transcendência. Ao sentir o amor de Deus em sua vida, o crente percebe-se não como *um-entre-milhares*, mas como *um-em-Deus*. Por essa razão, seja o pobre da periferia, seja o rico do condomínio de luxo que aceitou a Cristo e experimentou a salvação, a vida assume uma perspectiva de esperança.

A libertação que decorre do encontro com Cristo liberta o homem das prisões espirituais sob o efeito do pecado, mas ao mesmo tempo retira o homem do cativeiro dos seus impulsos naturais, das ideias que o reduzem à matéria e das grades que o acondicionam à cultura à sua volta. Larry Siedentop escreveu:

> A morte de Cristo fornece o símbolo e os meios de uma crucificação interior no sentido de que se deixa para trás a vida de "carne" para a vida do "espírito", isto é, as inclinações e desejos que vão morrer com a carne. "Morrer em Cristo" significa a aquisição de uma vontade propriamente dita. É uma libertação ou, como Paulo muitas vezes chama, o início de uma "nova criação". O ato de fé requerido é um ato individual, um evento interno. Paulo derruba a hipótese de desigualdade natural, criando uma ligação interna entre a vontade divina e a ação humana. Ele concebe a ideia de que as duas podem, pelo menos potencialmente, ser fundidas dentro de cada pessoa, justificando assim o pressuposto da igualdade moral dos seres humanos. Essa fusão é o que o Cristo oferece à humanidade. É o que Paulo quer dizer

> quando fala de seres humanos tornarem-se "um em Cristo". Essa fusão marca o nascimento de uma vontade "verdadeiramente" individual, através da criação da consciência.[29]

A salvação atribui ao ser humano condições plenas de comunhão com Deus, com o semelhante e consigo mesmo. Isso não significa *humanizar a espiritualidade*, mas realçar que a redenção coloca o homem na posição para a qual foi criado, e isso significa reumanizá-lo. Uma fé eminentemente pentecostal não espiritualiza a vida e retira a sua qualidade humana, mas reordena essas qualidades de acordo com o poder do Espírito.

No horizonte social, a espiritualidade redimida irá responder a outra pergunta importante: *Como devo viver neste mundo?* A libertação não será vista como uma opção política, mas como resultado do poder transformador da graça. Cristo é o único e suficiente libertador e resgatador do homem caído. A salvação oferece entrada ao seu Reino, que, embora seja experimentado neste tempo, ainda há de ser implantado definitivamente no porvir. Ainda que tenha responsabilidades para com este mundo, o cristão o encara na perspectiva da provisoriedade e das incertezas humanas.

Como Senhor, Jesus é superior a qualquer outra divindade ou autoridade terrena, oferecendo pressupostos para uma *teologia política*. Ao declarar que Jesus salva, a teologia pentecostal enfatiza o senhorio de Cristo e a majestade de Deus sobre toda a criação, de sorte que nenhum outro poder pode ser absolutizado ou digno de esperança e devoção. Todos os projetos humanos são falhos e propensos à corrupção. O Estado ou qualquer partido político, ainda que bem-intencionados, são incapazes de fornecer as condições de superação da fragilidade da condição humana em seu estado natural.

A *mente carismática*, a par dessa experiência redentiva benevolente, contraria aquilo que Francisco Razzo chamou de *imaginação totalitária*,[30] a noção equivocada de que a "verdade absoluta" deve ser resolvida exclusivamente pelo ato político. Isso porque Cristo é a verdade que liberta, não o partido ou os seus representantes. Se a fé se manifesta exclusivamente em Cristo, a verdade eterna e perfeita, então fora de Cristo deve sempre existir dúvida, prudência e até mesmo certo tipo de ceticismo.

A *mente carismática* também se opõe ao que Michael Oakeshott denominou de *política da fé*,[31] uma visão segundo a qual a atividade de governar está a serviço da

---

[29] Siedentop, Larry. Citado por: Razzo, Francisco. *A imaginação totalitária: os perigos da política como esperança*. Rio de Janeiro: Record, 2016, p. 68.

[30] Razzo, 2016.

[31] Oakeshott, Michael. *A política da fé e a política do ceticismo*. São Paulo: É Realizações, 2018.

perfeição humana, perfeição essa não baseada na graça divina, mas em uma doutrina de otimismo e esforço humano que relembra o *pelagianismo.*[32] *Essa noção pressupõe que o poder humano é suficiente, ou pode vir a sê-lo, para obter a salvação.*[33] *Também compreende que o governo é o principal agente de aprimoramento que resultará na perfeição pessoal.*[34]

Por outro lado, a mente carismática — que experimentou os efeitos da cruz e conhece a falibilidade humana — olha para a vida sob o horizonte da Criação, Queda e Redenção, sabendo que o otimismo humano é ilusório e impotente. Por essa razão, no nível sociopolítico, a mentalidade carismática deveria levar os cristãos a serem simples como a pomba, mas prudentes como a serpente. Em vez de conduzir a uma política da fé [nos projetos humanos e no governo], deveria nos levar a uma política de ceticismo, do tipo que compreende a atividade de governar de forma bastante específica, desvinculada da busca pela perfeição.[35] Na política do ceticismo, anotou Oakeshott, "os governantes ocuparão um lugar honrado e respeitável, mas não elevado; sua qualidade mais notável será que não pretendam reivindicar uma capacidade divina para dirigir as atividades de seus governados".[36]

---

[32] O *pelagianismo* é a doutrina que se originou em Pelágio (686-737 d.C.), o monge cristão — contra quem Agostinho se insurgiu — que defendia uma perspectiva demasiadamente otimista em relação ao homem, negando o pecado original e seus efeitos e elevando as habilidades humanas e naturais para uma vida espiritual completa. Para Pelágio, "a vontade humana depois da Queda não tem tendência intrínseca de praticar o mal. Não há pecado original na alma recentemente criada por Deus. A alma não herda a contaminação do pecado de Adão, mas ela é pura, intacta, incorrupta e dotada de condições, caso o homem queira, de viver em plena obediência a Deus. A queda de Adão prejudicou apenas a ele mesmo. Então, não há pecado original" (RODRIGUES, Zwínglio. *Uma introdução ao arminianismo clássico*: *histórias e doutrinas*. São Paulo: Reflexão, 2015, p. 24).

[33] OAKESHOTT, 2018, p. 62.

[34] OAKESHOTT, 2018, p. 59.

[35] OAKESHOTT, 2018, p. 68.

[36] OAKESHOTT, 2018, p. 77.

Capítulo 2

Espiritualidade santificada

Na mesma noite em que realizou a Última Ceia, Jesus promoveu outro acontecimento significativo no interior do cenáculo, descrito no Evangelho de João (13:1-30). A cena bíblica do lava-pés (*Pedilavium*) nos oferece em toda a sua extensão e profundidade ricos ensinamentos sobre a espiritualidade pentecostal, com lições extraídas tanto dos atos quanto das palavras de Jesus. Enquanto a ceia aponta para a dimensão redentora, a partir da transformação pessoal, tendo como símbolo a morte de Cristo, o momento posterior nos proporciona uma perspectiva sobre as implicações da espiritualidade para o nosso relacionamento com o outro — o próximo. Essa compreensão advém da ênfase no diálogo de Jesus com os seus discípulos em dois temas principais: a traição de Judas e a lavagem dos pés dos discípulos.

A questão da traição é introduzida logo cedo na narrativa, quando João prenuncia que o Diabo havia posto no coração de Judas Iscariotes o tenebroso desejo de trair Jesus (v. 2). Os versículos 2-4 formam uma oração gramatical, e assim, quando o Mestre se levanta do jantar para lavar os pés dos discípulos, o contexto é o enredo da traição.[1] Muito mais que hoje, na cultura daquela época, sentar-se à mesa com alguém para partilhar a refeição era algo significativo, pois denotava profunda comunhão e aliança. Se para o traidor era vergonhoso trair a confiança do anfitrião em sinal de extrema deslealdade, para o mestre, ser traído pelo próprio discípulo, seria motivo

---

[1] Aker, Benny, "João", in: Stronstad, Roger; Arrington, French L. *Comentário bíblico pentecostal*. Vol. 1. Rio de Janeiro: CPAD, 2015, p. 573.

de constrangimento e grande humilhação naquele ambiente cultural que girava em torno da honra e da vergonha.[2]

Pela ótica natural, se um líder sabe de antemão que seus liderados estão tramando contra ele, expor e punir publicamente os responsáveis são ações esperadas, até mesmo como prova de habilidade estratégica e como aviso aos demais. A traição, ainda mais motivada pelo desejo do lucro, revela a face sombria do vício de caráter do ser humano, impassível de clemência.

Jesus, porém, está dando uma das suas últimas lições aos discípulos, um exemplo marcante da espiritualidade genuína. Mesmo ciente das intenções de Judas e do desfecho da conspiração (João 6:70), Jesus não somente permite que o discípulo desleal partilhe da mesa, como também lhe dá tratamento especial. Segundo o expositor bíblico Joseph Mayfield, "a maneira pela qual Jesus enfrentou e venceu esta oposição provê os temas básicos para aquilo que está prestes a ocorrer. Um é o seu 'extraordinário ato de auto-humilhação' (4-5), o outro, uma exibição de um amor abrangente que inclui os inimigos" (13:26-34)[3].

Antes de lidar com o traidor, porém, Jesus trata com os discípulos. O evangelista João narra que, após a ceia, Jesus se levanta, tira as suas vestes (a sua túnica externa) e se cinge com uma toalha. Colocando água numa bacia, começa a lavar os pés dos discípulos e a enxugá-los com uma tolha. Naqueles tempos, era comum, depois de os peregrinos percorrerem uma longa distância, o anfitrião fornecer água para a lavagem de seus pés como sinal de hospitalidade. No entanto, desatar as sandálias e lavar os pés dos outros pessoalmente era considerado um gesto servil, normalmente tarefa de um escravo ou de uma classe de servos.[4] Ao fazer isso, Jesus subverte a cultura da época e uma vez mais age segundo os valores do Reino, no qual o menor é o maior (Lucas 9:48).

O ato de Jesus viola o *status* da época de tal forma que Pedro chega a questioná-lo (v. 6). O Mestre responde que Simão não poderia entender naquele momento o que ele estava fazendo, mas saberia depois (v. 7). Ainda assim, Pedro resiste: "Nunca me lavarás os pés." Ao que Jesus o adverte: "Se eu não te lavar, não tens parte comigo."

Olhando para essa cena bíblica no interior do cenáculo, é possível compreender o significado no ato de Jesus. Muito mais que a remoção das impurezas do chão da Palestina impregnadas nos pés dos discípulos, a ação do Nazareno aponta para a purificação espiritual decorrente da nova vida, pois ele veio ao mundo para dar ao

---

[2] KEENER, Craig. *Comentário histórico-cultural da Bíblia — Novo Testamento*. São Paulo: Vida Nova, 2017, p. 344.

[3] EARLE, Ralph; MAYFIELD, Joseph H. *Comentário bíblico Beacon*. Vol. 7. Rio de Janeiro, CPAD, 2016, p. 116.

[4] KEENER, 2017, p. 342.

ser humano a possibilidade de tornar-se puro, moralmente limpo, santo.[5] Hoskyns explica que, no ato da lavagem dos pés, "Jesus simbolicamente declara a completa purificação deles através da humilhação da morte do Messias. O cristão fiel é purificado pelo sangue de Jesus (1João 1:7; cf. Romanos 6:1-3; 1Coríntios 10:16)".[6] Dentro desse quarto íntimo, o cenáculo, Jesus ensina a imprescindibilidade da santificação operada por ele, por meio da Palavra e do Espírito Santo. Conforme Hoskyns: "Se a santidade de coração estiver no coração da *Eucaristia*, a pureza do coração está no coração do *Pedilavium* (lavagem dos pés). Tudo isso era uma prefiguração simbólica do Espírito que se tornaria possível através da sua vinda (14:15-17,25-26; 15:26; 16:7-15)."[7]

Ao passo que a *Eucaristia* aponta diretamente para a paixão e o sacrifício de Cristo, embasando a primeira declaração pentecostal (*Jesus salva*), a lavagem dos pés indica a santificação na vida cristã, fazendo-nos recordar a outra declaração doxológica da fé pentecostal: *Jesus santifica.*

2.1. A santidade pentecostal

O pentecostalismo moderno, desde o seu surgimento, teve uma forte relação com o tema da santificação, especialmente pelo fato de o movimento de santidade do século 19 ser o seu antecedente histórico imediato.[8] Apesar das controvérsias teológicas, o tema da santidade sempre permeou a pregação e a prática pentecostais. A doutrina da santificação inteira e a da possibilidade de experiências espirituais subsequentes à conversão, defendidas por John Wesley, constituíram a semente[9] que gerou a tradição da santidade e, depois, influenciou o pentecostalismo.[10] Wesley sustentava que justificação e santificação eram obras separadas da graça divina, sendo a salvação a primeira bênção, e a santificação a segunda. Foi exatamente essa "segunda bênção" que ajudou a modelar a tradição pentecostal, mas somente depois que essa doutrina veio a ser reinterpretada

---

[5] Earle; Mayfield, 2016, p. 116.

[6] Earle; Mayfield, 2016, p. 117.

[7] Earle; Mayfield, 2016, p. 117.

[8] Anderson, Allan H. *Uma introdução ao pentecostalismo: cristianismo carismático mundial.* São Paulo: Loyola, 2019, p. 37.

[9] "Por volta da década de 1860, como reação a esse declínio do metodismo, nascia um conjunto de grupos cristãos de orientação wesleyana, cuja maioria expressava interesse nas experiências de santificação pregadas pelos líderes do metodismo primitivo. Essas inúmeras igrejas formam a mais simples e importante sementeira do movimento pentecostal moderno." (Menzies, William e Robert. *No poder do Espírito: fundamentos da experiência pentecostal — um chamado ao diálogo.* Natal, RN: Carisma, 2020, p. 21-22.)

[10] Anderson, 2019, p. 39.

pelo movimento de santidade, que deixou de enfatizar a perfeição do metodismo primitivo e passou a priorizar um estilo mais espiritual e experiencial de santidade.

O processo de mudança da perfeição wesleyana para a retórica pentecostal foi muito bem documentado por Donald Dayton em *Raízes teológicas do pentecostalismo,* obra essencial para a compreensão das origens do pentecostalismo. Dayton aponta diversos fatores eclesiológicos e sociológicos no final do século 19 que conduziram à adoção de uma forma mais espiritual e experiencial de santidade, preparando o caminho para um estilo pentecostal.[11] De acordo com o autor, nessa época era possível perceber em alguns círculos do movimento "o declínio da confiança na capacidade do esforço humano para lidar com a crescente complexidade social e a consequente crescente busca por 'poder', para enfrentar ou sustentar alguém através daqueles tempos difíceis até melhores dias".[12] Nesse sentido, a santificação pentecostal também foi compreendida como a redescoberta de um apropriado equilíbrio entre a ação divina e a agência humana, que se achava muito ameaçado pela ênfase no livre-arbítrio e no agir humano.[13]

William e Robert Menzies igualmente afirmam que, quando o movimento pentecostal se expandiu, esses crentes *holiness* inclinaram-se a adotar uma visão soteriológica de dois estágios, em que a santificação plena era entendida como purificação, prelúdio necessário para o terceiro estágio, ou enchimento, conhecido por "batismo no Espírito Santo".[14] Segundo Alby Mathew, não é difícil entender como os crentes wesleyanos, que anteriormente haviam ensinado soteriologia em duas fases, agora haviam modificado seus ensinamentos para empregar um entendimento em três fases. Primeiro — salvo pela graça de Deus; segundo — esvaziado ou santificado; terceiro — cheio do Espírito. Para os primeiros pentecostais, isso parecia uma maneira satisfatória de suprir suas necessidades de um meio útil de comunicar o que lhes havia acontecido.[15]

Esse período do século 19, evidentemente, foi caracterizado por uma busca de avivamento e experiências espirituais diversificadas em várias partes do mundo, resultando no acirramento das disputas teológicas e cismas eclesiais. Apesar das raízes metodistas, defendidas por Donald Dayton e outros teólogos, o pentecostalismo recebeu

---

[11] Dayton, Donald. *Raízes teológicas do pentecostalismo*. Natal, RN: Carisma, 2018, p. 139.

[12] Dayton, 2018, p. 141.

[13] Dayton, 2018, p. 143.

[14] Menzies; Menzies, 2020, p. 22.

[15] Disponível em: paleoortodoxo.wordpress.com/2020/04/21/raizes-teologicas-do-pentecostalismo/#_ftn12.

influência de tradições não wesleyanas, como é o caso das conferências de Keswick,[16] que surgiu no nordeste da Inglaterra principalmente entre anglicanos, mas também batistas, presbiterianos e outros crentes que provinham de tradições reformadas. Embora a "plenitude do Espírito" fosse vista em termos de "santidade" ou da "vida cristã elevada", os mestres de Keswick não concordavam com o conceito wesleyano de erradicação do pecado e "santificação plena", defendendo o caráter progressivo da santificação. Nas palavras de William e Robert Menzies: "Os defensores da teologia de Keswick, que adotaram a teologia pentecostal no início do século 20, descartaram a noção de uma experiência crítica da santificação como precursora necessária do batismo no Espírito Santo, favorecendo a ideia de santificação como um processo contínuo antes e depois do batismo no Espírito."[17]

Nos Estados Unidos, a teologia de Keswick influenciou líderes como Dwight L. Moody, R. A Torrey, A. J. Gordon e A. B. Simpson, fundador da Aliança Cristã e Missionária e propagador da mensagem quadrangular (Jesus Cristo como Salvador, Curador, Santificador e Rei Vindouro). Quanto à santificação, além de destacar que ela não se confunde com a regeneração e conversão, e que não é o resultado do esforço e mérito humanos, A. B. Simpson sustentava que ela não significa autoperfeição, pois nunca nos tornaremos tão inerentemente bons a ponto de não sermos tentados.[18] Simpson defendia a santificação em termos de separação do pecado e do mundo maligno (aspecto negativo) e dedicação a Deus (aspecto positivo). O ministério de Simpson produziu impacto significativo entre as primeiras lideranças pentecostais[19], inclusive no âmbito do pentecostalismo assembleiano que florescia no início do século 21. Conforme Peter Althouse, aproximadamente 45 dos primeiros líderes pentecostais saíram da igreja Aliança Cristã e Missionária, e Agnes Ozman, a primeira mulher a

---

[16] O próprio Donald Dayton diz que o "movimento de Keswick" surgiu como um desenvolvimento paralelo e interconectado ao movimento da santidade. "Keswick foi a forma como o ensino sobre a santidade e a vida superior tomou a Grã-Bretanha principalmente entre os anglicanos evangélicos, embora sua influência tenha sido muito mais ampla. O trabalho de figuras como Charles Finney, Asa Mahan, W. E. Boardman, Hannah Whitall e seu marido Robert Pearsall Smith, Charles Cullis e outros levou a 'Union Meetting for Promotion of the Scriptural Holiness' [Encontro Unido para a Promoção da Santidade Bíblica] realizar um encontro em 1874 em Oxford e outro em Brighton em 1875 (a Convention of the Promotion of Scriptural Holiness [Convenção para a Promoção da Santidade Bíblica]), que reuniu oito mil pessoas. Estas e outras iniciativas formaram um movimento que resultou numa série de convenções anuais reunidas em tendas na localidade de Keswick, na Inglaterra, a partir de 1875. Essas convenções vieram a ser um centro maior da espiritualidade evangélica no final do século 19, intimamente ligada ao movimento missionário" (p. 183-184).

[17] Menzies; Menzies, 2020, p. 22.

[18] Simpson, A. B. *The Fourfold Gospel*. E-book Kindle. Canadá: In His Image Ministries, posição 321.

[19] Cf. Soares, Esequias. *O pentecostalismo brasileiro: um guia histórico e teológico para compreender o pentecostes no Brasil*. Rio de Janeiro: CPAD, 2021, p. 26.

falar em línguas na vigília de Parham, era uma estudante na Escola Bíblica de Simpson em Nyack, New York.[20]

Outro fato que contribuiu para o afastamento da posição da santificação em termos wesleyanos, em direção à visão de Keswick, foi o ensino da "obra consumada de Cristo" propagada por William H. Durham (1873-1912), que inicialmente havia sido um ministro batista. Opondo-se a William Seymour e Charles Fox Parham a respeito da santificação, Durham ensinava que não se tratava de uma "segunda bênção" ou de uma "experiência de crise", mas que, em virtude da obra de Cristo na cruz, ela havia sido proporcionada na expiação e recebida na conversão em um ato de fé,[21] e que após isso o cristão progressivamente cresce na graça. Os ensinos de Durham foram responsáveis por uma grande onda que conduziu a abertura de igrejas pentecostais independentes que deram origem ao Concílio Geral das Assembleias de Deus em 1914, nos Estados Unidos, e influenciou os pioneiros da Assembleia de Deus no Brasil, Daniel Berg e Gunnar Vingren. Por essa razão, o pentecostalismo clássico tem ensinado que a santificação é tanto posicional, aludindo ao momento em que o crente é salvo em Cristo, quando progressiva, que dura por todo o tempo.[22]

2.2. Práticas de santidade

Apesar das controvérsias sobre a operação da santificação, a espiritualidade pentecostal valoriza a prática da santificação na vida cristã, formando a sua base ritual. Segundo Vondey, "as práticas rituais das congregações reforçam a convicção de que a santificação (seja pessoal, seja comunitária) sempre implica ações corporais consistentes do crente".[23] Essa santificação, segundo Vondey, "se entende como purificação e limpeza do pecado, que implica uma lavagem intelectual, moral e física, assim como uma consagração, ao menos em termos de distanciar-se do mundo e de suas contaminações".[24] Para Wolfgang Vondey, "as práticas de santificação levam a pessoa, permanecendo no mundo, a uma realidade diferente do mundo, um mundo santificado com suas próprias proibições, lealdades e compromissos que apontam para a transformação pessoal, assim como a mudança comunitária e social".[25]

---

[20] Disponível em: personaret.blogspot.com/2016/06/impulsos-reformados-e-wesleyanos-no.html.

[21] Anderson, 2019, p. 60.

[22] Menzies, William W.; Horton, Stanley M. *Doutrinas bíblicas: os fundamentos da nossa fé*. Rio de Janeiro: CPAD, 1995, p. 126.

[23] Vondey, 2019, p. 88.

[24] Vondey, 2019, p. 88.

[25] Vondey, 2019, p. 89.

Não obstante, Vondey observa que tais rituais não devem ser entendidos como a execução estruturada de uma prática regular produzida pela liturgia, mas como a resposta à graça de Deus ao longo da vida do crente, manifestada em disposições e práticas persistentes. Ele também destaca que a santificação é prática no sentido de que é praticada pelo crente, ou, mais precisamente, o crente pratica a participação na graça santificadora dada por Cristo. Nesse sentido, "a santificação é prática porque é pessoal (praticada pelo crente), pragmática (praticada com o propósito de ser santificado), eclesial (praticada pela congregação em um espaço e tempo particular), e missional (para ser testemunho do Reino de Deus)".[26]

Ainda que a santidade deva se mostrar na vida em sociedade fora do cenáculo, é dentro dele que o cristão tem experiências purificadoras por meio da leitura da Bíblia, das práticas comunitárias, da oração, da adoração e das celebrações congregacionais. Uma espiritualidade carismática, capaz de testemunhar eficazmente o poder do Reino de Deus e promover mudanças culturais, sociais e econômicas, é forjada primeiramente no cômodo particular da fé cristã, em ato de completa rendição a Deus e na sua purificação.

2.3. Espiritualidade pública santificada

Aplicando esses elementos à cena bíblica com a qual iniciamos este capítulo, compreende-se que uma fé que se propõe pública, sem que antes tenha passado pela "lavagem dos pés", é incapaz de cumprir o seu objetivo, pois lhe falta o requisito essencial de ser parte do Senhor (João 13:8). Se os nossos pés não forem limpos e enxutos intimamente por Cristo, nossas práticas e discursos no ambiente social mais amplo sobre ética e moralidade, por maiores que sejam os esforços, não passarão de moralismo farisaico.

Apesar das boas intenções, o ativismo religioso cristão que não foi santificado no interior do cenáculo, por ser deficiente, corre o risco de promover escândalos e injustiças, pois as próprias motivações — e os meios para executá-las — acabam incompatíveis com os valores do Reino de Deus.

Um dos perigos do ativismo religioso reside em querer ir ao mundo sem antes passar pelo cenáculo, é pretender apresentar e exigir uma ética social antes mesmo de uma experiência de transformação pessoal. Claramente, tal conduta encontra-se embasada numa ética *eminentemente* heterônoma, ou seja, em um tipo de raciocínio moral que se vale de fontes externas ao indivíduo para encontrar o caminho da ação correta.

---

[26] Vondey, 2019, p. 90.

A moralidade, nesse caso, é medida estritamente pelo cumprimento de normas e princípios externos à análise da conformidade da conduta humana a essas regras.

Em sua vertente cristã, essa abordagem defende que os padrões esperados do comportamento e do viver cristãos estão na Bíblia, o livro inspirado que contém a revelação da vontade de Deus para a humanidade em geral e para a igreja em particular. Segundo esse entendimento, a Palavra de Deus não é somente o guia espiritual e religioso para o seu povo, como também a fonte de orientação de vida e comportamento moral, cujos pressupostos devem ser extraídos dos mandamentos, regras, preceitos e demais exortações morais contidas no Livro Sagrado.

Não se pode deixar de reconhecer que a Bíblia é um livro divino, o gracioso compêndio que expressa o amor de Deus em se comunicar conosco. Por ser um livro revelado, no qual os santos homens escreveram sob a inspiração do Espírito Santo, ele contém histórias, verdades espirituais, ensinamentos, narrativas, mandamentos e princípios para a vida humana em geral. O apóstolo Paulo expressa a amplitude da Palavra de Deus na vida humana ao dizer: "Toda a Escritura é divinamente inspirada, e proveitosa para ensinar, para redarguir, para corrigir, para instruir em justiça, para que o homem de Deus seja perfeito e perfeitamente instruído para toda boa obra" (2Timóteo 3:16-17).

Contudo, uma ética *eminentemente* heterônoma, que considera os mandamentos bíblicos somente na sua dimensão externa, é limitada e incapaz de sustentar um testemunho público eficaz da fé cristã. Ao considerar a Bíblia como um repositório de normas para a conduta humana, corremos o risco de não enxergar o objetivo da revelação de Deus, muito menos as finalidades últimas dos próprios mandamentos dados por ele. Stanley Grenz observou muito bem que "O supremo propósito da autorrevelação de Deus é o de nos pôr em contato não com um corpo de leis atemporais ou axiomas morais universais, mas com o Deus que revela a si mesmo e, por conseguinte, com os seres humanos e com toda a criação".[27] Grenz prossegue lembrando que "os preceitos e princípios morais encontrados nas páginas das Escrituras estão a serviço do propósito central, isto é, facilitar a comunhão ou a comunidade".[28]

O principal contraste dos ensinamentos e forma de proceder de Jesus em face dos religiosos da sua época residia exatamente na concepção da Lei mosaica. Enquanto os religiosos haviam pervertido o propósito dos mandamentos, reduzindo-os a um tipo de ética heterônoma, para mera observância ritual, Jesus se preocupa com os seus

[27] Grenz, Stanley. *A busca da moral: fundamento da ética cristã*. São Paulo: Vida, 2006, p. 286.

[28] Grenz, 2006, p. 286.

fundamentos e propósitos. Ao passo que a conduta dos religiosos se firmava numa *ética do fazer*, os ensinos de Cristo apontavam para uma *ética do ser*, cujo caráter é transformado a partir do relacionamento com Deus. No Reino de Cristo, os imperativos morais possuem importância, mas eles só fazem sentido quando compreendidos e exercitados como consequência do encontro com Deus. A ética do Reino é relacional em sua origem e extensão, razão pela qual Jesus sintetiza toda a Lei do Antigo Testamento a dois mandamentos: Amar a Deus e amar ao próximo (Mateus 22:37-40).

Contudo, é preciso tomar cuidado para que, ao fugir da heteronomia, não venhamos a cair no seu outro extremo oposto: a autonomia do indivíduo. Embora possua os seus créditos, essa abordagem enfatiza em demasia e de forma até mesmo ingênua a responsabilidade subjetiva do indivíduo regenerado, com certa rejeição à natureza objetiva da Palavra e a todas as reivindicações de autoridade moral externa ao eu.[29] Além da compreensão de que a lei de Deus se acha inscrita em nosso coração, essa abordagem enfatiza a presença constante do Espírito Santo na vida do crente, que renova e santifica a consciência moral, dando um senso intuitivo do que é certo e bom.[30] Logo, conforme explica Stanley Grenz, "em vez de preocupar-nos com os mandamentos externos, devemos escutar a voz do Espírito dentro de nós e seguir as sugestões dessa voz que fala ao nosso espírito e por meio dele".[31]

Isso significa que aqueles que seguem essa linha estão sugerindo que os cristãos baseiam (ou devam basear) sua conduta em meros desejos humanos? A resposta é negativa. Grenz esclarece que "o 'sentimento' exaltado como o tribunal de apelação apropriado é o que eles entendem ser a pressão interior que vem do Espírito que neles habita ou, em outras palavras, a consciência moral santificada do cristão redimido".[32] Para Grenz, contudo, o calcanhar de Aquiles, o ponto fraco e perigoso dessa abordagem, é não levar em conta o mau impulso que continua presente no indivíduo mesmo após a conversão. Além disso, essa perspectiva separa com excessiva facilidade o Espírito da Palavra, "supondo que a voz do Espírito possa ser ouvida independentemente dos parâmetros expostos nas Escrituras".[33]

A regeneração e a presença do Espírito na vida do crente não significam de fato um estado de plena perfeição, capaz de afastar os padrões objetivos da Palavra de Deus

---

[29] GRENZ, 2006, p. 288.

[30] GRENZ, 2006, p. 289.

[31] GRENZ, 2006, p. 289-290.

[32] GRENZ, 2006, p. 291.

[33] GRENZ, 2006, p. 292.

externos ao indivíduo. Além de convencer o homem da sua culpa e estado de pecado (João 16:8), após a conversão o Espírito Santo continua agindo na vida do crente para santificá-lo (2Tessalinssences 2:13; 1Coríntios 6:11) e libertá-lo cada vez mais dos efeitos do pecado, num processo contínuo e progressivo. É o Espírito Santo quem nos orienta[34] sobre como agir a fim de evitar o pecado em todas as situações (Romanos 8:6-9).

A necessária atuação do Espírito de Deus na vida do salvo de maneira permanente mostra que mesmo para o crente o pecado jaz à porta, procurando meios de dominá-lo. As tentações não se encontram somente do lado de fora, mas operando internamente em nosso corpo por meio de instintos e impulsos naturais que visam atender aos desejos da carne. Essa luta foi bem retratada pelo apóstolo Paulo em Romanos 7:18-24, passagem na qual ele expõe a perturbadora tensão entre o homem interior — que tem prazer na lei de Deus — e o homem carnal, que quer atender aos desejos pecaminosos.

2.4. Ética para viver e ver o mundo

A concepção de santidade no coração da experiência pentecostal proporciona um conjunto de diretrizes para a ética individual e relação com a cultura. Se por um lado ela indica a purificação pessoal, por outro oferece preceitos para a vida pública.

Em primeiro lugar, ela fornece fundamentos para a integridade individual. Como princípio ético, a santidade refere-se à conduta autêntica, honesta e virtuosa, que deve iniciar no âmbito privado do indivíduo e atingir a vida em sociedade. A integridade manifesta-se na relação com o outro, na vida em comunidade, pois "a integridade cristã nunca é uma ética isolada, puramente pessoal. Ao contrário, a vida íntegra começa quando se desenvolve uma consciência de identidade pessoal dentro do contexto da comunhão cristã".[35]

Essa integridade é expressa perante a sociedade, visto que cada um carrega uma responsabilidade pessoal na condição de representante desse povo, a comunidade de fé.[36] Isso pode ser expresso no que Charles Taylor, em seu clássico *Uma era secular*, chama de ordem moral. Ele afirma que o "evangelho produz a ideia de uma comunidade de santos, inspirada pelo amor a Deus, ao próximo e à humanidade, cujos membros serão desprovidos de rivalidade, ressentimento mútuo, amor ao lucro, ambição por dominar e

---

[34] JENNEY, Timothy, "O Espírito Santo e a santificação", in: HORTON, 1996, p. 426.

[35] GRENZ, 2006, p. 272.

[36] GRENZ, 2006, p. 272.

sentimentos afins".[37] Tal integridade igualmente se manifesta por meio de uma *imaginação moral*, como sendo aquilo que, conforme Russell Kirk, nos permite "discernir acerca do que a pessoa humana pode ser e apreender, por alegorias, a correta ordem da alma e a justa ordem da sociedade",[38] e diferencia "o verdadeiro e o falso, o bem e o mal, o belo e o feio, além de oferecer uma correta visão da lei natural e da natureza".[39]

Em segundo lugar, a espiritualidade santificada se projeta como imaginário que confronta os projetos de *desencantamento* do mundo. Enquanto a modernidade tentou, pela "luz da razão", despojar o mundo da sua roupagem confessional,[40] violentando a concepção do sagrado e entronizando o processo de secularização — a desdivinização do universo e a "dessacralização da política"[41] —, a espiritualidade pentecostal vê o mundo impregnado do sagrado, por isso busca a sua ressacralização.

A imaginação presente na afirmação "Jesus santifica" pressupõe que não somente o indivíduo possa ser purificado e santificado, mas os espaços sociais igualmente podem ser objeto dessa consagração e dedicação a Deus, pois o Espírito sopra onde quer (Jo 3:8). Em linguagem semelhante, o filósofo Roger Scruton afirmou: "Como lugares sagrados, as cidades têm de nascer de um ato de consagração. A consagração é algo que fazemos, é apresentar uma coisa para que receba endosso divino."[42]

Em terceiro lugar, a santidade pentecostal fornece diretrizes para uma teologia da cultura, que pode tanto rejeitar quanto buscar a alteração da cultura. Por um lado, os cristãos podem ser considerados estranhos, e até mesmo heréticos à luz da "ortodoxia do mundo", mantendo-se afastados de suas práticas e costumes, por outro, podem buscar promover mudanças estruturais à luz do seu código ético e visão do ser humano. Mesmo "não sendo deste mundo", os cristãos buscam combater os efeitos do pecado e glorificar a Deus por meio de suas próprias realizações culturais e hábitos santificados. Conforme assinalou Amos Yong, "Uma política da santidade inspirada na narrativa pentecostal, portanto, permite tanto uma separação do mundo, quanto ainda o compromisso de trabalhar pelo seu bem-estar".[43] Afora a erradicação dos efeitos

---

[37] TAYLOR, Charles. *Uma era secular*. São Leopoldo, RS: Unisinos, 2010, p. 199-200.

[38] KIRK, Russell. *A era de T. S. Eliot*. São Paulo: É Realizações, 2011, p. 82.

[39] *Ibid.*

[40] MENDOZA-ÁLVAREZ, Carlos. *O Deus escondido da pós-modernidade: desejo, memória e imaginação escatológica. Ensaio de teologia fundamental pós-moderna*. São Paulo: É Realização, 2011, p. 44.

[41] CATROGA, Fernando. *Entre deuses e césares: secularização, laicidade e religião civil*. Coimbra: Almedina, 2010, p. 21.

[42] SCRUTON, Roger. *O rosto de Deus*. São Paulo: É Realizações, 2015, p. 191.

[43] YONG, Amos. *In the Days of the Caezar: Pentecostalism and Political Theology* (Sacra Doctrina: Christian Theology for a Postmodern Age). E-book. Grand Rapids, Michigan: The Cadbury Lectures, 2009, p. 2293.

do pecado no nível pessoal, a santidade conduz à busca da perfeição que acarreta efeitos sociopolíticos, impactando organizações e instituições locais.[44]

Esse imaginário santificado envolve, entre outras coisas, identificar quais os aspectos culturais são constitutivos de integralidade, honram a santidade divina, refletem beleza e cumprem as aspirações humanas. Também engloba uma análise crítica da ordem social, dos costumes e dos hábitos. A imagem do cenáculo novamente é elucidativa. Os cristãos não vivem em uma ilha, mas em um mundo no qual o cenáculo se encontra. Esse quarto é um território de santidade e separação da mundanidade, mesmo estando no mundo; funciona como uma embaixada cujos interesses e valores são regidos pelo país de origem. Usando as palavras de Miroslav Volf, "a identidade cristã é estabelecida não principalmente negando e combatendo o que está fora, mas abraçando e realçando o centro do que está dentro: Jesus Cristo como a Palavra que se fez carne [...]".[45] Contudo, os cristãos não se mantêm permanentemente dentro do quarto, fechados em si mesmos, abandonando completamente a cultura. Em vez disso, com regularidade, ganham a cidade, buscando impregnar a cultura com os valores internos do cenáculo.

---

[44] Yong, 2009, posição 2337.

[45] Volf, 2018, posição 1719.

Capítulo 3

Espiritualidade servidora e escatológica

O ato da lavagem dos pés por Jesus, como vimos no capítulo anterior, revela uma experiência profundamente purificadora para os discípulos no interior do cenáculo. Esse ato simbólico, realizado pela combinação harmoniosa do Espírito Santo e da Palavra de Deus, não apenas purifica, mas também estabelece os fundamentos de uma ética transcendental que se manifesta no testemunho público. Ao mesmo tempo, o relato bíblico também nos ensina acerca da importância de servir.

Ao lavar os pés de seus seguidores, Jesus queria deixar um valioso exemplo para que eles fizessem o mesmo (João 13:14). "Porque eu vos dei o exemplo, para que, como eu vos fiz, façais vós também" (v. 15). A atitude do Mestre deveria inspirar o comportamento dos seus discípulos. Na passagem, a palavra grega usada para "exemplo" é *hypodeigma* e refere-se a mais que mero "exemplo", pois tem um aspecto ético e compulsório.[1] Duas coisas nos chamam a atenção nesse ensinamento de Jesus: o *conteúdo da mensagem* e a *forma pedagógica* utilizada pelo Mestre para transmitir a lição.

No cerne da mensagem, Jesus estava dando a conhecer aos seus discípulos que todo serviço deve ser humilde, a despeito do *status*.[2] Na vida cristã, servir ao próximo, independentemente da nossa posição social, é uma das mais importantes

---

1 Arrington; Stronstad, 2015, p. 574.

2 Arrington; Stronstad, 2015, p. 574.

características que atestam a verdadeira espiritualidade. No Reino de Deus, espiritualidade é sinônimo de entrega, não de cobrança; o maior não é o que é servido, mas aquele que serve.

A espiritualidade autêntica forjada no interior do cenáculo, aos pés de Cristo e seguindo o seu poderoso modelo, lida de forma diferente com o poder e com a posição de autoridade. Ela subverte a lógica hierárquica que domina o pensamento do mundo natural, onde impera a ideia "manda quem pode e obedece quem tem juízo".

3.1. A política da bacia

A *bacia* usada na ocasião é um poderoso símbolo do ministério cristão, junto com a *cruz* e o *túmulo*, observou Donald Kraybill.[3] Enquanto o madeiro indica a morte sacrificial de Cristo, e o túmulo a sua ressurreição, a bacia nos faz relembrar o chamado para servir. Não é sem razão que esses três objetos que encarnam a imagem do Reino de Deus não são símbolos de poder e sucesso, mas de dor, sofrimento e ignomínia, pois o evangelho é loucura e escândalo para o mundo, mas o poder de Deus para os salvos (1Coríntios 1:18). Paulo diz que Deus escolheu as coisas loucas, fracas e desprezíveis deste mundo para confundir as sábias e fortes e aniquilar as que são (1Coríntios 1:28). Por essa razão, Cristo se vale da toalha e da bacia, ferramentas comuns do escravo da sua época, aparentemente sem grande valor, para transmitir um ensino que desmonta a política do poder pela hierarquia social, para estabelecer uma política de doação, submissão voluntária e ajuda mútua.

Ao praticar a cerimônia de lava-pés, Jesus pôs em exercício um princípio elementar da vida cristã, quando afirmou que quem quiser ser o seu discípulo deve negar a si mesmo, tomar a sua cruz e segui-lo (Mateus 16:24-26). Trata-se de um convite magnífico, mas em certo sentido aterrorizante para os padrões humanos. Pode soar estranho para um mundo dominado pela busca da felicidade efêmera, mas na vida em Cristo uma das principais virtudes é a abnegação. Ao contrário do que possa parecer, abnegação não significa adotar uma atitude de desprezo ao próprio eu, nem se livrar de quaisquer desejos pessoais;[4] afinal, criados à imagem de Deus, somos portadores de valor e dignidade.

Concordo com Moreland quando ele afirma que a vida de abnegação é o "jugo suave" de Cristo.

---

[3] KRAYBILL, Donald. *O reino de ponta cabeça*. São Paulo: JesusCopy, 2017, p. 355.

[4] MORELAND, J. P. *O triângulo do Reino*. São Paulo: Vida, 2011, p. 194.

> Em contraste com o caminho do egocentrismo, o caminho da abnegação para Jesus corresponde ao modo em que fomos criados para agir e à realidade em si como Deus a criou. Na verdade, a vida dura é aquela vivida em oposição ao caminho de Jesus. Tudo o que você precisa é ver quão difícil é a vida das pessoas que não conseguem perdoar os outros, que necessitam desesperadamente ser o foco das atenções, que têm de estar no controle o tempo todo, com compulsão pelo sucesso, a fim de provar que são importantes. Essa é a vida dura, não a vida de abnegação. À medida que se domina pouco a pouco a abnegação para o Reino, a vida se torna progressivamente mais fácil.[5]

Devo lembrar que é no interior do cenáculo que ocorre essa *formação espiritual abnegada, sacrificial e altruísta*. Quando compreendemos e internalizamos essas virtudes à luz do Reino de Deus e a sua presença na história, nossas ações são conduzidas a glorificar a Cristo e a usar os nossos dons e talentos para o bem da coletividade.

O termo "política da bacia" é apropriado para explicitar a profundidade e extensão do ensino de Cristo. Ao usar esse simples objeto para lavar os pés dos apóstolos, o Nazareno fez muito mais que um ritual de lavagem. Ele mostrou de modo exemplar os princípios que devem nortear os cristãos no uso do poder nas relações sociais. Isso vale em primeiro lugar para o ambiente eclesiástico, mas irrompe também para a vida em sociedade.

A *política da bacia* lança por terra qualquer pretensão de guerra por *status*, posição e poder ministerial. Dentro do cenáculo, no espaço da nossa comunidade de fé, não deveria haver lugar para politicagem ministerial, ditadura religiosa e muito menos negociatas em nome da igreja. Tais ações desonram o nome de Cristo e se firmam não na política da bacia, mas na política do trono (Mateus 20:21).

A política da bacia ensina a servir; a política do trono, a comandar.

A política da bacia trabalha para o bem comum; a política do trono, pelo benefício pessoal.

A política da bacia busca anonimato; a do trono, estrelato.

A política da bacia é entrega; a política do trono, exigência.

A política da bacia limita o poder; a política do trono, o usurpa.

É lamentável perceber que não raro a imagem da bacia é esquecida e negligenciada até mesmo no meio cristão, onde deveria recordar e aplicar em todas as dimensões a premissa da mordomia. Por vezes, as *guerras dos tronos* ministeriais são tão intensas que fazem corar até mesmo os políticos mais experientes do cenário público.

---

[5] Moreland, 2011, p. 196.

Como símbolo do serviço voluntário e desinteressado, a bacia relembra àqueles que se encontram em posição de autoridade a importância de se colocarem no lugar dos desafortunados e esquecidos. A conduta empática ajuda o líder a tomar decisões sensatas e alinhadas às necessidades sociais. Ao mesmo tempo, esse exercício coloca o poder a serviço do homem, não o homem a serviço do poder, dominando o ímpeto natural da usurpação e tirania.

Antes de tudo, *lavar os pés dos outros* é um princípio espiritual que expressa uma vida de piedade e devoção a Deus, aplicando-se em um primeiro momento à vida interior e à nossa comunidade de fé. Mas, como veremos, essa *espiritualidade da bacia transcende o quarto íntimo* e se desloca para fora do cenáculo. Ela é capaz de fundamentar um testemunho cristão efetivo na praça pública e estruturar a política secular. Esse pressuposto irá indicar, como disse Gutierres Siqueira, que a influência cristã na sociedade não se dá pelo poder coercitivo, e sim pelo amor abnegado.[6] Em suas palavras: "O foco do poder político desvirtua nossa essência porque a missão cristã no mundo não está no domínio, e sim no serviço."

3.2. A dimensão escatológica da fé

O capítulo 14 do Evangelho de João revela outra experiência marcante. Jesus prossegue dizendo:

> Não se turbe o vosso coração; credes em Deus, crede também em mim. Na casa de meu Pai há muitas moradas; se não fosse assim, eu vo-lo teria dito, pois vou preparar-vos lugar. E, seu for e vos preparar lugar, virei outra vez e vos levarei para mim mesmo, para que, onde eu estiver, estejais vós também (v. 1-3).

Jesus introduz esse assunto após ser questionado por Pedro para onde ele iria (13:36). Ele responde dizendo que Pedro não poderia segui-lo naquele momento, mas chegaria um tempo em que o discípulo poderia fazer isso. Simão Barjonas novamente mostra sua impetuosidade e questiona: "Por que não posso seguir-te agora? Por ti darei a minha vida" (13:37). Ao que Jesus lhe responde: "Tu darás a tua vida por mim? Na verdade, na verdade te digo que não cantará o galo, enquanto me não tiveres negado três vezes" (v. 38).

Nessa parte do seu ensino aos discípulos, Jesus enfatiza a dimensão escatológica da espiritualidade. À medida que o tempo da sua partida se aproxima, ele partilha com eles sobre a sua glorificação e o que fará quando voltar para o céu.

---

6 Siqueira, Gutierres Fernandes. *Quem tem medo dos evangélicos?: religião e democracia no Brasil de hoje*. São Paulo: Mundo Cristão, 2022, p. 69.

A comparação com o cenáculo é evidente. Os discípulos haviam preparado aquele quarto superior para a ceia, e agora Jesus iria preparar um "cenáculo" para os seus discípulos, não na terra, mas no seu Reino. Até o capítulo 17 de João, além de enfatizar o seu retorno para o Pai, por meio da sua morte e ressurreição, Jesus lembra que os crentes ficarão na terra, mas não estarão órfãos, pois o Pai enviará o outro Consolador, o Espírito da verdade, para que a obra da cruz seja testificada e proclamada com poder e sinais. Apesar de serem aborrecidos e odiados pelo mundo, os discípulos são instruídos a manifestarem certo estilo de vida ético na terra, caracterizado especialmente pelo amor — o mesmo tipo de amor que existe entre o Pai e o Filho.[7]

Essa derradeira cena no interior do cenáculo, que adentra a madrugada, antes de Jesus ser levado ao seu suplício, contém recomendações, admoestações e consolo espiritual de Deus para o seu povo viver neste mundo tenebroso. Em essência, é possível dizer que todos os temas que compõem essa última prédica envolvem basicamente uma mensagem de esperança para os discípulos, que por sua vez fundamenta um aspecto específico da nossa espiritualidade: a dimensão escatológica.

Por dimensão escatológica não me refiro às infindáveis discussões sobre os eventos e etapas dos últimos dias, que, apesar de importantes, muitas vezes mais confundem do que firmam a espiritualidade do crente, especialmente quando embasadas em suposições e intuições humanas. Com a veemência que lhe era peculiar, A. W. Tozer escreveu em seu livro *Preparando-se para a volta de Jesus*: "Reconheço que as profecias bíblicas são um campo fértil para seitas e farsas religiosas, e isso tem causado a queda de muitos no cristianismo. Heresias associadas às profecias das Escrituras, principalmente às de Apocalipse, afastam as pessoas da questão principal."[8] Isso porque esses "especialistas escatológicos" se perdem em pormenores e gastam tempo em trivialidades apocalípticas.

Embora a Bíblia não informe a data exata da volta de Jesus, não devemos nos preocupar com isso. Como disse Tozer: "Não sei como será o amanhã. Ninguém sabe, nem mesmo os anjos sabem; somente o Pai que está no céu. Portanto, não fiquemos desanimados porque nós, pessoas comuns, somos tão incapazes de prever o futuro quanto os grandes líderes mundiais."[9] Não precisamos saber o dia exato da segunda vinda de Cristo, pois a intenção é estarmos sempre alertas, prontos para o grande dia.

O caráter escatológico da *espiritualidade pentecostal* é menos doutrinário e mais inspirador, a fim de moldar a forma de vivermos no tempo presente. Essa característica

---

[7] Arrington; Stronstad, 2015, p. 578.

[8] Tozer, A. W. *Preparando-se para a volta de Jesus*. Rio de Janeiro: Graça Editorial, 2018, p. 14.

[9] Tozer, 2018, p. 17.

esteve tão presente na igreja do Novo Testamento que eles foram considerados uma *comunidade escatológica*, com a compreensão de que a ressurreição de Cristo assinalou o início do fim, a virada das eras.[10] Gordon Fee captou isso ao dizer que os cristãos da igreja primitiva "viviam no presente carregando a marca da eternidade". Essa é a essência da espiritualidade escatológica, na qual os "crentes provam a vida por vir, a plena e definitiva concretização do futuro é algo tão certo que os integrantes do novo povo de Deus se tornam radicais celestiais enquanto vivem no 'já' mas 'ainda não' da era presente".[11] Fee lembra que os primeiros crentes da era apostólica acreditavam que o futuro havia começado, precisamente por causa do derramamento do Espírito.[12] De acordo com o teólogo carismático, "Embora as pessoas fossem incorporadas individualmente ao povo de Deus, o alvo não era simplesmente preparar indivíduos para o céu, mas formar um povo que, pelo poder do Espírito, vivesse a vida do futuro (a vida do próprio Deus) na era presente".[13]

Imbuídos da experiência do Espírito, os discípulos foram capacitados a viver a dimensão do Reino em seus próprios dias, tanto no nível individual quanto comunitário. As boas-novas eram, antes de tudo, uma mensagem de esperança, que assinalava a vida, a morte e a ressurreição do Filho de Deus. Segundo Fee, a ressurreição de Cristo e a descida do Espírito mudaram completamente a perspectiva da igreja primitiva. A expectativa do tempo do fim totalmente vinculada ao futuro ainda por vir, própria das raízes judaicas, "traduzidas pela esperança de um Messias", deu lugar à crença de que o futuro já havia começado, e a ressurreição de Cristo "assinalou o início do fim, a virada das eras". É essa plataforma escatológica, prossegue o teólogo, "que define tudo o que diz respeito a eles — como viviam, como pensavam e como interpretavam o papel que tinham no mundo presente, que, segundo criam, estava na reta final da existência".[14]

O Espírito Santo mais uma vez tem papel decisivo nesse aspecto. Gordon Fee explica que "o dom do Espírito é a prova suprema de que as promessas de Deus para os últimos tempos estão se cumprindo",[15] em consonância com a profecia de Joel (2:28-30). Assim, o derramamento do Espírito significava que a era messiânica já havia chegado.[16] Essa perspectiva é tão presente na fé pentecostal que estrutura o seu quinto ponto:

---

[10] Fee, G. D. *Paulo, o Espírito e o povo de Deus*. São Paulo: Vida Nova, 2015, p. 77.

[11] Fee, 2015, p. 79.

[12] Fee, 2015, p. 11.

[13] Fee, 2015, p. 11.

[14] Fee, 2015, p. 77.

[15] Fee, 2015, p. 80.

[16] Fee, 2015, p. 80.

Jesus é o Rei que voltará. Como bem observou Donald Dayton, os movimentos cristãos que "experimentaram mais intensamente a infusão pessoal do Espírito também parecem ansiar mais ardentemente a volta de Cristo e a correspondente transformação cósmica deste mundo presente".[17]

É preciso reconhecer, por certo, que essa perspectiva escatológica acabou recebendo ênfase demasiada, em detrimento dos demais pontos da narrativa quíntupla, gerando com isso uma *espiritualidade apocalíptica*,[18] de fuga da realidade e isolamento social. Contudo, devidamente compreendida, essa dimensão alimenta uma espiritualidade que foca o céu, mas não se esquece do mundo atual. Conforme Wolfgang Vondey, "a expectativa de estar no caminho, projetada à sombra do iminente retorno de Cristo, expressa para os pentecostais não somente uma permanência dos cristãos para a glória, senão uma comissão da igreja no mundo".[19]

Vondey prossegue dizendo que "a escatologia funciona como um tema integrador que devolve à teologia pentecostal as suas preocupações centrais, mesmo que transformada por uma urgência apocalíptica".[20] Sendo assim, a "expectativa apocalíptica da irrupção do Reino de Deus já manifestada no derramamento do Espírito se erige como um ícone da teologia pentecostal que impregna a leitura e as práticas dos outros motivos evangélicos".[21]

Segundo Wolfgang Vondey, embora seja a derradeira declaração cristológica, "Jesus é o Rei que voltará" não é a última em termos de importância; afinal, essa seria uma forma equivocada de se compreender a teologia pentecostal. Ainda que haja uma intencionalidade na narração do evangelho pleno, desde o Salvador até o Rei vindouro, a lucidez da teologia pentecostal encontra em sua ênfase escatológica uma maneira constante de voltar aos elementos do evangelho pleno sem se perder na ideia de compreender ou resolver o destino do mundo por meio da articulação de uma proposição doutrinária final.[22] Assim, "a ênfase apocalíptica no iminente retorno de Cristo sempre projeta a teologia pentecostal de volta sobre si mesma em uma reflexão crítica: a escatologia não somente atrai os pentecostais desde o altar até os confins da terra, senão que os impulsiona a regressar ao altar para os sinais e maravilhas da salvação, a santificação, o batismo no Espírito Santo e a santidade divina".[23]

---

[17] Dayton, 2018, p. 241.

[18] Anderson, 2019, p. 311.

[19] Vondey, 2019, p. 141.

[20] Vondey, 2019, p. 141.

[21] Vondey, 2019, p. 141.

[22] Vondey, 2019, p. 144.

[23] Vondey, 2019, p. 143.

O caráter escatológico da espiritualidade pentecostal a situa bem longe de um tipo presenteísta de formas pós-modernas de espiritualidade, esotéricas por essência, que focam mais o bem-estar psicológico do que o seu conteúdo. Para o homem moderno, essa forma esvaziada de espiritualidade tem finalidade eminentemente terapêutica. Não é sem razão que a palavra "espiritualidade" é um daqueles termos na moda, usado até mesmo no ambiente corporativo, como uma nova habilidade profissional. Se, por um lado, a disseminação da busca pela espiritualidade na vida humana seja algo positivo, por outro, tal espiritualidade "água com açúcar" não tem nenhum poder transformador, pois encontra-se centrada no próprio homem.

A esperança escatológica que se acha na espiritualidade encara a dinâmica da vida com os olhos voltados para o retorno de Cristo. A expressão "não se turbe o vosso coração" promove conforto e segurança, não por causa da espiritualidade em si, ou pela simples disposição do homem em buscar o aspecto místico da vida, mas por causa da confiança naquele que disse que na casa do Pai há muitas moradas, para onde seremos levados para estar com ele.

3.3. Espiritualidade que serve e aguarda o retorno do Rei

Se a essência da espiritualidade pentecostal é forjada dentro do cenáculo, é preciso olhar com mais atenção para essas duas dimensões que acabamos de mencionar: o serviço abnegado e a esperança escatológica. Devidamente compreendidos e assimilados como práticas de vida cristã, tais elementos formativos são cruciais para a interação com a cultura e a política secular.

Ao se deslocar para fora, a espiritualidade cristã irá exteriorizar, no seu trato com a cultura, com a economia e com a política, os valores de abnegação, sacrifício e altruísmo apreendidos no íntimo na fé, sempre tendo em mente a sua condição escatológica. Uma prática de vida pública que deixa tais valores trancados, adotando em contrapartida os recursos e métodos do mundo secular, se converte numa mera religião social ou política, pois os fundamentos que movem essa esfera secular se opõem àqueles ensinados por Cristo aos seus discípulos, girando em torno de (a) defesa de interesses, (b) autoindulgência e (c) egoísmo/corporativismo.

A história tem mostrado que os maiores escândalos públicos do cristianismo ocorrem quando aqueles valores do cenáculo são substituídos por esses princípios seculares, quando a busca pelo Reino de Deus é trocada pela tentativa de dominação da cidade dos homens, quando a esperança escatológica é substituída pelo mito do progresso. Todas as vezes que a comunidade cristã fundamenta sua participação pública e principalmente política em torno da defesa de seus interesses corporativos, ainda que em nome de supostos direitos coletivos, em desprezo ao sacrifício do testemunho, o foco da sua missão é deixado de lado.

Da mesma maneira, quando se substitui a esperança escatológica pela esperança política, ofusca-se o testemunho público da igreja. James Smith, por esse motivo, observou que a nossa *teleologia*, isto é, os fins que buscamos na vida, "será contracultural a toda pretensão política que assuma uma confiança liberal na engenhosidade e no progresso humanos ou conselhos alarmistas calcados no desespero".[24] Isso ocorre pelo fato de a escatologia cristã ser uma teleologia da esperança, opondo-se às cínicas ideologias políticas do desespero que reduzem a vida a maquinações de poder e de dominação.[25] Nesse sentido, Smith enfatiza que "o último deságua no penúltimo":

> O caráter de último da escatologia bíblica não é apenas uma receita para uma eternidade distante; é também a norma do perfil que deve ter a boa construção cultural hoje em uma criação caída, porém redimida. Assim, o último não fica isolado no reino do por vir: ele é o farol da nossa renovação cultural no presente penúltimo. Isso significa que nossa escatologia afeta nossa política.[26]

Isso somente ocorrerá se a nossa escatologia estiver devidamente direcionada para uma esperança futura, na qual a vida pública torna-se inerentemente escatológica em seus fundamentos e fins. A própria ceia do Senhor é um lembrete escatológico, na medida em que dela partilhamos "anunciando a morte do Senhor até que venha". Nas palavras de James Smith, tal lembrete "não engendra um quietismo apolítico, mas, ao contrário, funciona como uma disciplina em nossas pretensões políticas e nos lembra de que o político é assombrado pelo 'vir' da expectativa".[27] Perder esse lembrete escatológico, segundo ele, é abandonar o chamado para uma política especificamente cristã.

O fundamento da escatologia cristã, claramente, reside nessa expectativa do porvir, direcionando ao mesmo tempo a postura em relação à participação pública. Um dos grandes perigos que subverte a essência dessa visão é aquilo que o filósofo Eric Voegelin chamou de *imanentização da escatologia*: a tentativa de antecipar para o tempo presente o que pertence ao porvir, quando a realização transcendental futura é trazida para o aqui e agora. Filha da heresia gnóstica, essa *imanentização do eschaton*,

---

[24] SMITH, James K. *Aguardando o Rei*: *reformando a teologia pública*. Liturgias Culturais. Vol. 3. São Paulo: Vida Nova, 2020, p. 29.

[25] SMITH, 2020, p. 29.

[26] SMITH, 2020, p. 51.

[27] SMITH, 2020, p. 105.

segundo Voegelin, parte da especulação e da busca por certezas cognitivas, contrapondo-se às incertezas que demandam a fé cristã ortodoxa. No afã de antecipar as últimas coisas, ela transformou a atividade civilizacional num trabalho místico de autossalvação,[28] e a força espiritual da alma, que no cristianismo se devotava à santificação da vida, passou a ser orientada rumo à criação do paraíso terrestre, muito mais atraente, tangível e, principalmente, mais fácil.

Na prática, a imanentização se manifesta de forma mais clara pelo messianismo, na tentativa de se criar um reino terrestre, e pela aplicação imediata do juízo sobre os maus, sempre pela via política. Além de todos os perigos que essa postura gnóstica tem na esfera pública, ela leva à morte do espírito. Afinal, segundo Voegelin, quanto mais fervorosamente todas as energias humanas são empenhadas no empreendimento da salvação por meio da ação imanente no mundo, mais distantes da vida do espírito se colocam os seres humanos.

Por essa razão, o vigor espiritual do pentecostalismo deve-se à adoção da esperança, não da *imanentização* escatológica, apesar das tentativas (algumas com sucesso) de infiltração do discurso gnóstico. Isso ocorre desde a igreja primitiva. A todo custo, a igreja é pressionada a se esquecer desse princípio *cenacular*. O mundo e as forças retóricas do naturalismo que afligem os embates sociais e as guerras culturais tentam conduzir os cristãos a relegar a esperança escatológica, seja pelo argumento da ausência de "plausibilidade" para a sociedade, seja pela afirmação de falta de aplicabilidade política, para que a esperança futura seja aceita somente como uma doutrina eclesial. José Gonçalves foi categórico ao afirmar que "a escatologia é esvaziada quando o seu foco no futuro é ofuscado pelo desejo do domínio agora. A teologia desce do céu e passa a firmar-se na terra".[29]

A *imaginação escatológica* que ressai da visão carismática instaura o mundo numa dimensão de provisoriedade, vulnerabilidade e esperança. Ao mesmo tempo que assume um elemento apocalíptico, de certeza profética do fim do mundo, se conduz pela convicção de que o tempo presente é marcado pela inauguração do Reino, no qual vemos por espelho (1Coríntios 13:12) e experimentamos o mistério divino. Essa imaginação última se converte num conjunto de percepções, pressupostos e hábitos que afastam as pretensões de *transformação total* e *definitiva* do mundo e da cultura na presente era.

---

[28] SMITH, 2020, p. 98.

[29] GONÇALVES, José. *O carisma profético e o pentecostalismo atual: pressupostos para uma práxis carismática autêntica*. Rio de Janeiro: CPAD, 2021, p. 31.

Capítulo 4

Espiritualidade carismática

No coração do cenáculo[1], em Jerusalém, ocorreu outro episódio paradigmático para a compreensão da espiritualidade cristã. Trata-se do evento de Atos 2, um acontecimento marcante e sublime que moldou a identidade dos discípulos e da igreja primitiva.

Em sua narrativa a Teófilo, Lucas inicia o relato trazendo as reminiscências da ordem de Jesus aos seus discípulos para que não se ausentassem de Jerusalém, mas que esperassem a promessa do Pai, o batismo com o Espírito Santo (Atos 1:4): "Mas recebereis a virtude do Espírito Santo, que há de vir sobre vós; e ser-me-eis testemunhas tanto em Jerusalém como em toda a Judeia e Samaria e até aos confins da terra" (v. 8).

Convictos acerca do cumprimento dessa promessa, após verem o Mestre ser elevado às alturas, os discípulos voltam para Jerusalém, mais especialmente para o cenáculo. Nesse local, habitavam Pedro e Tiago, João e André, Filipe e Tomé, Bartolomeu e Mateus, Tiago, Simão, o Zelote, e Judas, filho de Tiago. Se o cenáculo, como temos percebido até aqui, é um símbolo imagético da espiritualidade cristã, é significativo

---

[1] O local onde ocorre o evento de Atos 2 é debatido entre os teólogos, se no cenáculo ou no templo. Apesar de posições contrárias, seguimos a primeira linha. Nesse sentido, Howard Marshall defende que "casa empregada em isolamento não pode significar templo" (*Atos: introdução e comentário*. São Paulo: Mundo Cristão, 2006, p. 68). Segundo Craig Keener: "Se favorecermos o contexto anterior (mais importante para os primeiros leitores), em vez do contextp seguinte (também disponível os leitores posteriores), a alusão à unidade dos discípulos (cf. At 1.15) pode indicar o cenáculo de Atos 1.13 (nesse caso eles podem corrido de lá para o Templo, ainda louvando a Deus; para uma condição que pode provocar uma transição tão rápida...". KEENER, Craig S. *Comentário exegético Atos: Volume 1 – Introdução e caps. 1.1 a 2.47*. Rio de Janeiro: CPAD, 2022, p. 949.

perceber que, depois da morte, ressurreição e ascensão de Cristo, os discípulos estivessem residindo todos juntos nesse mesmo imóvel. Apesar da localização ser incerta,[2] podendo ser o lugar da Última Ceia, até mesmo a casa de Maria, a mãe de João Marcos (Atos 12:12), a convivência deles nesse local íntimo exemplifica novamente uma simbologia espiritual vibrante.

O cenáculo, nesse caso, pode ter sido usado apenas porque tinha espaço adequado para os apóstolos se reunirem. Eles precisavam de um lugar para ter comunhão, orar e estar "unânimes", algo semelhante a quando Jesus e os discípulos se reuniram para a ceia do Senhor.

Lucas mostra a devoção dos discípulos ao escrever que todos eles perseveravam unanimemente em oração e súplicas (1:14), atitude que revela um dos principais aspectos do fortalecimento espiritual do crente. Embora estivessem perplexos com a ascensão de Cristo, eles se devotaram em buscar a Deus. Aliás, essa será uma prática constante na vida dos discípulos ao longo do livro de Atos. A oração, afinal, é o principal recurso da dimensão íntima da espiritualidade cristã; não é um discurso, mas um diálogo com o Criador. Martinho Lutero dizia que a oração é o suor da alma, e Agostinho de Hipona afirmava que a oração é o encontro da sede de Deus com a sede do homem. Ao comentar essa passagem, N. T. Wright afirma que "é por meio da oração e adoração que poderemos conhecer, desfrutar e ser fortalecidos pela vida do céu bem aqui na terra, e descobrir o que isso significa em termos de outras reivindicações, outros senhores, outros modos de vida".[3]

4.1. O batismo no Espírito Santo

Na sequência, após narrar o processo de escolha de Matias para o apostolado no lugar de Judas (1:15-26), Lucas prossegue descrevendo a cena do batismo no Espírito Santo:

> Cumprindo-se o dia de Pentecostes, estavam todos reunidos no mesmo lugar; e, de repente, veio do céu um som, como de um vento veemente e impetuoso, e encheu toda a casa em que estavam assentados. E foram vistas por eles línguas repartidas, como que de fogo, as quais pousaram sobre cada um deles. E todos foram cheios do Espírito Santo e começaram a falar em outras línguas, conforme o Espírito Santo lhes concedia que falassem (Atos 2:1-4).

---

[2] Stronstad; Arrington, 2015, p. 628.

[3] Wright, N. T. *Atos para todos*. Parte 1: Atos 1—12. São Paulo: Thomas Nelson Brasil, 2020, p. 32.

Na tradição judaica, o dia de Pentecostes (palavra que quer dizer originariamente "quinquagésimo") ocorria cinquenta dias após 16 de nisã, o dia seguinte à Páscoa. Também denominada de "Festa das Semanas", por ser realizada sete semanas depois da celebração pascal, era a festa da colheita de grãos (Êxodo 23:16; 34:22). Nela se apresentava um sacrifício simbólico a Deus consistindo em dois pães feitos com o grão recém-recolhido e também determinados animais (Levítico 23:15-21). Com a destruição do primeiro templo, a celebração evoluiu lentamente, ganhando ainda o significado da libertação da Lei de Moisés do Sinai.[4]

Lucas enfatiza que nesse dia estavam todos no mesmo lugar, com o propósito de destacar que não somente os Doze se faziam presentes, mas também as mulheres e outros discípulos mencionados anteriormente (1:13-15). Então, repentina e inesperadamente, um som sobrenatural vindo do céu inundou a casa em que estavam assentados, algo semelhante a um vento intenso e violento. Ao mesmo tempo, línguas como de fogo repousaram sobre a cabeça de cada um. E todos ficaram cheios do Espírito Santo e passaram a falar em outras línguas, conforme o Espírito Santo lhes concedia.

Esse acontecimento manifesta sobretudo a glória de Deus e revela o cumprimento da palavra de Jesus (Lucas 24:49) sobre o recebimento da virtude do Espírito Santo, a sublime experiência de enchimento de poder dos crentes e a capacitação para a missão. O relato de Lucas, além de realçar a capacitação para a missão transcultural[5] (2:5), mostra a ação divina na quebra de preconceito étnico. A multidão ficou espantada com as línguas, principalmente por procederem dos galileus. Diferentemente de Atos 1:1, aqui "galileus" é um termo usado de modo pejorativo, aludindo ao preconceito enraizado naquele contexto cultural. A Galileia, uma região ao norte de Israel, era frequentemente vista com desdém pelos judeus de outras regiões, em especial pela elite religiosa de Jerusalém, e odiada pelos romanos, em razão do histórico de revoltas políticas. Os galileus eram considerados intelectualmente ignorantes, incultos, grosseiros, rústicos e racialmente mistos[6]. Foram precisamente esses cristãos discriminados, marginalizados e inferiorizados por causa de sua região que o Espírito decidiu usar[7]. Mais uma vez, Deus está desfazendo as cadeias do preconceito.

---

[4] González, Justo L. *Atos: o Evangelho do Espírito Santo*. São Paulo: Hagnos, 2011, p. 51.

[5] A esse respeito: "A capacitação transcultural pelo Espírito é essencialmente uma nova missão. Essa capacitação transcultural é marcada inicialmente pelas línguas de outros povos (At 2.4), que refletem ampla gama de povos diretamente conhecidos pelos presentes (At 2.5-11). O fato de Lucas também mencionar outras línguas em duas ocasiões subsequentes (At 10.46; 19.6) destaca o quanto é importante a função desse dom em comunicar a ênfase de Lucas no elemento transcultural da capacitação do Espírito". Keener, 2022, p. 644.

[6] Moreira, Weder Fernando. *Anatomia do Pentecostes: uma análise exegética e teológica de Atos* 2. Editora Palavra Fiel: 2022, p. 91.

[7] Moreira, 2022, p. 91.

Para os pentecostais clássicos, esse acontecimento marca, teologicamente, o batismo no Espírito Santo, uma experiência distinta e posterior ao novo nascimento, não como fonte de existência da nova aliança, mas como fonte de poder para o testemunho eficaz.[8]

Tal compreensão baliza outro ponto do evangelho pleno: *Jesus batiza no Espírito Santo*. Dentre os cinco pontos da fé pentecostal, este é sem dúvida o maior distintivo da tradição pentecostal, sendo Atos 2 compreendido como um momento decisivo e paradigmático da história da igreja na terra. Além de uma experiência prática da vida cristã, que se estende aos dias atuais (Atos 2:39), o episódio narrado por Lucas lança luz sobre a própria missão do povo de Deus e fornece uma compreensão teológica que atua como lente através da qual os pentecostais ordenam os demais elementos.[9]

O batismo no Espírito Santo é central na teologia pentecostal, ocupando lugar de destaque na espiritualidade e prática do povo do evangelho pleno. É inegável reconhecer que esse ponto é o maior distintivo do pentecostalismo em relação a outras vertentes cristãs, não sendo demais concordar com Frank Macchia quando ele diz que "o batismo no Espírito se impôs na consciência coletiva pentecostal como a doutrina pentecostal por excelência"[10].

O entendimento dominante dentro da produção teológica pentecostal, como veremos na sequência, atribui ao batismo no Espírito uma função carismática, como experiência distinta da regeneração. A teologia pentecostal clássica, capitaneada sobretudo por teólogos como Roger Stronstad e Robert Menzies, vê essa experiência como capacitação divina; o empoderamento profético para realizar obras poderosas, pregar o evangelho e expandir o Reino de Deus por meios de sinais e maravilhas. Tal batismo, assim também defende a hermenêutica pentecostal tradicional, é evidenciado fisicamente pelo "falar em línguas".

Frank Macchia[11] vai propor uma integração mais estreita entre batismo no Espírito Santo e salvação. Macchia argumenta que o batismo no Espírito Santo deve ser mais plenamente integrado na experiência salvífica, vendo-o não apenas como um evento posterior, mas como uma dimensão intrínseca da própria salvação. Ele sugere que o batismo no Espírito Santo é a consumação da obra redentora de Cristo,

---

8 Menzies, 2016, posição 650.

9 Vondey, 2019, p. 93.

10 Macchia. Frank D. *Batizados no Espírito: uma teologia pentecostal global.* Rio de Janeiro: Thomas Nelson, 2024, p. 22.

11 Macchia, 2024.

trazendo uma plenitude de vida no Espírito, central para a experiência de ser salvo. Macchia propõe uma pneumatologia que está profundamente entrelaçada com a soteriologia e com a escatologia. Ele vê o batismo no Espírito Santo como uma intensificação da presença de Deus na vida do crente, um evento que não apenas capacita para o serviço, mas também aprofunda a experiência de salvação, santificação e comunhão com Deus.

4.2. Revestimento de poder

O termo grego *baptizo* tem o sentido de "imersão", e no caso do batismo no/com o Espírito refere-se à imersão plena do crente nessa dimensão carismática, na "virtude" (*dunamis*, "poder", Atos 1:8) do Espírito.[12] Nesse aspecto, é preciso concordar com Martyn Lloyd-Jones quando afirma que o batismo se equipara a uma chuva torrencial,[13] um jorrar do céu que encharca o crente por completo. Jesus, aliás, comparou o recebimento do Espírito com o fluxo de rios de água viva que corre no interior da pessoa (João 7:37-39). O batismo aponta para o transbordamento do poder do Espírito na vida do crente.

Além do episódio de Atos 2, temos ao longo desse mesmo livro outras ocorrências de revestimento de poder aos discípulos. Depois que Filipe proclamou o evangelho em Samaria, resultando em conversões, sinais, maravilhas e expulsão de demônios, Pedro e João se dirigiram à cidade a fim de orarem pelos novos crentes "para que recebessem o Espírito Santo" (Atos 8:15). Assim que os apóstolos impuseram as mãos neles, receberam o Espírito Santo.

Tal passagem apresenta uma dificuldade hermenêutica irritante para aqueles que sustentam que novo nascimento e o batismo no Espírito são a mesma coisa. Como explicar que os crentes somente receberam o Espírito posteriormente?

Uma tentativa de responder a essa anomalia é postular que a resposta e o compromisso dos samaritanos foram falhos, conforme sustenta James Dunn,[14] ou que a fé expressa por eles não era real, ou ainda não era a fé salvadora, até que Pedro e João vieram e oraram por eles.[15] Esses argumentos não se mostram plausíveis, pois,

---

[12] Daniel, Silas. *O batismo no Espírito e as línguas como sua evidência: a imersão plena no profetismo da nova aliança.* Rio de Janeiro: CPAD, 2020, p. 134.

[13] Lloyd-Jones, Martyn. *O batismo e os dons do Espírito: poder e renovação segundo as Escrituras.* Natal, RN: Carisma, 2018, p. 80.

[14] Stronstad, 2018, p. 103.

[15] Horton, Stanley, in: Brand, Chad Owen (Org.). *Batismo no Espírito Santo: um debate entre as tradições.* Natal, RN: Carisma, 2019, p. 102.

conforme observou Craig Keener, "o batismo apostólico sempre pressupõe a fé em Cristo (22:16), e os apóstolos consideraram legítimo o batismo dos crentes samaritanos por Filipe",[16] um diácono reconhecido e de bom testemunho. Keener prossegue lembrando que é possível saber que os apóstolos aceitaram o batismo dos samaritanos porque, em contraste com Atos 19:5 (um batismo incompleto realizado somente por João), eles não batizaram novamente os samaritanos.[17]

Roger Stronstad sustenta que a experiência de recebimento do Espírito pelos samaritanos, pela imposição das mãos dos apóstolos, não significa a efetivação da conversão cristã, ou que completa o suposto complexo iniciatório de arrependimento, batismo em águas e recebimento do Espírito.

> Mais exatamente, o dom do Espírito para os samaritanos tem as mesmas duas funções que o derramamento do Espírito sobre os discípulos no dia de Pentecostes. Primeiro, a imposição das mãos pelos apóstolos dá aos samaritanos a mesma atestação básica à realidade tangível do Espírito, como os sinais do vento, fogo e falar em línguas deram aos discípulos. O recebimento do Espírito é mais do que confissão de fé e é pessoalmente confirmada a cada um pela imposição das mãos. [...] O dom do Espírito para os crentes em Samaria demonstra que todos, mesmo um grupo desprezado como os samaritanos, são comissionados e capacitados para a tarefa missionária. Para essa responsabilidade comum, eles receberam a mesma preparação: o dom vocacional do Especial.[18]

Craig Keener, da mesma forma, defende que o recebimento do Espírito em Samaria tem o sentido de capacitação como algo normativo,[19] necessário a todos os cristãos; trata-se, afinal, de habilitação especial para o evangelismo e a obra do Reino. Nas palavras de Keener: "O Espírito não é apenas algo que temos; o Espírito é alguém cujo poder precisamos aceitar e do qual precisamos depender."[20]

Ainda em Atos dos Apóstolos, encontraremos experiências de batismos no Espírito Santo na casa de Cornélio (Atos 9) e em Éfeso (Atos 19). Em todos esses episódios, temos a manifestação do dom carismático, o revestimento de poder, para cumprimento da missão de testemunho que Jesus havia anunciado aos seus discípulos (Atos 1:8). Com base nessa leitura das Escrituras, o pentecostalismo afirma que o

---

[16] KEENER, Craig S. *O Espírito Santo na igreja*. São Paulo: Vida Nova, 2018, p. 186.

[17] KEENER, 2018, p.186.

[18] STRONSTAD, 2018, p. 105.

[19] KEENER, 2018, p. 189.

[20] KEENER, 2018, p. 189.

propósito do batismo no Espírito Santo é a qualificação sobrenatural para o serviço cristão, com a finalidade de proporcionar maior eficácia à evangelização dos povos.

O batismo no Espírito possibilita ao crente testemunhar com poder, tanto por palavra quanto por ações. Em Atos 1:8, o vocábulo grego traduzido por "testemunho" (*marturion*) não se refere apenas à proclamação de uma verdade, mas sobretudo ao viver o poder da verdade que se prega.[21] Além de conferir poder de expressão por meio da fala eloquente e discurso inspirado, para transmissão e defesa do evangelho (Lucas 12:11-12; Atos 4:8-14; 6:3,9-10), a imersão plena no Espírito capacita o crente para ações poderosas, ou seja, sinais, carismas e manifestação dos dons, como se viu no ministério de Jesus.

Ao recordar as palavras do Mestre, de que os seus discípulos fariam as mesmas obras que ele, e até maiores (João 14:12), Silas Daniel ressalta que isso ocorre por causa da autoridade conferida pelo Espírito Santo que habita no crente (João 14:13-17), mediante o batismo de poder. Em suas palavras, "Esse batismo significava, portanto, serem ungidos para a grande obra que haveriam de fazer da mesma forma que Jesus, como homem, foi ungido para realizar aquelas obras poderosas em seu ministério".[22]

4.3. Espiritualidade cheia do Espírito para o testemunho

Como vimos anteriormente, o batismo no Espírito Santo é uma experiência paradigmática para a fé pentecostal, entendida como uma imersão plena e um revestimento de poder para a proclamação do evangelho e o testemunho cristão no mundo. Isso descortina uma espiritualidade revestida de autoridade, que é entusiasmada, encorajada e ungida pelo Espírito para testificar de Cristo e do seu Reino.

Uma vez que o testemunho requer alteridade, mediante a assistência do outro, a espiritualidade pentecostal manifesta-se pela *presença fiel e carismática no mundo*, visto que o poder recebido mediante o batismo é poder para *alguma coisa* (finalidade). A esse respeito, Amos Yong escreveu que "A salvação trazida pelo Espírito não se manifesta somente na ênfase que o pentecostalismo clássico dá ao testemunho verbal sobre a obra de Jesus, mas a salvação também se vê na capacidade de testemunhar Cristo em obras sociais e políticas".[23]

---

[21] Daniel, 2020, p. 146.

[22] Daniel, 2020, p. 145.

[23] Yong, Amos. *O Espírito derramado sobre a carne: pentecostalismo e a possibilidade de uma teologia global*. Campinas, SP: Aldersgate, 2022, p. 64.

Nesse ponto, é importante ter cautela para não atribuir ao revestimento de poder decorrente do batismo conotações eminentemente públicas e sociais, desfigurando a sua essência e propósito. Contudo, podemos realçar que a experiência do dom do Espírito envolve poder sobrenatural que leva o cristão para fora do cenáculo, além das dimensões privadas na fé. Como veremos na próxima parte deste livro, somente após a experiência no dia de Pentecostes é que os cristãos primitivos irromperam para as ruas, bairros e cidades pregando e testemunhando com poder e ousadia.

Wolfgang Vondey diz que o batismo no Espírito é "uma experiência transformadora intimamente ligada ao altar como metáfora do encontro com Deus, ao que os outros elementos apontam e recebem seu significado".[24] Mas, como Vondey pertinentemente observa, embora o batismo realce o encontro pessoal com o divino, aqueles que chegam ao altar são transformados para deixar o altar. Esse aparente paradoxo descortina o propósito do revestimento de poder, mostrando que os crentes são batizados para realizar algo fora do ambiente do cenáculo.

4.4. Presença profética e corajosa

Fruto dessa experiência, a espiritualidade se mostrará com ousadia e destemor nos entornos da cidade dos homens, como verdadeiros profetas de Deus. Com a mesma coragem dos antigos profetas antigos, o povo de Deus tem a responsabilidade de ser a voz de Deus no mundo, não somente no sentido religioso, mas também secular.

Olhemos para os profetas do Antigo Testamento. Isaías bradou contra os príncipes da sua época por não fazerem justiça ao órfão e não se importarem com a causa das viúvas (Isaías 1:23). Obedecendo à ordem de Deus, Jeremias disse que o rei de Judá exercesse juízo e justiça, livrasse o espoliado da mão do opressor, não oprimisse o estrangeiro, nem o órfão, nem a viúva (Jeremias 22:3). Cheio do poder do Espírito do Senhor, Miqueias alçou a voz contra a corrupção dos poderosos e a subjugação do povo (Miqueias 3). Zacarias disse ao povo que mostrasse piedade e misericórdia aos vulneráveis (Zacarias 7:9). Em um contexto difícil, Amós condenou o desprezo e a opressão dos ricos em relação aos pobres, que eram pisados (Amós 5:11) e vendidos ao preço de um par de sapatos (2:6). Contra essa situação desumana e degradante, o profeta saiu em defesa das pessoas carentes (4:1).

Como vemos, a função profética sobrepuja a tarefa de transmitir mensagens de bênçãos da parte de Deus. Ela envolve também a denúncia do erro e a exortação

---

[24] Yong, 2022, p. 93.

contra as injustiças. Em outras palavras, o profetismo bíblico é abrangente, compreendendo, além do aspecto eminentemente religioso, as esferas econômica e política. Isso porque profetas não são seres a-históricos, mas, agindo como intermediários entre Deus e o mundo, habitam um lugar social e enfrentam os seus desafios. Contudo, é importante sublinhar enfaticamente que os profetas não eram meros agitadores, reformadores ou revolucionários sociais, que tinham a intenção de atacar o *status quo* e as autoridades. Afinal, o centro da profecia não era a predição, tampouco a reforma social, mas a declaração da vontade de Deus.[25]

José Gonçalves[26] destaca que os profetas veterotestamentários possuíam importante função social e moral. A ética social prescrita pelos profetas apresentava-se como uma moralidade de (1) natureza solidária, (2) administrativa — ao denunciar as extravagâncias reais, (3) imparcial e (4) igualitária.

De igual modo, Amos Yong, seguindo a linha do erudito Roger Stronstad, destaca que a descida do Espírito Santo levantou uma comunidade de profetas carismáticos para testemunhar até os confins da terra, formando o que ele denomina de "profecia de todos os crentes". De acordo com Yong, as muitas línguas do Pentecostes capacitam várias formas de testemunhas proféticas nas muitas situações públicas dentro das quais os cristãos se encontram.[27] Yong menciona três aspectos: primeiro, uma política profética reconhece e anuncia que as lealdades para o Estado são secundárias às fidelidades para Deus. Em segundo lugar, uma política profética desafiará o Estado a fazer o que se supõe fazer: respeitar a lei. Em terceiro lugar, a política profética dos crentes habilitados pelo Espírito inclui uma testemunha explícita na praça pública, a exemplo da defesa de Paulo perante Félix (Atos 24), oportunidade em que, além do testemunho de Cristo, discutiu sobre "justiça, e da temperança, e do Juízo vindouro" (v. 25). Com base nisso, Yong conclui que, embora preso, Paulo não deixou de proclamar "um evangelho politicamente relevante, um evangelho de justiça com implicações e aplicações para a praça pública".[28]

Além dessas formas mais explícitas de testemunho profético, Yong sugere que existam outras posturas políticas menos explícitas, mas não menos proféticas, diz ele, referindo-se "aos papéis políticos subversivos abraçados pela igreja primitiva que funcionou profeticamente para iluminar a forma de um estilo de vida alternativo em

---

[25] Gottwald citado por: Gonçalves, 2021, p. 50.

[26] Gonçalves, 2021, p. 107.

[27] Yong, 2009, posição. 2675.

[28] Yong, 2009, posição 2706.

contraste com o do mundo".[29] Um desses aspectos mencionados por Yong é exatamente a "encarnação profética do evangelho contra as práticas injustas do mundo".[30] Ele dá o exemplo da provisão de comida para as viúvas, medida essa que, não obstante os desafios enfrentados (Atos 6:1), apresentou um contraste social profético em pelo menos dois níveis: enfatizando a provisão para um dos grupos populacionais mais vulneráveis da sociedade e a respeito da possibilidade de amizade e reciprocidade intercultural.[31]

No horizonte da sociedade, a atuação profética assumirá a condição de crítica social, ao denunciar toda sorte de mazelas, injustiças, desigualdades e corrupções que corroem a estrutural social e a dignidade humana. No poder do Espírito, os profetas são verdadeiros críticos que alçam a voz e enfrentam os poderosos, corruptos, opressores e todos aqueles que manipulam a economia, pervertem os direitos e torcem a justiça. Uma vez que vivemos em um momento caído, propenso ao mal, ao arbítrio e à tirania, a crítica profética corajosa é de extrema valia para a manutenção da pacificação social. A reivindicação de direitos individuais e coletivos não é um privilégio, mas uma exigência de vida na sociedade.

Novamente, é preciso recordar que a crítica social decorre do poder profético para o testemunho, mas não é a sua finalidade essencial. Foi o revestimento de poder que deu coragem à igreja primitiva para enfrentar o Sinédrio judaico e as autoridades romanas quando tentaram restringir a liberdade de culto e de crença dos cristãos, pois, como veremos, o *testemunho público requer a defesa dos direitos individuais.*

4.5. Os dons e o fruto do Espírito

Além do batismo no Espírito como revestimento de poder, a espiritualidade pentecostal enfatiza a atualidade dos dons espirituais. A compreensão de que os dons não cessaram no início da igreja é uma questão nuclear para pentecostais-carismáticos. Contra a interpretação cessacionista, que restringe os dons ao período da igreja primitiva, a fé pentecostal defende que os carismas permearam toda a história da igreja e encontram-se disponíveis na atualidade.

Tal entendimento baseia-se, primeiro, na confiança de que o poder e a soberania divina não podem ser limitados pela história, pois Jesus é o mesmo ontem, hoje e eternamente (Hebreus 13:8). Segundo, não há qualquer evidência bíblica que abone

---

[29] Yong, 2009, posição 2706.

[30] Yong, 2009, posição 2710.

[31] Yong, 2009, posição 2710, 2715.

a perspectiva cessacionista; não existe um versículo sequer nas Escrituras que restrinja os dons sobrenaturais ao período apostólico. E, em terceiro lugar, a história[32] da igreja e a experiência de milhares de cristãos espalhados pelo mundo evidenciam que milagres e dons sobrenaturais continuaram depois dos tempos bíblicos e continuam ativos na igreja de hoje.

A mentalidade carismática é dirigida por essa abertura e anseio à dotação espiritual para o exercício vocacional e edificação da igreja. Muito além da convicção doutrinária da atualidade dessas dádivas celestes, os cristãos do evangelho pleno oram, buscam e os vivenciam fortemente, na certeza de que somente por meio da capacitação do Espírito podem realizar com excelência a obra de Deus em todas as áreas. Os dons são distribuídos com o propósito de aperfeiçoar, aprimorar e intensificar o serviço cristão. Ou seja, pelos dons, os membros do corpo de Cristo são capacitados a servir mais e melhor.

A palavra "carismático", aliás, advém do termo grego *charismata* empregado por Paulo em 1Coríntios 12:28, com o objetivo de designar os *dons sobrenaturais* concedidos por Deus. Não são talentos naturais que se adquirem ou se desenvolvem pelo treinamento, mas habilitações que se recebem diretamente do céu. Entende-se que tais dons possuem *natureza encarnacional*, ou seja, Deus opera por meio dos seres humanos.[33] Não se referem à providência divina geral e direta sobre o mundo, mas a como o Senhor se apropria do homem e de suas faculdades e nele encarna e manifesta o seu poder, pois o corpo é templo do Espírito (1Coríntios 6:19). Paulo expressa que há diversidade de dons, mas é o mesmo Deus que opera tudo em todos (1Coríntios 12:6).

Interpretando as Escrituras, a fé pentecostal identifica os seguintes princípios acerca dos *charismata*:

Gratuidade. Essencial e primordialmente, os dons espirituais não advêm do mérito ou do esforço, mas tão somente da graça, do favor imerecido de Deus. As Escrituras reiteram de maneira enfática que "a manifestação do Espírito é dada a cada um [...]" (1Coríntios 12:7). Se os dons resultam da graça de Deus, isso significa que a sua recepção não atesta maturidade espiritual daquele que o recebe, muito menos cria uma qualidade especial que distingue a pessoa dos demais, como se fosse de uma classe mais nobre de cristão. Embora a igreja de Corinto tivesse todos os dons, ainda

---

32 "Os pais da igreja primitiva, por exemplo, fornecem inúmeras provas de que os dons como os de profecia e milagres ainda existiam em sua época, mesmo que não de forma abundante quanto no século 1. Cristãos dos períodos medieval e moderno continuaram a aceitar essas atividades do Espírito. Na verdade, é o cessacionismo que carece de farto registro na história mais antiga; não parece ser coincidência o fato de ele ter surgido apenas em uma cultura dominada pelo antissobrenaturalismo." (KEENER, Craig. *O Espírito na igreja: o que a Bíblia ensina sobre os dons*. São Paulo: Vida Nova, 2018.)

33 HORTON, 1996, p. 470.

assim existia dentro da comunidade diversas manifestações de carnalidade e dissensões, como prova de imaturidade espiritual.

Utilidade para o bem comum. Deus concede dons para uso dentro da comunidade de fé para a sua edificação, ou seja, para o fortalecimento da igreja local. Considerando que a igreja de Corinto havia perdido de vista a finalidade dos dons sobrenaturais, o apóstolo Paulo esclarece que "a manifestação do Espírito é dada a cada um para o que for útil" (1Coríntios 12:7). É interessante notar que, embora os dons sejam distribuídos individualmente (v. 11), a sua utilidade é coletiva. A expressão "para o que for útil" (*pros to sympheron*) também pode ser traduzida por "visando a um fim proveitoso" (ARA), "para o benefício de todos" (NVT) e "visando ao bem comum" (NVI). Pedro igualmente ensina o caráter coletivo e diaconal dos *carismas* em 1Pedro 4:10: "Sirvam uns aos outros, cada um conforme o dom que recebeu, como encarregados de administrar bem a multiforme graça de Deus" (NAA).

Unidade. Os dons devem servir para o bem comum, pois aqueles que receberam o Espírito formam um só corpo, independentemente de raça, nacionalidade ou condição social (1Coríntios 12:12-14). Isso mostra o caráter universal e abrangente da comunidade na qual os dons são usados, sem exclusão de ninguém. Dentro desse corpo, cada pessoa, de acordo com o dom que recebeu, exerce a sua função, assim como cada membro do corpo humano. Essa unidade pressupõe diversidade, pois o corpo só existe por causa da junção dos diversos membros. Afinal, indaga Paulo, se todos fossem um só membro, onde estaria o corpo (v. 19)? É exatamente a diversidade de funções que torna o corpo um todo completo e perfeito, e cada membro dependente um do outro. Dentro dessa diversidade, não há membro melhor ou pior; todos são valiosos dentro da missão para a qual foram criados.

Diversidade. O apóstolo Paulo diz que há diversidade de dons, mas o Espírito é o mesmo (1Coríntios 12:4). Deus, pela sua multiforme graça e sabedoria, distribui diversas capacitações sobrenaturais, para atender às inúmeras necessidades da igreja. Em razão da sua pluralidade e finalidades específicas, geralmente esses dons são divididos em *dons de serviço* (Romanos 12), *dons ministeriais* (Efésios 4:11) e *dons sobrenaturais* (1Coríntios 12:8-10). Embora essa divisão didática seja importante para tentar explicar as múltiplas manifestações, operações e ministérios do Espírito, ela possui limitações, visto que todos os dons são sobrenaturais. Tal dificuldade de sistematizar os *charismata* decorre justamente da sua natureza dinâmica e livre. O agir do Espírito não pode ser plenamente compreendido e explicado. Nesse mesmo sentido, há um entendimento maiormente aceito entre estudiosos pentecostais de que as listas de dons que constam em diversas passagens do Novo Testamento (1Coríntios 12:8-10,28-30;

Efésios 4:11; 1Pedro 4:10-11) não são exaustivas, mas *ad hoc,* ou seja, elaboradas para situações específicas.[34] A lista de nove dons de 1Coríntios 12:8-10 é em geral a mais utilizada, por oferecer uma tipologia mais abrangente, envolvendo *dons de revelação* (palavra da sabedoria, palavra da ciência e discernimento de espíritos), *dons de elocução* (profecia, variedade de línguas e interpretação das línguas), e *dons de poder* (dom de fé, dom de curar e dom de operar maravilhas).

Além dos dons sobrenaturais, o pentecostalismo clássico ressalta o valor e a imprescindibilidade do fruto do Espírito (Gálatas 5:22 — *karpos tou Pneumatos*) na prática da vida cristã. Enquanto os dons são capacitações sobrenaturais concedidas graciosamente por Deus à sua igreja para o bem comum, o fruto compreende as dimensões que se refletem no caráter individual moldado pelo Espírito; os dons têm a ver com habilitações para fazer algo, e os frutos, com o crescimento na maturidade cristã e no seu caráter ético.

O fruto consiste nas nove graças que se revelam no modo de vida dos revestidos pelo poder do Espírito,[35] conforme Paulo descreve em Gálatas 5:22: "Mas o fruto do Espírito é: amor, gozo, paz, longanimidade, benignidade, bondade, fé, mansidão, temperança." Nessa passagem, Paulo está contrapondo as obras da carne ao fruto do Espírito. A grafia da palavra "fruto" no singular é significativa, pois todas as qualidades listadas pelo apóstolo provêm do amor, como se fossem gomos de uma única fruta. Isso revela outro aspecto interessante. Os dons do Espírito estão no plural; afinal são distribuídos individualmente. Mas o fruto, diferentemente, há de se manifestar na vida de todos os discípulos de Cristo.

O que fica claro é que o fruto decorre de uma vida cheia do Espírito. Aliás, cabe lembrar que diferentemente de Lucas, que enfatizou o aspecto carismático do Espírito, Paulo ressaltou também os aspectos soteriológico (1Coríntios 12:13; Gálatas 3:27) e de crescimento. William e Robert Menzies destacam que "Paulo reconhecia que o Espírito é mais do que simplesmente a fonte de discurso inspirado e sabedoria carismática; o Espírito está presente desde o começo da vida cristã, trazendo transformação ética progressiva, moldando o crente à imagem de Cristo".[36] O apóstolo ressalta esse aspecto ao conclamar os crentes a andarem no Espírito (Gálatas 5:16) e a serem cheios dele (Efésios 5:18).

Ser cheio do Espírito, portanto, tem a ver também com o crescimento em maturidade e com o desenvolvimento de virtudes (fruto do Espírito). A expressão dessas

---

[34] Keener, 2018, p. 126.

[35] Horton, 1996, p. 488.

[36] Menzies; Menzies, 2020, p. 289.

virtudes não se restringe à lista de Gálatas 5:22. Por exemplo, Pedro em sua segunda carta exorta os leitores para que sejam diligentes e cresçam nas virtudes de Deus (2Pedro 1:5-7). Assim como uma planta precisa ser regada e adubada para crescer e dar frutos, a vida cristã requer cuidado e empenho permanente, cooperando com o Senhor (Filipenses 2:12-13). O crescimento espiritual, portanto, não é automático. É um processo permanente que requer a graça de Deus e o esforço do homem.

Pedro deixa entrever que a fé não é o único ingrediente da espiritualidade cristã. "Acrescentai à vossa fé [...]" significa tomar abundantes providências, esforçando-se para agregar virtudes. Desse modo, o apóstolo vai apresentar uma espécie de cadeia de virtudes, cada uma delas levando a outra gradativamente, até chegar ao seu clímax.[37] Esse estilo comum nos textos antigos era chamado de *sorites*. Assim, a *sorites* de Pedro começa com a fé e culmina no amor.[38]

Faz todo o sentido que na recomendação de Pedro o que se acrescenta à fé não é mais fé, e sim virtude. No grego, *areté* podia significar excelência, bondade ou até mesmo bravura. *Areté* é um princípio espiritual e ético, aplicável a qualquer aspecto de nossa vida. Na perspectiva cristã, diz Michael Green, a "verdadeira excelência humana, pois, é a varonilidade que é a semelhança a Cristo. Aquela semelhança não pode ser adquirida se não através de encontros pessoais e contínuos com Ele mediante a fé".[39]

4.6. Virtude do Espírito e virtudes sociais

À luz dessa ênfase, é um equívoco afirmar que a defesa dos *charismata* se oponha ou minimize a validade do fruto. Uma mentalidade carismática autêntica incentiva o cultivo de ambos, como dimensões distintas da espiritualidade pentecostal, porém, que se entrelaçam e se complementam. O evangelho pleno valoriza tanto um quanto o outro aspecto, a fim de formar uma espiritualidade integral, espiritualmente pujante e eticamente responsável.

Sugiro um paralelo entre os dois tipos de virtudes que o Novo Testamento nos revela. Em primeiro lugar, a virtude do Espírito (Atos 1:8), o *dunamis* que concede poder e autoridade para o testemunho, inclusive por meio dos dons sobrenaturais que edificam e capacitam a igreja para o cumprimento da sua missão. E, segundo, as *virtudes* éticas e sociais que decorrem do fruto do Espírito e guiam o cristão para uma vida de excelência em todos os seus aspectos. Poder e excelência. Esses dois elementos,

---

37 Richards, 2008, p. 528.

38 Richards, 2008, p. 528.

39 Green, Michael. *II Pedro e Judas: introdução e comentário*. São Paulo: Mundo Cristão, 1983, p. 64.

juntos, assim como os demais vistos anteriormente, procedem da devoção e da piedade no interior do cenáculo, mas se exteriorizam para a prática de vida, formando virtudes públicas.

Próximo da conclusão deste livro tive acesso à obra de Jack Levison, sob o título *Inspirado: O Espírito Santo e a mente de fé*. Nessa obra, Levison semelhantemente sugere uma abordagem abrangente do conceito de virtude, que emerge de uma interação dinâmica e contínua com o Espírito Santo. O Espírito guia e capacita os crentes a desenvolverem virtudes que refletem o caráter de Cristo, como um processo holístico, envolvendo mente, corpo e alma. A prática das virtudes espirituais afeta todas as áreas da vida, integrando ações, pensamentos e emoções de uma forma que reflete a transformação total do ser humano pela graça divina. Do Antigo ao Novo Testamento, Levinson mostra uma gama de atividades espiritualmente virtuosas que advém do poder divino, como a simplicidade alimentar (Daniel), a honestidade corajosa, a evitação da ganância, a vida de acordo com a razão, a pureza sexual, a generosidade em comunidade e diversas outras atitudes e posturas que caracterizam "uma vida santa, justa e devota"[40].

Os princípios bíblicos e teológicos aplicados aos dons, dentro da comunidade cristã, fornecem uma postura que percebe o mundo em sociedade regido por certos valores estruturais necessários para a ordem em comunidade. Isso significa que os princípios da *gratuidade, utilidade para o bem comum, unidade e diversidade* claramente treinam o coração e a mente do cristão a agir em conformidade com eles, não somente no âmbito da comunidade de fé. Se os dons servem para a edificação e o bem comum da igreja, paradigmaticamente todas as habilidades e potencialidades do cristão, sejam os talentos naturais ou os dons sobrenaturais, devem servir ao bem comum, considerando a unidade e a diversidade social. Existe aí uma ideia de função social, interdependência humana e diversidade na unidade. Todos esses elementos são vitais, por exemplo, para a concepção de acordos sociais e estado organizado.

De idêntica maneira, a vida do lado de fora do cenáculo será frutificante pelo caminhar do cristão no Espírito, apontando para o caráter regido pelo amor e as demais virtudes que compõem o fruto do Espírito: o gozo, a paz, a longanimidade, a benignidade, a bondade, a fidelidade, a mansidão, o domínio próprio. Se pensarmos nessas dimensões como hábitos decorrentes de uma vida cheia do Espírito, iremos perceber o potencial da mente carismática para a vida comum, no contexto de uma sociedade marcada por

---

[40] Levison, Jack. *Inspirado: O Espírito Santo e a mente de fé*. Rio de Janeiro: Thomas Nelson Brasil, 2022, p. 26.

fraturas e dissensos básicos. Basta antever as implicações dessas virtudes em uma sociedade do cansaço, depressão e exclusão, num contexto político de ódio e violência, e em um ambiente cultural de separações e preconceitos. O fruto do Espírito não é um emblema religioso, mas um poderoso núcleo de virtudes individuais com repercussões públicas.

Parte II

Testemunho na praça pública

CAPÍTULO 5

Testemunhando nas casas e na comunidade

Seguindo nossa análise da espiritualidade pentecostal com base no caminho percorrido pelos cristãos no livro de Atos, após a saída do cenáculo e pregação de Pedro, os discípulos testemunharam a fé e o novo estilo de vida em suas próprias comunidades. Ao concluir o relato da pregação de Pedro, informando que quase três mil almas haviam se convertido, Lucas prossegue narrando:

> E perseveravam na doutrina dos apóstolos, e na comunhão, e no partir do pão, e nas orações. E cada alma havia temor, e muitas maravilhas e sinais se faziam pelos apóstolos. Todos os que criam estavam juntos e tinham tudo em comum. Vendiam suas propriedades e fazendas e repartiam com todos, segundo cada um tinha necessidade. E, perseverando unânimes todos os dias no templo e partindo o pão em casa, comiam juntos com alegria e singeleza de coração, louvando a Deus e caindo na graça de todo o povo. E todos os dias acrescentava o Senhor à igreja aqueles que se haviam de salvar (Atos 2:42-47).

Olhando em retrospectiva, começava ali a formação de uma comunidade daqueles que respondiam ao chamado ao arrependimento e eram renovados pelo Espírito Santo. De um pequeno grupo de homens e mulheres seguidores do Nazareno, agora uma pequena multidão começa a compor a nova comunidade de fé, o que exigia dos apóstolos a organização de uma forma viável de vida comunitária que não apenas suprisse as necessidades das pessoas, mas também servisse aos propósitos de discipulado.[1] De acordo com Amos Yong,

> O discipulado envolvia o ensino, a comunhão, o partir do pão e as orações. Talvez o partir do pão fosse uma extensão do ritual instituído por Jesus na última ceia, mas cuja significância a comunidade apostólica ainda precisava compreender. Esse ritual acontecia diariamente nos vários lares, por meio do compartilhar das refeições, mas também deve ter sido praticado no templo.[2]

É impressionante como esses quatro elementos descritos por Lucas, os quais caracterizaram os pilares da comunidade cristã primitiva, relacionam-se diretamente com as experiências que os discípulos tiveram com Cristo dentro do cenáculo. Ensino, comunhão, partir do pão e orações até então tinham sido as práticas básicas da espiritualidade dentro daquele quarto íntimo, mas que doravante irão nortear a vida em comunidade. Isso revela que a espiritualidade não diz respeito somente ao mundo particular da fé individual e subjetiva do crente, mas tem densidade suficiente para dirigir um estilo de vida capaz de moldar as nossas comunidades.

O fato de os discípulos se preocuparem com a estrutura dessa nova comunidade de fé, considerando também as necessidades biológicas e materiais dos crentes, prova o compromisso dos apóstolos em viverem o evangelho de Cristo integralmente, além de proclamá-lo no pátio dos gentios. Para esses cristãos, a espiritualidade era inseparável da responsabilidade social. Eles não se contentaram somente em pregar e converter aquelas centenas de pessoas; antes disso, se importaram em prover um ambiente comunal espiritualmente edificante e economicamente sustentável.

Os apóstolos haviam aprendido com Jesus acerca do cuidado com aqueles que passam necessidades (Mateus 14:13-21; Marcos 6:30-44; Marcos 8:1-14; Lucas 9:12-17). O milagre da multiplicação dos pães (Mateus 14:13-21) é um grande exemplo disso. Nesse episódio, após ser aconselhado pelos discípulos a despedir a multidão, Jesus lhes diz: "Não é mister que vão; dai-lhes vós de comer" (v. 16). Até então, os discípulos não haviam entendido que o Mestre se interessava pelo ser humano na sua forma integral, não somente pelo aspecto espiritual e religioso. Eles pensaram que Jesus já havia feito a sua parte, por meio das curas e dos ensinamentos proferidos durante o decorrer do dia, e agora era hora de o povo sair a procurar comida.

---

[1] Yong, 2019, p. 48-49.

[2] Yong, 2019, p. 49.

Contudo, o Mestre os ensina que também se importa com o cair da tarde, quando a fome bate e o estômago reclama por comida. Lawrence Richards capta o sentido da multiplicação dos pães ao dizer que Jesus não estava preocupado somente com a condição espiritual do povo. Ele também foi movido por compaixão pela fome física. Sendo assim, "não poderemos representar adequadamente Jesus se formos levados apenas pela necessidade de resgatar almas perdidas. Para representar Jesus adequadamente, devemos nos preocupar com os famintos, com aqueles que não têm onde morar e com os oprimidos, da mesma maneira que Jesus preocupou-se com as multidões famintas".[3]

Os Evangelhos retratam com fidelidade que Jesus de fato conviveu com os carentes. Ele andou entre os pobres e marginalizados (Mateus 9:13). Anunciou a chegada do Reino, efetuou milagres e ensinou o plano de Deus aos menos favorecidos. Incitou os seus discípulos a ajudarem os pobres, ao mesmo tempo que elogiava a generosidade dos menos afortunados (Marcos 12:42-43). Em Lucas 14, é possível ver o Nazareno aconselhando as pessoas a abrirem sua casa e carteira aos pobres, aos cegos e aos aleijados: "Quando deres um jantar ou uma ceia", disse o Mestre, "não chames os teus amigos, nem os teus irmãos, nem os teus parentes, nem vizinhos ricos, para que não suceda que também eles te tornem a convidar, e te seja isso recompensado. Mas, quando fizeres convite, chama os pobres, aleijados, mancos e cegos" (Lucas 14:12-13).

Segundo Timothy Keller, o conselho de Jesus parecia mais um suicídio econômico, pois ele estava mandando que os discípulos fizessem amizade não com as pessoas da classe alta, as quais poderiam trazer-lhes benefícios, e sim com os pobres, que não poderiam retribuir a mesma gentileza. Em outras palavras, afirma Keller, "ele está dizendo que devemos gastar muito mais dinheiro e bens com os pobres do que com nosso próprio divertimento, seja em férias, seja em restaurantes, seja em reuniões com gente importante".[4]

Ao interpretamos tais palavras, não é adequado olhar para o povo daquela época como se tivesse sido uma massa homogênea que vivia apenas da religião.[5] De acordo com David Fiensy, é necessário apreciar a história bíblica, nesse caso o Novo Testamento, também pelo prisma socioeconômico. É importante ter em mente que Jesus viveu em condições típicas das antigas sociedades agrárias e interagiu com

---

[3] Richards, Lawrence. *Comentário histórico-cultural do Novo Testamento*. 3. ed. Rio de Janeiro: CPAD, 2008, p. 112.

[4] Keller, Timothy. *Justiça generosa: a graça de Deus e a justiça social*. São Paulo: Vida Nova, 2006, p. 64.

[5] Fiensy, D. A. *Christian Origins and the Ancient Economy*. Oregon: Cascade Books, 2014, p. 5.

diversas classes econômicas. Fiensy rememora que as parábolas de Cristo "não eram apenas imbuídas de ideias teológicas, mas também de conteúdo econômico. Seu estilo de vida não refletia simplesmente as necessidades da pregação itinerante; resultou também de escolhas socioeconômicas conscientes".[6]

Diferentemente da ampla estratificação social de hoje, o cenário econômico dos tempos de Jesus e seus discípulos era caracterizado por dois extremos: o da riqueza e o da pobreza. Em meio a essa atmosfera de inquietação, medo e pobreza, os ensinos de Jesus não ficavam indiferentes a tal realidade, repercutindo também na esfera econômica. O historiador e teólogo Justo González, em seu livro *Economia e fé no início da era cristã*,[7] lembra que a pregação do Mestre e seus discípulos acerca do Reino de Deus tinha implicações políticas e econômicas, suscitando temas que em nossos dias são chamados de *justiça econômica* e *solidariedade com os vulneráveis*.

5.1. Pentecostalismo comunitário e solidário

Seguindo esse exemplo, a igreja primitiva se preocupou com as condições socioeconômicas especialmente dos domésticos da fé (Gálatas 6:10). As casas dos primeiros cristãos eram mais do que meros locais de residência; elas funcionavam como centros de reunião e ministério. Em Atos 12:12, por exemplo, Pedro, após ser milagrosamente liberto da prisão, dirige-se à casa de Maria, mãe de João Marcos, onde muitos estavam reunidos em oração. Esse episódio ilustra como as casas serviam como pontos de encontro para oração e apoio mútuo, formando a espinha dorsal da igreja nascente. Essa prioridade sugere uma prática espiritual que não apenas valoriza, mas também se preocupa ativamente com o bem-estar das famílias, vendo nelas uma chave para a saúde e o crescimento da comunidade cristã.

Tal atenção revela um pentecostalismo que dá valor ao núcleo familiar e àqueles que estão próximos, para depois irradiar para outros níveis, onde a solidariedade se manifesta. O pentecostalismo da igreja primitiva não consistia, portanto, somente em falar em línguas, curar os enfermos e outras demonstrações de poder; envolvia também as esferas da comunidade, por meio de um pentecostalismo solidário de cuidado e apoio aos necessitados, órfãos e viúvas. Ao perceberem que não poderiam atender à demanda que crescia, os apóstolos resolveram separar diáconos para servirem às mesas, enquanto eles se dedicariam à oração e ao ministério da palavra (Atos 6:1-4).

---

6 Fiensy, 2014, p. 6.

7 González, J. L. *Economia e fé no início da era cristã*. São Paulo: Hagnos, 2015, p. 128.

Isso porque o episódio do Pentecostes acarretou consequências éticas comunitárias, de sorte que a ética que deriva do Pentecostes nos leva a uma moral e prática de solidariedade.[8]

As duas palavras que caracterizam a igreja de Atos dos Apóstolos são: *koinonia* e *diakonia*. Enquanto a *koinonia* refere-se à comunhão, ao convívio fraternal entre os crentes, a *diakonia* alude ao serviço cristão, que leva, nas palavras de Byron Klaus, "a participar do desejo de Deus que é alcançar de modo prático os marginalizados da sociedade".[9] Além de comunhão fraterna, no sentido de boa vontade, a *koinonia* significava parceria, compartilhamento, tanto em relação aos bens quanto em outros contextos.[10] Em Atos 2:42, diz González, *koinonia* é mais que um compartilhar espiritual; é um compartilhamento total da vida.

Essa vida em comunhão está completamente relacionada ao exemplo de Jesus, mas também à experiência dos discípulos com o Espírito em Atos 2. Vale a pena realçar as palavras de Frank Macchia:

> O Espírito Santo é o Espírito de comunhão; e o batismo no Espírito implica comunhão. Por isso ele leva a um mesmo amor, uma mesma refeição, uma mesma missão e à proliferação/amplificação de uma vida carismática interativa. Logo, o batismo no Espírito aponta para um relacionamento de unidade entre o Senhor e a igreja que não se constitui fundamentalmente em uma questão de identidade, mas de comunhão. A solidariedade entre Jesus ou o Espírito Santo e a igreja, portanto, é uma qualidade de comunhão[11].

Contudo, não se deve confundir esse novo estilo de vida carismática interativa com algum tipo de socialismo ou comunismo primitivo. Não se tratava de um regime político imposto pelo Estado. O que movia os convertidos a venderem suas propriedades e a depositar aos pés dos apóstolos, para atender às necessidades, não tinha nada a ver com um princípio ideológico, nos moldes do comunismo marxista, e sim com uma disposição voluntária que nascia de um coração regenerado e tocado pelo Espírito, o Espírito de comunhão. Lucas descreve, portanto, uma comunidade do Espírito Santo.[12]

---

[8] Campos, 2018, p. 71.

[9] Horton, 1996, p. 17.

[10] González, 2015, p. 141.

[11] Macchia, 2024, p. 170.

[12] Yong, 2019, p. 50.

Quanto à interpretação dada por alguns de que Lucas estaria descrevendo um tipo de comunidade ideal de maneira fictícia, Justo González apresenta vários argumentos contrários, dentre os quais destaco três.

Em primeiro lugar, é difícil supor que Lucas estivesse projetando em um passado razoavelmente recente uma prática que não existia na época em que o livro de Atos foi escrito — por volta de 80 d.C. Na realidade, diz González, "um dos princípios básicos na interpretação dos textos históricos é que os escritores tendem a projetar no passado as práticas e condições de sua própria época".[13] Afinal, qualquer informação contrária àquilo que havia acontecido há bem pouco tempo seria facilmente contestado.

Em segundo lugar, Justo González lembra que o relato de Atos não é uma descrição fictícia de um tipo ideal de comunidade, pois o texto também mostra algumas falhas dentro da comunidade, a exemplo do caso de Ananias e Safira (o casal que tentou enganar a comunidade na questão atinente à venda da propriedade) e a reclamação dos judeus de cultura grega contra os demais judeus, acerca das viúvas que estavam sendo deixadas de lado na distribuição de mantimentos (Atos 6:1). É absolutamente improvável que um escrito que supostamente tenha sido redigido para apresentar um retrato perfeito de comunidade contenha condutas que possam depor contra esse modelo ideal.

Em terceiro lugar, há indícios históricos de que aquele estilo de vida comunitário continuou depois do tempo descrito em Atos dos Apóstolos,[14] incluindo evidências paralelas. Paulo fala sobre coleta para pobres em suas cartas (Gálatas 2:10; 1Coríntios 16:2; 2Coríntios 8:9), e o tema da *koinonia* também se encontra presente nas epístolas joaninas (1João 1:3). Igualmente, a preocupação com a comunhão de bens será retratada na *Didaquê*, um escrito do século 1 que trata do catecismo cristão, e em outros documentos da igreja primitiva.

É interessante notar como a igreja de Atos soube unir os dons espirituais com o cuidado social, por meio do trabalho diligente. Um episódio ilustrativo está em Atos 11:27-30. Durante o tempo em que Barnabé e Saulo estavam em Antioquia, profetas de Jerusalém desceram também para aquela localidade. Entre eles, um profeta chamado Ágabo se destacou. Impelido pelo Espírito, Ágabo profetizou que uma grande fome assolaria todo o mundo romano, uma previsão que se realizou durante o reinado de Cláudio César. Diante dessa mensagem, os discípulos não ficaram paralisados pelo medo ou por uma noção fatalista. Em vez disso, demonstraram uma combinação

---

[13] González, 2015, p. 137.

[14] González, 2015, p. 142.

exemplar de fé e ação prática. Cada um, conforme sua capacidade, decidiu enviar ajuda aos irmãos que moravam na Judeia, uma região especialmente vulnerável às dificuldades previstas. Essa decisão foi um exemplo claro de planejamento coletivo e cuidadoso. Não se tratava de uma resposta impulsiva, mas de uma ação ponderada, baseada na capacidade individual de cada discípulo. Eles organizaram uma coleta, mostrando uma administração prudente dos recursos disponíveis, combinando dom profético e prática social.

5.2. Uma comunidade do Espírito

O que fica claro é o distintivo comunitário da espiritualidade carismática. Isso marcou não somente a igreja primitiva, mas também a trajetória do pentecostalismo moderno, que surge das camadas mais pobres e marginalizadas da sociedade. Isso explica o grande interesse recente de cientistas sociais no estudo da relação entre o pentecostalismo e a vida cotidiana, desenvolvimento e progresso da comunidade, seus efeitos sobre a cultura, estruturas de grupos, crenças e práticas e vida familiar.[15] Como explica Joel Robbins, o pentecostalismo é "um impulsionador poderoso de mudanças culturais radicais".[16]

Em obra na qual apresenta um panorama global do pentecostalismo, Allan Anderson mostra como os pentecostais em muitas partes do mundo não separam o engajamento social do evangelismo. Segundo Anderson,

> No mundo inteiro, pentecostais estão hoje envolvidos de maneiras práticas, cuidando dos pobres e necessitados, aqueles muitas vezes "indesejados" pela sociedade geral. Como observa Bonino na América Latina, os pentecostais desenvolveram uma consciência do lugar da responsabilidade social no movimento pentecostal, o que indica "uma visão de sociedade que leva em conta os aspectos estruturais da vida humana [opressão, discriminação, deterioração social] e vê neles uma área para o trabalho do Espírito".

O teólogo pentecostal recorda que o *The Latin American Child Care Service Program (Child Hope)*,[17] fundado em San Salvador em 1963 e dirigido pela Assembleia de Deus, é o maior programa institucional evangélico de ação social da América Latina. Para o pastor John Bueno, nascido nos Estados Unidos e criado no Chile, e sua esposa Lois, ver a pobreza das crianças que moravam perto de sua igreja em

---

[15] Anderson, 2019, p. 290.

[16] Anderson, 2019, p. 290.

[17] Confira em: www.childhopeonline.org/.

San Salvador foi comovente. Os missionários foram levados a abrir uma pequena escola, combinando educação com valores cristãos, que depois se expandiu para incluir o ensino médio e a escola noturna. Em 1978, Deus chamou os missionários Doug e Myrna Petersen para servir ao ministério, e eles começaram a desenvolver o enfoque internacional do Child Hope. Sob sua liderança, o trabalho se ampliou para toda a América Latina, com o propósito de estabelecer novas igrejas e escolas em favelas e recrutar patronos para as crianças. Atualmente, o ministério atende a quase 100.000 crianças em 300 escolas, com projetos em 21 países da América Latina e do Caribe.

Em 2014, eu estive em El Salvador. Apesar das belezas naturais, o país sofre com a desigualdade social e a violência urbana. Por essa razão, o Child Hope é um programa que faz a diferença dentro daquele contexto.

Allan Anderson afirma que as congregações pentecostais também "oferecem serviços de assistência social para famílias necessitadas, doentes, pessoas que sofreram abusos e idosos, além de proporcionarem modelos de ação e pais substitutos para crianças".[18] Ele cita o envolvimento de alguns pentecostais na luta contra o *apartheid* na África do Sul e iniciativas de igrejas que formam sociedades funerárias, programas de alfabetização infantil, educação de adultos e assistência financeira para membros carentes. Outras ações envolvem comitês de assistência social responsáveis por alimentar e vestir pobres e necessitados.

O sociólogo David Martin observou o impacto social dos pentecostais na América Latina, num contexto de desigualdade, violência familiar e prostituição. Com referência às dificuldades que as famílias pobres no Brasil enfrentam, atingidas pela força da "cultura do machismo, bebida, conquista social e carnaval",[19] ele destaca: "É uma competição entre a casa e a rua, e o que restaura a casa é a descontinuidade e a transformação interior oferecidas por uma fé exigente e disciplinada com limites firmes."[20]

Outros exemplos marcantes e mais recentes são os laureados com o Prêmio Nobel da Paz em 2018 e 2019, Denis Mukwege e Abiy Ahmed Ali, respectivamente, ambos cristãos pentecostais.

No Congo, um país marcado por conflitos e desigualdades, o médico Denis Mukwege criou o Hospital de Panzi e a Cidade da Alegria,[21] uma organização administrada pelas Igrejas Pentecostais na África Central, passando a atuar em nome da

---

[18] ANDERSON, 2019, p. 306.

[19] MENZIES, 2016, posição1894.

[20] MENZIES, 2016, posição1894.

[21] Cidade da Alegria é uma casa de acolhimento de mulheres vítimas de estupro, que virou um documentário da Netflix (City of Joy).

saúde e da dignidade de mulheres vítimas de violência sexual. Terceiro dos nove filhos de um pastor pentecostal, Mukwege compreendeu o seu chamado nas viagens com o pai em visitas aos doentes. Em uma conferência no Brasil, ele declarou: "O coração de meu pai, sua compaixão e seu amor por seus fiéis, e especialmente pelos doentes, tem sido uma fonte de inspiração para mim. A partir do sacerdócio de meu pai, que não via outra forma de vida para ser útil e fornecer solução ao sofrimento dos outros, eu rapidamente compreendi que o significado da minha vida era dedicá-la a ajudar os outros."[22] Seu cuidado e amor pelas vítimas é resultado direto de sua fé e espiritualidade, por isso sua mensagem é simples, mas poderosa: "Se os cristãos não viverem as implicações práticas de sua fé entre suas comunidades e vizinhos, eles não poderão cumprir a missão que nos foi confiada por Cristo."[23] Nesse sentido, o seu lema é: "Uma vida só tem sentido, só tem uma motivação para ser vivida, quando a gente vive pelos outros."[24]

Enquanto isso, aos 43 anos de idade, Abiy Ahmed Ali foi a centésima pessoa a receber o Nobel da Paz. Como primeiro-ministro da Etiópia, foi responsável por conduzir um processo de pacificação entre o seu país e a Eritreia, após décadas de impasse político e dois anos de violência que custaram mais de oitenta mil vidas. Ahmed também ajudou na aproximação entre duas correntes da Igreja Ortodoxa Etíope, divididas por motivos políticos, desde 1991, e iniciou, antes de ser primeiro-ministro, um processo de reconciliação entre muçulmanos e cristãos na sua cidade natal de Beshasha. Filho de pai muçulmano e mãe ortodoxa, Ahmed é um *pentay*, como são chamados os pentecostais, membro da Igreja dos Crentes do Evangelho Pleno. Segundo a BBC, ele é "devoto cristão pentecostal, e há algo de pregador avivalista na maneira com que ele evangeliza por sua visão. Ele tem a energia, a paixão e a certeza".[25] Sua fé, portanto, é vista como um fator impulsionador em sua busca pela paz.[26] Ao assumir o cargo, declarou: "Temos um país que é dotado de grande generosidade e riqueza, mas está faminto de amor."[27]

---

[22] Disponível em: www.fronteiras.com/noticias/denis-mukwege-no-fronteiras-sp-a-vida-so-pode-ser-vivida-quando-a-gente-vive-pelos-outros.

[23] Disponível em: www.ipb.org.br/index.php/informativo/nobel-da-paz-dr-denis-mukwege-4230.

[24] Disponível em: www.fronteiras.com/noticias/denis-mukwege-no-fronteiras-sp-a-vida-so-pode-ser-vivida-quando-a-gente-vive-pelos-outros.

[25] Disponível em: www.bbc.com/news/world-africa-46735703.

[26] Disponível em: www.christianitytoday.com/news/2019/october/nobel-peace-prize-abiy-ahmed-ethiopia-evangelical.html.

[27] Disponível em: www.christianitytoday.com/news/2019/october/nobel-peace-prize-abiy-ahmed-ethiopia--evangelical.html.

Assim como Mukwege e Ahmed, milhares de pentecostais anônimos espalhados pelo mundo são inspirados pela fé pentecostal para realizarem mudanças sociais de diversos aspectos e alcances, umas menores, outras maiores. É razoável supor que nem todos aqueles que praticam tais atividades o fazem com base em uma estruturação teórica ou uma teologia pública pentecostal, mas impulsionados pela própria experiência religiosa, com o propósito de colocar em prática os princípios básicos de uma espiritualidade viva e que é capaz de transformar realidades. Assim como os cristãos da igreja primitiva, o seu foco é dar um testemunho dentro da sociedade.

5.3. Sobre erros e omissões

Reconhecer as contribuições pentecostais não significa ignorar os erros e omissões de parte dessas igrejas com as questões de natureza social. Tanto a influência da teologia da prosperidade neopentecostal quanto o legalismo sectário que leva ao afastamento do "mundo" remanescem como fatores prejudiciais ao testemunho na esfera pública. Os belos exemplos de engajamento social e atos de misericórdia não escondem o fato de que muitos líderes pentecostais ainda mantêm uma visão eclesiocêntrica, estreita e individualista, às vezes com total desprezo às ações sociais. Os exemplos contemporâneos da atuação comunitária dos pentecostais simplesmente mostram a nova face desse segmento religioso global, assim como tornam evidente a sua capacidade de promover mudanças expressivas com base no seu DNA espiritual de comunhão e serviço.

O que quero demonstrar, em sintonia com Allan Anderson, é que "há uma crescente conscientização do potencial do pentecostalismo para um engajamento político e socialmente relevante, em particular por causa de sua tendência a atrair pessoas marginalizadas e a classe trabalhadora". Conforme Anderson, os pentecostais e carismáticos "não devem ser descartados como desligados deste mundo e um caso perdido, preocupados somente com a moralidade privada e irrelevantes no que se refere às necessidades da sociedade. Eles podem estar apenas começando, mas uma enorme transformação está ocorrendo agora".[28]

No livro *Global Pentecostalism: The New Face of Christian Social Engagement* [Pentecostalismo global: A nova face do engajamento social cristão], Donald Miller e Tetsunao Yamamori mostram a forma pela qual o cristianismo pentecostal tem atuado em diversas frentes sociais. Primeiro, eles desfazem alguns estereótipos, a começar pela

---

[28] Anderson, 2019, p. 309.

visão de que os pentecostais são pessoas de classe baixa e marginalizadas, para quem a religião funciona como ópio. Segundo os autores, embora o pentecostalismo tenha realmente emergido entre os pobres nas últimas décadas, em particular, o movimento atraiu uma nova classe de pessoas, com melhores condições sociais e nível de educação, resultando em uma mobilidade social ascendente. Outro estereótipo desconstruído é que os pentecostais "são tão celestiais que não são bons terrestres".[29] Para Miller e Yamamori, realmente, essa tradição sempre esteve preocupada com o retorno iminente de Jesus, desprezando os empreendimentos sociais e educacionais. Todavia, tal característica está mudando, dando lugar a entendimentos e práticas que consideram o ser humano de forma holística,[30] para fazer deste um mundo melhor, sem deixar de pregar e perder a esperança do Reino de Deus.

De acordo com os autores, as igrejas pentecostais funcionam geralmente como famílias estendidas, com grupos e células em que os membros são cercados por pessoas que cuidam delas e de suas famílias.[31] Em alguns casos, a atuação comunitária envolve "atos aleatórios de bondade", é claro, com base na crença de que Jesus ensinou uma ética do amor incondicional. Em outros, os pentecostais são mais pragmáticos e estratégicos na concepção de ministérios sociais,[32] razão pela qual se percebe hoje um número emergente de cristãos pentecostais que colocam a sua fé para trabalhar de forma altamente prática, estabelecendo clínicas médicas, cuidando de órfãos e viúvas e realizando uma série de outras ações sociais que variam de país para país, a depender das necessidades de cada contexto local.[33]

Com base em análises coletadas em várias partes do mundo, Miller e Yamamori sugerem, então, que o pentecostalismo tem potencial para ser um agente de transformação social por três razões principais. Primeiro, ele tem "o potencial de reduzir a dor da pobreza e das violações dos direitos humanos, prometendo às pessoas uma vida melhor depois da morte". Segundo, ele tem "um impacto incremental no bem-estar das pessoas", diante da constatação de que suas prescrições morais e o novo estilo de vida contra os males sociais promovem profundas melhorias nos relacionamentos familiares, incluindo ascendência econômica, ao tempo em que criam uma comunidade solidária. Terceiro, a fé pentecostal tem uma grande ênfase nos direitos humanos, com base na

---

[29] Anderson, 2019, p. 31.

[30] Anderson, 2019, p. 32.

[31] Anderson, 2019, p. 33.

[32] Anderson, 2019, p. 40.

[33] Anderson, 2019, p. 40,

compreensão de que todos são feitos à imagem e semelhança de Deus, possuindo o mesmo valor.

Na sua raiz, "o pentecostalismo é uma religião do povo: todos têm o direito de interpretar as próprias Escrituras; eles não dependem de uma classe sacerdotal. Os crentes têm acesso direto a Deus, não precisando de um mediador, e todos têm um papel dentro do corpo de Cristo, independentemente de classe social, raça, etnia e linhagem familiar".[34] Os autores observam que esses três aspectos não são objetivos específicos do pentecostalismo, antes resultados indiretos dessa religiosidade. Ou seja, não são objetivos explícitos, mas funcionam como corolários latentes dessa espiritualidade carismática.

O cientista da religião Philip Jenkins também observou que os estudos sobre o pentecostalismo latino-americano mostram que, após a conversão, os novos crentes adquirem um sentido de respeito e responsabilidade individuais, paralelamente a hábitos de parcimônia, sobriedade e instrução.[35]

Dada a relação entre as convicções e o comportamento dos pentecostais é que Robert Menzies questiona os estudos sociológicos que investiguem os motivos que ensejam o crescimento mundial desse segmento. Isso seria o mesmo que estudar por que os pássaros voam sem levar em conta as suas penas.[36] Para Menzies, embora forneça dados que esclareçam tendências culturais que facilitam o surgimento do movimento, esses estudos sociológicos ajudam a descrever o "o quê", mas tem dificuldade para entender o "porquê". Para entender esse aspecto, é preciso investigar o etos bíblico e os valores teológicos que moldam o movimento. Nas palavras de Menzies, "Se quisermos entender por que as igrejas pentecostais estão crescendo, teremos primeiramente de entender em que os cristãos pentecostais creem, o que lhes dá poder na vida e no testemunho, o que os diferencia e os torna únicos".[37]

Ao seguirmos as narrativas de Atos, percebemos que o segundo ambiente em que os cristãos primitivos testemunharam publicamente foi nas suas comunidades, criando redes de apoio solidário e ajuda mútua. Seguindo o exemplo de Jesus, a igreja primitiva preocupou-se com as condições socioeconômicas da sua época, principalmente a responsabilidade dos seus seguidores diante da pobreza. Isso evidenciou o potencial da espiritualidade pentecostal para promover bem-estar e transformações sociais, como consequência de um estilo de vida que valoriza a comunhão e o serviço.

---

[34] Anderson, 2019, p. 44.

[35] Jenkins, Philip. *A próxima cristandade: a chegada do cristianismo global*. Rio de Janeiro: Record, 2004, p. 188.

[36] Menzies, 2016, posição 1799.

[37] Menzies, 2016, posição 1799.

Essa constatação é crucial para reconhecer que os cristãos do evangelho pleno, impulsionados pela experiência com o Espírito, iniciam o testemunho diante dos homens, logo após a proclamação na fronteira do pátio dos gentios, com sua preocupação com as famílias, os bairros e as comunidades menores, refletindo sobre suas necessidades espirituais, físicas e materiais. Antes de lidar com a cultura mais abrangente, atingindo ruas e praças, e com as questões políticas e globais, a espiritualidade carismática começa seu caminhar público pelos domésticos na fé, seus familiares e vizinhos. Sendo assim, revela-se desprovida de consistência e autenticidade e, portanto, hipócrita, a religiosidade que quer mudar a cultura e influenciar a política e o mundo sem que antes tenha dividido o pão com os próprios irmãos na fé.

Embora os crentes primitivos não agissem impulsionados por reflexões teóricas sobre economia, os assuntos econômicos no tocante à riqueza e à pobreza permeavam suas ações. A economia era, portanto, uma questão teológica desde os primórdios[38] e ainda o é para os pentecostais. Isso nos leva a refletir sobre o modo pelo qual pentecostais concebem e interagem com as questões sociais, econômicas e o próprio mercado de consumo.

---

[38] González, 2015, p. 14.

Capítulo 6

Testemunhando nas ruas e cidades

Seguindo Atos dos Apóstolos, deparamo-nos também com a presença dos discípulos nas ruas e praças. Embora as reuniões e cultos fossem realizados dentro das casas e no templo, uma parte significativa do ministério da igreja primitiva se deu nesses ambientes de uso comum, enquanto caminhavam, pregavam, disputavam e oravam pelos enfermos.

As Escrituras revelam que, quando os apóstolos caminhavam pelas ruas empoeiradas da época, as pessoas iam em busca de oração (Atos 3:1-2), transportavam os enfermos e os punham em leitos, na esperança de serem curados (Atos 5:15). Das cidades vizinhas, concorria muita gente a Jerusalém, conduzindo enfermos e endemoninhados em busca de libertação (v. 16). Por causa da agitação social e do ministério ostensivo, lançavam mão dos apóstolos e os punham em prisão.

Ainda assim, a comunidade messiânica pedia mais ousadia, curas e maravilhas[1] (4:30-31). A igreja crescia, e o impacto dos cristãos sobre a cidade tornava-se cada vez maior, atraindo os olhares do público e das autoridades. A partir da brutal morte de Estêvão, principalmente, a perseguição aos cristãos se intensificou, levando muitos crentes a fugirem da cidade, e, por causa disso, o evangelho começou a espalhar-se (8:4-40; 11:19-30). Paulo, ainda não convertido, era um dos responsáveis pelas ações

---

[1] Yong, 2019, p. 59.

cruéis contra os cristãos. Ele assolava a igreja entrando pelas casas; e, arrastando homens e mulheres, os encerrava na prisão (Atos 8:3).

Como vimos, o testemunho da comunidade de crentes inicia-se em Jerusalém, mas logo avança para as redondezas e terras longínquas. O evangelho não somente é disseminado geograficamente, mas também etnicamente, afirmou o teólogo pentecostal Roger Stronstad.[2]

6.1. Curando cidades e transformando culturas

Na medida em que acompanhamos a expansão da igreja primitiva além da Judeia e seguimos os passos dos primeiros crentes, percebemos como interagiam e lidavam com as culturas da época, promovendo impactos significativos. Há diversos relatos que mostram os discípulos ora mantendo o *status quo* cultural, por não ser nocivo à fé cristã, ora transformando-o, com base nos valores do Reino de Deus.

Com relação à cultura étnica, por exemplo, Lucas relata a chegada do evangelho a Samaria, por meio de Filipe (8:5.), inaugurando o começo da missão cristã a uma comunidade não judaica. Nos tempos do Novo Testamento, sabemos que a relação entre judeus e samaritanos era marcada pelo ódio e discriminação. As históricas divergências remontam ao Antigo Testamento, com a divisão das tribos israelitas em dois reinos (1Reis 12:20). Após o reino do Norte ser levado cativo para a Assíria (2Reis 17), em 722 a.C., os samaritanos passaram a praticar sincretismo religioso com os deuses pagãos. A rixa se intensificou quando samaritanos resolveram construir o próprio templo de adoração no monte Gerizim por volta do ano 400 a.C.

Com o passar do tempo, as divergências somente aumentaram, afastando ainda mais esses povos, de sorte que nos dias de Jesus os judeus não aceitavam os samaritanos como judeus puros. Isso fazia que evitassem qualquer contato e diálogo, pois temiam ser contaminados. Esse foi o motivo pelo qual a mulher samaritana mostrou-se profundamente espantada com o fato de Jesus, um judeu, dirigir-lhe a palavra (João 4:9).

Sem levar em conta as diferenças étnicas e as mútuas acusações que caracterizavam a história de judeus e samaritanos, Filipe, impulsionado pelo Espírito, dirigiu-se àquela cidade para pregar o evangelho, para demonstrar que o Reino de Deus estava aberto a esse povo. Diz o texto que "as multidões unanimemente prestavam atenção ao que Filipe dizia, porque ouviam e viam os sinais que ele fazia, pois que os espíritos

---

[2] STRONSTAD, Roger. *Teologia lucana sob exame: experiências e modelos paradigmáticos em Lucas-Atos*. Natal, RN: Carisma, 2018, p. 218.

imundos saíam de muitos que os tinham, clamando em alta voz; e muitos paralíticos e coxos eram curados" (Atos 8:6-7). Como resultado, havia alegria naquela cidade (v. 8).

Deus opera sem levar em consideração posições hierárquicas.

A rigor, poderíamos supor que a expansão missionária da igreja começaria pelos apóstolos, mas teve início com um diácono (Atos 6:1-7). Filipe, o diácono carismático, não estava olhando os samaritanos pelas lentes culturais da época; ele os considerava seres humanos pelos quais Cristo morreu.[3]

Quando o povo de Deus age no poder do Espírito, desfaz-se a cultura do ódio étnico e da discriminação histórica. Podemos observar que, depois de algum tempo, ouvindo que Samaria recebera a palavra de Deus, Pedro e João se dirigiram à cidade. Ali, oraram e impuseram as mãos nos samaritanos, os quais receberam o Espírito Santo (8:13).[4] Nas palavras de Roger Stronstad, "O dom do Espírito aos crentes em Samaria demonstra que todos, mesmo um grupo desprezado como os samaritanos, devem participar da obra missionária".[5]

O Espírito Santo trabalhou de tal forma nas crenças do povo na região da Judeia que formou uma igreja em que os vestígios culturais da segregação e da hostilidade não tinham mais espaço. Em Atos 9:31, é dito que as igrejas em toda a Judeia, Galileia e Samaria tinham paz, e eram edificadas. Elas se multiplicavam, andando no temor do Senhor e na consolação do Espírito Santo.

6.2. O evangelho que promove reconciliação

O impacto cristão mais significativo do ponto de vista cultural sobre o mundo da época ocorre quando os crentes começam a pregar o evangelho aos gentios, tornando o episódio no qual o apóstolo Pedro vai até Cesareia pregar ao centurião Cornélio um dos mais relevantes no Novo Testamento (Atos 10).

É interessante que tanto a disposição de Cornélio para cumprir a vontade de Deus quanto a de Pedro para ir até eles conduziram-se por meio de ações sobrenaturais. Deus se revelou a Cornélio por meio de um anjo, que lhe disse que enviasse homens a Jope a fim de chamar Simão (Atos 10:4-5). Enquanto isso, Deus se manifestou em visões a Pedro, com alimentos que desciam do céu, dando a saber que aquilo que o

---

[3] RICHARDS, Lawrence. *Comentário devocional da Bíblia*. Rio de Janeiro: CPAD, 2012, p. 729.

[4] A respeito da controvérsia envolvendo a salvação e o batismo no Espírito Santo em Samaria, veja: KEENER, 2018, p. 184-187.

[5] STRONSTAD, Roger. Citado por CAMPOS, Bernardo. *O princípio da pentecostalidade: hermenêutica, história e teologia*. São Paulo: Recriar, 2018, p. 60.

Senhor havia purificado o homem não poderia rejeitar. O propósito era claramente fazer Pedro compreender que a graça divina abrangia não somente judeus, mas também os gentios. Segundo French Arrington, "os gentios, purificados pela graça renovadora de Deus, têm de ser incluídos na comunhão do povo de Deus".[6]

Evidentemente, essa mudança de entendimento não era fácil de ser compreendida, muito menos aceita: afinal, estava impregnada na cultura judia milenar que os estrangeiros[7] não faziam parte da aliança com Deus. Essa é a razão pela qual, mesmo depois da visão se repetir três vezes (Atos 10:16), Pedro ainda duvidava. No entanto, ao chegar em Cesareia e encontrar-se com Cornélio e os demais que ali estavam, depois de ver a obra que o Senhor havia realizado e ouvir o relato milagroso de Cornélio, Pedro bradou: "Reconheço, por verdade, que Deus não faz acepção de pessoas; mas que lhe é agradável aquele que, em qualquer nação, o teme e faz o que é justo" (Atos 10:34). Ainda durante o seu discurso, a Bíblia diz que caiu o Espírito Santo sobre todos os que ouviam a palavra, os quais começaram a falar em línguas e magnificar a Deus (v. 46). Como o contexto deixa transparecer, os amigos de Pedro ficam surpresos com o que acontece, pois testificam o fato de que Deus aceitou os gentios incircuncisos.[8]

Esse evento miraculoso deixa inconteste que os gentios são tão aceitáveis a Deus como os crentes judeus. Nas palavras de French Arrington,

> Deus não faz diferença entre crentes gentios e judeus. Sem se converterem ao judaísmo, Cornélio e sua família entraram na igreja em situação igual à dos cristãos judeus, e recebem o mesmo dom profético do Espírito dado aos crentes no dia de Pentecostes, aos samaritanos (Atos 8:14-17) e ao apóstolo Paulo (Atos 9:17). O derramamento do Espírito sobre a casa gentia de Cornélio torna-se ponto decisivo na missão da igreja. A igreja cristã começa a alcançar gentios e judeus[9].

Posteriormente, no Concílio de Jerusalém (Atos 11:1-18), quando precisou se justificar perante os demais apóstolos e irmãos por haver batizado Cornélio e sua família,

---

6 ARRINGTON, French L.; STRONSTAD, Roger (Orgs.). *Comentário bíblico pentecostal: Novo Testamento*. Vol. 1. Rio de Janeiro: CPAD, 2015, p. 681.

7 "Não há dúvida de que está profundamente enraizada na consciência nacional de Israel a convicção de que eles são um povo especial, um povo escolhido, um povo com um futuro. Em alguma interpretação e teologia rabínica posterior, a ideologia de racismo é manifestada de fato, mas isso dificilmente é verdade segundo a visão original e o ensino dos escritores das Escrituras Sagradas. O tipo de racismo cru que detectamos na literatura clássica da Idade Antiga não está presente nas Escrituras Sagradas antigas de Israel." (JOHNSTON, Jeremiah. *Inimaginável: o que nosso mundo seria sem o cristianismo?* Rio de Janeiro: CPAD, 2018, p. 72.)

8 MENZIES, Robert. *Glossolalia: Jesus e a Igreja Apostólica como modelos sobre o dom de línguas*. Natal, RN: Carisma, 2019, p. 42.

9 ARRINGTON; STRONSTAD, 2015, p. 685.

Pedro comparou o "Pentecostes dos gentios" ao Pentecostes original que eles haviam experimentado. Segundo o apóstolo, se Deus ofertou aos gentios o mesmo dom que aos judeus, quando haviam crido no Senhor Jesus, quem era ele (Pedro) para resistir (Atos 11:17)? Essa pergunta retórica indicava que o derramar de Deus do seu Espírito sobre os estrangeiros era a prova cabal de que a salvação não estava limitada aos judeus. Paulo haveria de reiterar isso em sua carta aos Gálatas: "Nisto não há judeu nem grego; não há servo nem livre; não há macho nem fêmea; porque todos vós *sois* um em Cristo Jesus" (Gálatas 3:28).

Eu posso notar que uma das mais profundas mudanças culturais no início da igreja primitiva, responsável por moldar a atuação missionária dos cristãos e até mesmo o desenvolvimento histórico posterior, não resultou de discussões filosóficas e sociológicas, mas do agir do Espírito Santo. Segundo Jeremiah Johnston, "a revolucionária mensagem cristã de irmandade entusiasmou o mundo romano e o Ocidente",[10] ao que deve ser acrescentado que isso aconteceu no poder do Espírito.

Essa reconciliação étnica e racial, aliás, havia começado no dia de Pentecostes em Atos 2, portanto sob a influência direta do princípio pentecostal do derramamento do Espírito Santo, quando pessoas de quinze nações diferentes ouviam aqueles que eram batizados falarem na sua própria língua. Não é sem razão que esse ato extraordinário ocorreu exatamente no dia da descida do Espírito, dando a entender o caráter universal e abrangente da mensagem cristã.

6.3. A fé que impacta cidades

Outro exemplo de profundo impacto cultural promovido pelos cristãos sobre comunidades ocorreu em Éfeso (Atos 18—19), uma das mais importantes cidades do Império Romano. Capital da província romana da Ásia e principal porto marítimo e centro comercial, era também conhecida principalmente como centro religioso pagão, onde se localizava o templo de Diana, a deusa da fertilidade.

O evangelho cresceu de maneira extraordinária nessa cidade, com poder e maravilhas. Na medida em que se convertiam, muitos daqueles que seguiam as artes mágicas começaram a abandonar as práticas místicas, queimando seus livros na presença do povo, o equivalente ao que 50 mil trabalhadores receberiam por um dia de trabalho (Atos 19:19). Craig Keener lembra que esses livros eram na verdade papiros que continham feitiços, os quais eram muitas vezes arrolados em pequenos cilindros ou

---

[10] Johnston, 2018, p. 72.

medalhões usados como amuletos e talismãs em torno do pescoço.[11] Na Antiguidade, queimar livros significava repudiar o conteúdo deles, como destruir os ídolos no Antigo Testamento. Portanto, tais crentes estavam fazendo uma ruptura com as práticas pagãs de feitiçaria e engano, resultante do poder depurador do evangelho para mudar o modo de pensar das pessoas.

Como era de esperar, com a introdução do evangelho e a mudança de vida dos moradores de Éfeso, os impactos sociais e econômicos começaram a surgir, provocando revolta e indignação por parte daqueles que lucravam com a idolatria religiosa e a feitiçaria na cidade. O alvoroço é iniciado por certo Demétrio, ourives que fazia objetos de prata para serem comercializados no templo de Diana, chamada de Ártemis pelos gregos. Grande parte da economia da cidade girava em torno da religiosidade pagã e do culto a Diana. Quando os lucros dessas pessoas começaram a ruir, por causa do esclarecimento e da libertação pela verdade do evangelho, Demétrio, de forma astuciosa, organizou um motim e promoveu medo sobre os demais. Ele afirmou que por causa da pregação de Paulo não somente a profissão deles estava correndo o risco de cair em descrédito, e o comércio daqueles suvenires, mas também o próprio templo de Diana perderia o seu valor, entrando em colapso.

Demétrio, que certamente ocupava posição de liderança na cidade, estava preocupado que ocorresse um "colapso cultural" e econômico total se o movimento cristão continuasse a crescer e a ganhar influência.[12] O sucesso do evangelho anunciado por Paulo e aqueles do Caminho, portanto, estava afetando diretamente os interesses econômicos de grande parte da cidade, notadamente os negócios que se sustentavam à custa do erro, do engano e da feitiçaria. Isso porque a fé cristã se opõe à propensão dos seres humanos de buscar meios mágicos de manipular poderes mágicos para fazer sua vontade.[13]

Em alguns casos, quando as culturas são moldadas por mitos e obras de engano, a chegada do evangelho causa desconforto e até mesmo embates, não porque os cristãos estejam em busca de discórdia ou algum tipo de guerra cultural, mas por causa do resultado previsível da batalha espiritual subjacente à cultura. Vale perceber que os cristãos não usaram da violência contra o culto à deusa Diana, mas apenas argumentos e testemunho no poder de Deus. Tendo um senso espiritual aguçado, os pentecostais sempre olham para o horizonte cultural sobre o prisma do mundo espiritual. Nesse caso, como bem observou David Garland, "O cristianismo é contracultural e não coexiste tranquilamente com a

---

[11] Keener, 2017, p. 458.

[12] Garland, David E. *Atos*. Série Comentário Expositivo. São Paulo: Vida Nova, 2019, p. 178.

[13] Garland, 2019, p. 179.

cultura e os valores pagãos. O verdadeiro cristianismo prejudica atividades mundanas que obstruem a atividade mais importante do Reino de Deus ou se opõem a ela".[14]

Contudo, ao mesmo tempo que confronta abertamente os padrões culturais nocivos, promovendo rupturas, os cristãos pentecostais aproveitam e se valem da tradição cultural benéfica.

No episódio de Éfeso, a questão do tumulto provocado por Demétrio contra os cristãos foi resolvida assim que a causa foi levada ao conhecimento do escrivão da cidade. Habilmente, esse homem se valeu da sabedoria e da tradição jurídica romana para conter o tumulto (Atos 19:35). Em síntese, ele argumenta (1) que era de conhecimento de todos que Diana era a padroeira da cidade, ou seja, isso fazia parte da tradição deles e não podia ser desfeito da noite para o dia; (2) que os homens que estavam sendo acusados — Gaio e Aristarco — não haviam cometido sacrilégio ou blasfêmia; (3) que, se os acusadores dos cristãos tivessem alguma prova, deveriam se valer dos meios legais para fazer qualquer acusação em vez de promoverem um levantamento desordeiro daquela natureza, o qual, inclusive, (4) colocava os próprios cidadãos de Éfeso em risco de serem acusados de sedição, isto é, desobediência civil. Afinal, como apontou N. T. Wright, Éfeso, como a maior cidade do Império Romano (depois de Roma), estava debaixo dos atentos olhos dos oficiais superiores romanos.[15]

Observe que o escrivão não estava necessariamente defendendo o cristianismo, e sim a tradição da lei e da ordem, ansioso por evitar que a cidade obtivesse uma reputação por desordens e ações ilegais.[16] Se Demétrio invocou a cultura negativa para incriminar os cristãos, o escrivão fez uso dela para inocentá-los. Isso mostra que os cristãos primitivos não tinham uma única maneira de encarar a cultura e lidar com ela, vendo-a sempre como algo nocivo à vida cristã. Em muitos casos, quando a cultura não se chocava com os valores do Reino, os cristãos ora eram indiferentes, ora se valiam dessas tradições estabelecidas.

6.4. Pentecostalismo e cultura: continuidade e descontinuidade

Por causa de sua grande capacidade de promover influxos culturais, o movimento pentecostal tem sido objeto de diversos estudos das ciências sociais. A sua aptidão para alterar dinâmicas comunitárias e lidar de um jeito diferente com a modernidade

---

[14] Garland, 2019, p. 180.

[15] Wright, N. T. *Atos para todos*. Parte 2: Atos 13—28. São Paulo: Thomas Nelson, 2020, p. 171.

[16] Lopes, Hernandes Dias. *Atos: a ação do Espírito Santo na vida da igreja*. São Paulo: Hagnos, 2012, p. 397.

e o fenômeno da secularização, por exemplo, são alguns fatores que chamam a atenção dos sociólogos e antropólogos.

Assim como a igreja primitiva, o pentecostalismo moderno também se caracteriza por uma flexibilidade cultural inerente, ora promovendo rupturas, ora se adequando aos padrões culturais vigentes. Segundo Allan Anderson, pela conversão, o pentecostalismo produz "uma ruptura radical com o passado, uma transformação cultural que é semelhante em todo o mundo, apesar dos diferentes contextos locais em que essa mudança ocorre". Mas essa transformação (descontinuidade), afirma Anderson, está sempre em tensão com o contexto social e cultural e retém muitos de seus elementos (continuidade).[17]

Essa perspectiva de continuidade e descontinuidade cultural encontra ressonância com as práticas da igreja de Atos. Segundo Amos Yong, os empreendimentos missionários de Paulo nos capítulos 17 e 18 daquele livro confirmam que o evangelho de Jesus Cristo mantém tanto continuidades quanto descontinuidades com as culturas e as religiosidades judaica e gentia.

> A redenção da cultura pelo Espírito exige uma preservação do antigo, em certos aspectos, mas também um repúdio a antigas crenças e práticas, em outros aspectos. Se a obra do Espírito trouxe e causou renovação, restauração e reapropriação de tudo o que era bom e verdadeiro nas esferas sociais, culturais e religiosas da vida humana, ela também pode ser vista de outra perspectiva, em que a vinda do Espírito virou o mundo de cabeça para baixo em cada um dos domínios do esforço humano. Continuidade ou descontinuidade, quando e como? Estas são as indagações que exigem contínuo discernimento da presença e da atividade do Espírito.

Na questão étnica, é inegável a contribuição da espiritualidade pentecostal para romper com a tradição de preconceito e discriminação. David Daniels III diz que, no decorrer do século 20, o pentecostalismo negro teve uma participação fundamental no movimento pentecostal e no cristianismo norte-americano, tendo exercido papel crucial na apresentação de novas opções na música religiosa (o *gospel*), na ética social, na comunidade ministerial, na pregação e na teologia.[18] Ele prossegue:

> O pentecostalismo emergiu no século 20 como a principal presença no ambiente da comunidade afro-americana, criou uma verdadeira hoste de congregações e denominações e transformou a vida religiosa das denominações negras históricas.

[17] Anderson, 2019, p. 291.

[18] Daniels III, David, "Pentecostalismo afro-americano no século XX", in: Synan, Vinson. *O século do Espírito Santo*. São Paulo: Vida, 2009, p. 357.

> O pentecostalismo conserva sua distinção entre os movimentos cristãos dos Estados Unidos por ser a principal comunidade na qual movimentos cristãos afro-americanos se ligaram ao movimento de cristãos brancos, hispânicos e outros. Assim se construiu o pentecostalismo como tradição religiosa. Desde suas origens, o pentecostalismo se destaca como expressão inter-racial e multicultural do cristianismo.

Um dos principais nomes do pentecostalismo moderno, William Joseph Seymour, responsável por liderar o avivamento da Rua Azusa, em Los Angeles, um dos epicentros do movimento a partir de 1906, foi um pregador afro-americano, filho de ex-escravos. Vivendo em uma época na qual a sociedade norte-americana era marcada por intensa segregação racial, Seymour, em virtude das leis que proibiam os negros de se sentarem entre os brancos, assistia às aulas de Charles Fox Parham do lado de fora da sala, em Topeka, no Kansas.

Em pouco tempo, a comunidade de crentes pastoreada por William Seymour, a Missão da Fé Apostólica, começou a atrair a atenção das pessoas, e nos seus cultos participavam brancos, negros, latinos e asiáticos.[19] A manifestação espiritual pentecostal e a união de pessoas de diversas cores e etnias era tão estranha para os padrões culturais segregacionistas e para a mentalidade da época que, ao relatar o que estava acontecendo na Rua Azusa, um repórter escreveu no jornal *Los Angeles Times*:

> Uma vergonhosa mistura de raças [...], eles clamavam e faziam grande barulho o dia inteiro e noite adentro. Essas pessoas parecem loucas, com problemas mentais ou enfeitiçadas. Elas têm um caolho, analfabeto e negro como seu pregador que fica de joelhos a maior parte do tempo com a sua cabeça escondida entre engradados de leite feitos de madeira. Não fala muito, mas às vezes pode ser ouvido gritando "Arrependei-vos" [...]. Eles cantam repetidamente a mesma canção "O Consolador chegou".[20]

Conforme Gutierres Siqueira, "Não só os negros tinham espaço, como também as mulheres exerciam liderança e ainda pregavam. William Seymour era um homem de carisma, e Deus o usou para que pela Azusa Street Mission o pentecostalismo fosse popularizado ao mundo, quebrando barreiras e preconceitos".[21] Cheryl Bridges Johns comenta que "a presença ativa do Espírito Santo exigia uma equalização

---

[19] DANIELS III, 2009, p. 373.

[20] BENTHO, Esdras Costa. Ponto de Contato. *Lições bíblicas: as doutrinas bíblicas pentecostais*. Rio de Janeiro: CPAD, 2006, p. 51.

[21] SIQUEIRA, Gutierres; TERRA, Kenner. *Autoridade bíblica e experiência no Espírito: a contribuição da hermenêutica pentecostal-carismática*. Rio de Janeiro: Thomas Nelson, 2020, p. 235.

radical de negros e brancos, homens e mulheres, riscos e pobres",[22] de sorte que "o pentecostalismo manteve-se como um contraste com a ordem dominante de sua época".

Em virtude dessa equalização, ficaram conhecidas as palavras de Frank Bartleman, testemunha ocular da Rua Azusa, ao dizer que "a linha da cor foi apagada pelo sangue", reconhecendo, assim, o caráter não racial do pentecostalismo. Allan Anderson enfatiza que "os pentecostais, com sua oferta de participação plena para todos, independentemente de raça, classe ou gênero, realizaram o que equivale a uma democratização do cristianismo, um protesto contra o *status quo*".[23]

Contudo, esse movimento não tinha nenhum fundo ideológico, filosófico ou racial; antes, tratava-se do resultado da atuação direta do Espírito Santo na vida daquelas pessoas. Não tinha a ver com uma revolução social ou programa religioso de inclusivismo. Siqueira afirma que "o pentecostalismo ajudou a quebrar o pecado estrutural de muitos preconceituosos não com um discurso ressentido ou com uma revolta revolucionária, mas com o poder do Espírito Santo".[24]

A espiritualidade pentecostal parte da premissa bíblica de que o Espírito de Deus, o Consolador, é para "toda a carne" e age indistintamente no meio do seu povo, independentemente de raça, cor ou sexo. O pentecostalismo enxerga nas palavras de Pedro em Atos 10:34, "Deus não faz acepção de pessoas", uma diretriz vital para a vida em sociedade.

Contudo, é preciso lembrar que, quando os pentecostais se esquecem de suas bases, a união dá lugar ao preconceito e ao afastamento. Foi o que ocorreu na história do pentecostalismo norte-americano por quase um século, que deixou de lado seu aspecto pós-racial e pluricultural para se fechar em guetos negros *versus* guetos brancos, conforme enfatizou Gutierres Siqueira[25]. O autor recorda:

> Em 1994, na cidade de Memphis, Tennessee, a Pentecostal Fellowship of North America, uma instituição de igrejas brancas, foi substituída por uma nova instituição chamada Pentecostal/Charismatic Churches of North America (PCCNA). Neste novo grupo, o primeiro presidente eleito foi o bispo Ithiel Clemmons, da Igreja de Deus em Cristo. Os líderes da Assembleia de Deus rejeitaram o passado racista da denominação. e um pastor branco assembleiano lavou os pés do bispo Clemmons. Então, retribuindo o gesto, o bispo Charles Blake,

[22] Anderson, 2019, p. 299.

[23] Anderson, 2019, p. 299.

[24] Siqueira; Terra, 2020, p. 239.

[25] Siqueira; Terra, p. 237.

> da Igreja de Deus em Cristo, lavou os pés de Thomas Trask, então superintendente-geral das Assembleias de Deus nos Estados Unidos. Toda a cerimônia aconteceu debaixo de muito choro e louvor. Certamente um capítulo triste da história pentecostal foi riscado no mês de outubro de 1994.[26]

Esse triste capítulo não coaduna com a essência da fé pentecostal. No Brasil, por exemplo, o pentecostalismo é a religião mais negra do país, conforme constatou Marco Davi de Oliveira em seu livro *A religião mais negra do Brasil*. Ao mesmo tempo, é possível identificar a profunda influência da espiritualidade pentecostal sobre praticamente todas as denominações na África.[27] De acordo com Alister McGrath, as chamadas novas igrejas pentecostais na África enfatizam o poder e os dons do Espírito Santo. Essas igrejas, que passaram a florescer a partir de meados da década de 1970, desafiam muitas pressuposições aceitas anteriormente em relação ao caráter do protestantismo africano.[28]

6.5. Promovendo mudanças socioculturais

Há algum tempo, diversos pesquisadores e teólogos têm chamado atenção para a capacidade do pentecostalismo de promover inculturação e transformação cultural, entendendo a cultura como o comportamento humano no seu aspecto corporativo, a soma total dos estilos de vida das pessoas transmitidos de uma geração a outra.[29]

Considerando que o elemento mais fundamental na cultura é a língua, como observou Lesslie Newbigin, é possível perceber uma das razões que facilitam a penetração cultural da espiritualidade pentecostal. O teólogo anglicano Alister McGrath observou que "o pentecostalismo usa a linguagem e a forma de comunicação que o capacitam a transpor diferenças culturais com grande eficiência".[30] Citando Walter Hollenweger, um dos célebres historiadores do movimento, ele lembra:

> [O pentecostalismo] é uma religião oral. Ele não é definido pela linguagem abstrata que, por exemplo, caracteriza os presbiterianos ou católicos. O pentecostalismo é transmitido em histórias, testemunhos e canções. A linguagem oral é uma linguagem muito mais global que as das universidades ou

---

[26] Siqueira; Terra, p. 238.

[27] Disponível em: www.lausanne.org/pt-br/recursos-multimidia-pt-br/agl-pt-br/2021-pt-br/o-pentecostalismo-no-cristianismo-africano.

[28] McGrath, 2012, p. 441.

[29] Newbigin, Lesslie. *O evangelho em uma sociedade pluralista*. Viçosa, MG: Ultimato, 2016, p. 242.

[30] McGrath, 2012, p. 422.

> das igrejas denominacionais. A tradição é flexível e pode se adaptar a várias circunstâncias. [...] Você, quando se torna pentecostal, fala sobre como foi curado ou como sua vida mudou. Isso é algo sobre o que os pentecostais conversam muito, em parte porque as pessoas estão interessadas em ouvir esse tipo de coisa. Hoje, o pentecostalismo trata de todos os aspectos da vida, incluindo a parte do pensamento. Mas formas de cristianismo da corrente principal tratam primeiro a parte do pensamento, e essa parte, com frequência, afeta o resto da vida mas nem sempre.[31]

Com pouco mais de um século, forjado dentro da tradição protestante, o pentecostalismo na sua versão moderna cada vez mais passa a definir e determinar a corrente principal do protestantismo.[32] O seu crescimento no Sul global, principalmente, é uma das provas da capacidade de adesão cultural do evangelho pleno. Como observou Alister McGrath, "o protestantismo do Sul global tende a ser mais carismático ou pentecostal, a manter os valores morais tradicionais e a ter pouco tempo para os modos modernistas de leitura da Bíblia que dominaram o Ocidente até recentemente".[33]

Tal perspectiva também é defendida por Philip Jenkins em seu livro *A próxima cristandade*, obra na qual aponta o deslocamento do cristianismo para o Sul global, principalmente em virtude da expansão do pentecostalismo. Segundo Jenkins, as igrejas desse novo epicentro religioso enfatizam o sobrenatural, a expulsão de demônios, as curas e a intervenção divina diretamente na vida cotidiana. Para o pesquisador, "a vida do fiel neste mundo se transforma através da conversão, e essa mudança ecoa em todos os aspectos da vida, desde a ética do trabalho e a parcimônia até as relações familiares e entre os sexos".[34]

Jenkins lembra que essa forma de proceder das igrejas pentecostais não se trata de sincretismo ou acomodação da prática religiosa à cultura tradicional africana ou latino-americana. Ele lembra que isso nada mais é do que um regresso aos fundamentos do cristianismo, ao padrão estabelecido no Novo Testamento:

> A própria Bíblia corrobora facilmente uma visão de mundo baseada em espíritos, curas e exorcismo. Quando se perguntou a Jesus se Ele era o Messias, Ele não fez uma abstrusa palestra teológica, mas apontou para os sinais e milagres tangíveis que vinham sendo feitos em Seu nome. "Ide e anunciai a João o que estais vendo e

---

[31] McGrath, 2012, p. 422.

[32] McGrath, 2012, p. 428.

[33] McGrath, 2012, p. 434.

[34] Jenkins, 2004, p. 111.

ouvindo: os cegos veem, os coxos andam, os leprosos são curados, os surdos ouvem, os mortos são ressuscitados e a boa-nova é pregada aos pobres." Quando Paulo levou a fé cristã para a Macedônia — a primeira missão de que se tem conhecimento na Europa —, estava respondendo a uma visão que tivera em sonho.

Embora alguns observadores e críticos possam ver isso como excentricidades, Jenkins afirma que é preciso lembrar um fato fundamental e espantoso que caracteriza as igrejas pentecostais: "elas realmente levam a Bíblia muito a sério".[35] Para os pentecostais, ele prossegue, o mundo descrito no Novo Testamento não é apenas um relato histórico do antigo Levante, mas uma realidade sempre presente, ao alcance do fiel de hoje, incluindo toda a cultura dos sinais e milagres.[36]

Outro pensador que corrobora as previsões de Philip Jenkins é o teólogo batista Harvey Cox. Em *O futuro da fé*, o ex-professor de Harvard sustenta que a história do cristianismo pode ser dividida em três períodos ou fases: a era da fé, a era da crença e a era do Espírito. Desde o início, Cox apresenta uma distinção entre fé e crença; enquanto a fé é um compromisso de vida com o projeto de vida de Jesus de Nazaré, a crença é a adesão intelectual a afirmações racionais sistematicamente organizadas a respeito de Jesus e de Deus. Segundo Cox, a era da fé corresponde aos primeiros três séculos da era cristã, período em que a fé significa "esperança e confiança na aurora da nova era de liberdade, cura e compaixão que Jesus havia demonstrado".[37] A era da crença refere-se ao período de sistematização e dogmatização do pensamento cristão. Enquanto isso, a era do Espírito será (ou já é) um retorno à era da fé. Embalada pela transferência da população cristã do Norte para o Sul global, essa era há de ser caracterizada principalmente pelo crescimento das igrejas carismáticas, que enfatizam os aspectos experienciais da religião. Segundo Cox, essa divisão tríplice da história do cristianismo "sugere que aquilo que algumas pessoas descartam como se fossem perversões ou inovações gratuitas representa, na verdade, recuperações de elementos que um dia foram traços aceitos do cristianismo, mas foram descartados em algum lugar do caminho".[38]

Não há dúvidas de que a análise de Harvey Cox esteja correta em vários sentidos, notadamente o seu prognóstico do retorno da espiritualidade pujante e vivaz que aponta para a fé pentecostal. Por outro lado, Cox não está isento de críticas,

---

[35] JENKINS, 2004, p. 175.

[36] JENKINS, 2004, p. 175.

[37] COX, Harvey. *O futuro da fé*. São Paulo: Paulus, 2015, p. 16.

[38] COX, 2015, p. 28.

pois sua abordagem comete alguns equívocos que não podem passar despercebidos. Em primeiro lugar, seu desprezo pela formação do cânon das Escrituras[39] e pelos credos cristãos é perigoso, pois desconsidera a importância de documentos históricos que formam a base da tradição cristã ortodoxa. É preciso lembrar que conceitos caros à fé cristã como a Trindade e a divindade de Cristo foram sedimentados (não criados) por profundas reflexões teológicas da cristandade ao longo dos anos, daí porque descartar a "era da crença" como um todo equivale a descartar também dogmas essenciais do cristianismo.

Em segundo lugar, a leitura remota de Cox a respeito do Brasil não espelha a realidade, especialmente sua afirmação de que os evangélicos teriam ajudado a eleger o presidente Lula (Luiz Inácio Lula da Silva), o candidato do Partido dos Trabalhadores, daquilo que ele chamou de "esquerda democrática".[40] Evidentemente, muitos eleitores evangélicos votaram em Lula em 2002 e 2006, mas isso está longe de um apoio político em massa para o candidato da esquerda política, como podem supor leitores desavisados da obra de Harvey Cox. Em terceiro lugar, Cox também se equivoca ao vincular o crescimento do pentecostalismo na América Latina com o progressismo teológico, nos moldes da teologia da libertação. Por aqui, o pentecostalismo foi e continua sendo majoritariamente conservador nos costumes e ortodoxo nas doutrinas. Apesar da sua característica voltada para a experiência, a autoridade bíblica permanece como um elemento central dentro do movimento.

Seja como for, da mesma maneira que os cristãos primitivos avançaram no testemunho público pelas ruas e cidades, promovendo mudanças e impactos culturais, o pentecostalismo moderno segue essa mesma dinâmica de interação comunitária e agência social.

6.6. As curas sociais e o "Fator Lázaro"

As mudanças socioculturais promovidas pelo pentecostalismo realçam outra declaração doxológica: Jesus cura! Para os pentecostais, assim como no ministério terreno de Cristo e na igreja apostólica, as curas continuam possíveis nos dias de hoje, baseadas na crença no poder concedido à igreja (Marcos 16:17-18). A cura é vista como um milagre, uma intervenção sobrenatural realizada por Deus para restaurar a saúde dos enfermos, independentemente da gravidade da doença.

---

[39] Ele chega a dizer que "aquilo que referimos por 'Bíblia' vem mudando a cada século, com vários livros sendo incluídos ou excluídos, dependendo do clima teológico".

[40] Cox, 2015, p. 185.

Ao ressaltar o caráter miraculoso e curativo sobre as enfermidades, a declaração "Jesus cura" evoca também uma compreensão pentecostal holística do ser humano, por ressaltar a preocupação divina com o corpo, não somente com a parte imaterial da pessoa. O Deus que cura é um Deus que se preocupa com a alma e com o espírito, mas também se interessa pela nossa saúde física. A morte de Cristo, afinal, também implica a confiança de que ele tomou sobre si as nossas enfermidades e levou as nossas dores, conforme vaticinou Isaías (53:4). Cremos, como afirma o profeta messiânico, que Jesus foi ferido por causa das nossas transgressões e moído pelas nossas iniquidades; o castigo que nos traz a paz estava sobre ele, e pelas suas pisaduras fomos sarados (53:5).

O entendimento pentecostal clássico dessa passagem não significa uma garantia de que não estejamos mais sujeitos à dor, à enfermidade e à morte neste mundo. Longe disso, compreende que a morte dolorosa e substitutiva do Filho de Deus aponta para uma redenção final e uma vida futura na qual teremos nosso corpo glorificado e onde não haverá mais pranto ou dor. Enquanto isso não ocorre, temos lampejos e evidências desse Reino quando os cegos veem, os coxos andam, os leprosos são curados, os surdos ouvem e os mortos são ressuscitados (Mateus 11:5). O Cristo ferido é a esperança de que milagres são possíveis!

Ao mesmo tempo, a fé no poder curativo de Deus não ignora a importância da ciência e da medicina como recursos para tratar da saúde humana dentro de seus limites. O Deus que dá, de maneira *ordinária*, sabedoria e inteligência ao homem — para desenvolver tecnologias, medicamentos e procedimentos para erradicar doenças e evitar a morte prematura — é o mesmo Deus que age extraordinária e miraculosamente para acabar com a dor, extinguir a moléstia e restabelecer a saúde quando os recursos humanos se esgotam e a ciência se exaure.

Em alguma medida, a confiança carismática no poder curador de Deus também acarreta implicações sociais e culturais, afinal, como temos desenvolvido até aqui, o evangelho é capaz de alterar comportamentos e a ordem social, de tal modo que promove curas sociais. Por viver em mundo caído, cheio de mazelas, violências, injustiças, desigualdades, discriminações, opressões e toda sorte de maldade e fraturas sociais, a comunidade cristã pode contribuir para promover mudanças, melhorias e restaurações. Contudo, assim como a cura divina não significa o restabelecimento pleno e total do doente a uma situação de incorruptibilidade e imortalidade em todas as dimensões da vida, as curas sociais igualmente são provisórias. Assim como a crença de que Jesus cura não é a compreensão de que teremos, neste mundo, uma panaceia geral, senão uma especial ação de restabelecimento com prazo de validade, até aquele último dia, as mudanças sociais operadas pelas comunidades cristãs neste mundo não significam que são absolutas e definitivas.

Uma percepção adequada da mente carismática sobre as transformações sociais há de considerar aquilo que eu chamo de *fator Lázaro*, em referência ao amigo de Jesus que fora ressuscitado (João 11). Depois de ter estado morto por quatro dias, Jesus o tirou do túmulo, ao restituir-lhe a vida, mas não a vida fisicamente eterna — ao menos naquele momento. Lázaro ressuscitou, mas voltou a morrer, embora a Bíblia não narre esse episódio. O *fator Lázaro* nos faz lembrar que a graça se manifesta neste mundo de uma forma magnífica e inexplicável, promovendo curas, restaurações e até mesmo ressurreições. Ainda assim, ela não vai além, mas deixa a plenitude e a perfeição para o porvir.

Como os discípulos, a igreja de hoje remove as pedras do túmulo e retira as faixas dos defuntos, mas quem faz o milagre é Cristo. Mesmo ressurreto, nessa condição temporal, Lázaro voltará a morrer, e por isso não vale e pena depositar confiança excessiva em uma cura utópica no presente século. Esse é o olhar esperançoso e ao mesmo tempo cauteloso da fé cristã com as transformações sociais. Algumas visões cristãs sobre o mundo são distorcidas porque olham para os problemas da sociedade de modo irrealista ao confiar não na cura sobrenatural, mas no ativismo de remover pedras e desatar faixas.

Capítulo 7

Testemunhando nas praças e nos palácios

Além das ruas, dos bairros e cidades, os cristãos primitivos dos tempos de Atos dos Apóstolos testemunharam em centros filosóficos e defenderam a fé perante o poder político da época. A forma com que se portaram, imbuídos do poder do Espírito, oferece valiosas diretrizes para a presença pentecostal diante da filosofia e das autoridades.

Nesse ponto, ganha relevância o apóstolo Paulo, cuja vida conjugava erudição intelectual, conhecimento cultural e demonstração de poder. Portador de dupla cidadania, israelita e romana, profundo conhecedor do judaísmo, por ter sido anteriormente um "fariseu zeloso" e ter estudado aos pés do grande Gamaliel, Paulo também possuía amplo conhecimento cultural e filosófico, provavelmente educado na grande escola de Tarso. Após a sua conversão e experiência sobrenatural na estrada para Damasco, a Bíblia registra que o ministério do "Apóstolo dos gentios" foi marcado pela plenitude do Espírito. Roger Stronstad diz que "Lucas não apenas relata que Paulo fora cheio com o Espírito Santo três vezes (Atos 9:17; 13:9,52), mas frequentemente conta que ele fora guiado pelo mesmo Espírito",[1] experiências essas que têm duas dimensões: a primeira diz respeito à missão, e a segunda, ao martírio. Paulo foi um apóstolo carismático, poderoso em palavras e obras, e por meio da sua vida Deus efetuou diversos sinais, prodígios, curas e manifestação de dons espirituais.

---

[1] Stronstad, 2018, p. 188.

7.1. O Deus desconhecido da praça pública

Um dos episódios mais significativos em Atos sobre o confronto intelectual da fé cristã se dá com a passagem de Paulo na cidade de Atenas. Ao chegar ali, enquanto aguardava Silas e Timóteo, Paulo se indignou vendo as práticas de idolatria do povo (Atos 17:15ss.), representada pelos inúmeros templos, altares e esculturas dedicadas aos deuses da mitologia e pela superstição do povo. Além de disputar com os judeus nas sinagogas, o apóstolo também debatia nas praças com aqueles que estivessem presentes, incluindo filósofos epicureus e estoicos. Esse duplo ministério de Paulo mostra sua preocupação com os judeus e gentios. Pelo menos cinco séculos antes de Paulo, a Grécia desenvolveu uma forte tradição nas artes, na educação, na filosofia e na literatura, estabelecendo-se como importante centro cultural. Embora não gozasse da mesma glória do passado, após ser superada por outros pontos culturais como Alexandria, Tarso e até mesmo Corinto,[2] Atenas ainda era palco de importantes debates e discussões e símbolo dos grandes filósofos. Era também o berço da democracia e detinha o primeiro lugar entre as cidades-estados da Grécia.[3]

Nos tempos do Novo Testamento, as praças eram mais que locais de passeios e entretenimento; a ágora consistia em um espaço público onde se realizavam reuniões e assembleias para debater e deliberar assuntos ligados à cidade (*pólis*), tais como justiça, obras públicas e leis. Paulo, sabendo que se tratava de um ambiente aberto ao discurso e "livre para todos", apresentou sem medo o evangelho ao público e passou a debater com os intelectuais gregos. Sua fala foi eloquente e amplamente percebida a ponto de ele ser chamado de "paroleiro" (falador, tagarela), "pregador de deuses estranhos", pois anunciava Jesus e a ressurreição.

Paulo estava consciente do perigo do seu empreendimento, pois, apesar de certa margem de liberdade na exposição das ideias naquele tempo, tinha conhecimento do julgamento severo sobre aqueles que ousassem não reconhecer os deuses do Estado e introduzissem novas divindades. Sócrates, a propósito, um dos mais reconhecidos pensadores gregos da Antiguidade, havia enfrentado tais acusações, sob a alegação de ter tentado corromper a juventude ateniense, o que o levou à morte séculos antes. De todo modo, o audacioso apóstolo, revestido de poder, pretendeu expor acerca da salvação e do Reino de Deus a essa plateia repleta de pensadores e eruditos e conversar com aqueles que se dispusessem a ouvi-lo. A sua intenção foi apresentar Cristo na arena

---

[2] KEENER, 2017, p. 447.

[3] BRUCE, F. F. *Paulo: o apóstolo da graça*. São Paulo: Shedd Publicações, 2003, p. 228.

pública, num ambiente em que as discussões acadêmicas e os argumentos racionais têm lugar.

Assim que começa a pregar, os sábios de Atenas afirmam — em tom de acusação — que Paulo prega "deuses estranhos". Um entendimento amplamente aceito é que os gregos possivelmente estivessem conjecturando que Paulo estaria se referindo a duas deidades: Jesus e *Anastasis* (palavra grega para ressurreição,[4] empregada na época como nome de mulher). Apesar da acusação, o apóstolo havia captado a atenção da sua audiência, que quer saber mais acerca do assunto que ele está anunciando.

Eis o motivo pelo qual Paulo é conduzido ao Areópago,[5] o conselho (ou tribunal) responsável por deliberar sobre questões importantes, como homicídio e outros graves crimes morais, assim como sobre assuntos religiosos, visando ao interesse da ordem pública.[6] Este era o principal tribunal de Atenas, formado, nesse período, por cerca de cem membros da elite ateniense. Pela referência a "Dionísio, o areopagita" (v. 34), sugere-se que se trate de uma sessão pública.[7] Todavia, apesar da gravidade da acusação, Lucas não indica que se refira a um julgamento formal, em busca de condenação, mas de uma análise do discurso de Paulo (suas ideias novas), visto que o conselho tinha também a incumbência de avaliar os potenciais oradores que buscavam acesso às plataformas oficiais.[8]

7.2. O discurso de Paulo perante o Areópago

Se as narrativas de Atos são valiosas como modelo para a igreja da presente época, vale a pena olhar com mais cuidado para a forma pela qual Paulo expôs o argumento cristão em seu discurso perante o Areópago. Tal tarefa será importante, sobretudo, para refletir sobre como a fé pentecostal se posiciona diante de questões intelectuais e públicas. Seria isso possível?

Com sabedoria, Paulo inicia captando a atenção dos atenienses ao usar um ponto de contato com a cultura e a tradição local. Em tom cordial e amistoso, Paulo diz que os considera "um tanto supersticiosos" (v. 22), pois, passando pela cidade e vendo os santuários espalhados, encontrou um altar erigido ao "Deus Desconhecido" (*Agnosto Theo*).

---

4 Stronstad; Arrington, 2015, p. 728.

5 Areópago poderia se referir tanto ao local (colina de Ares ou Marte — em referência a "Ares", o deus da guerra a quem os romanos chamam "Marte") quanto à reunião do conselho. A segunda a opção é a mais aceita. Nessa época, talvez o conselho se reunisse na *Stoa Basileos*, na ágora em que Paulo vinha ministrando (Keener, 2017, p. 448).

6 Harper, A. F. (Coord.). *Comentário bíblico Beacon: João a Atos*. Vol. 7. Rio de Janeiro: CPAD, 2006, p. 341.

7 Stronstad; Arrington, 2015, p. 729.

8 Keener, 2017, p. 449.

A maioria dos estudiosos do Novo Testamento, incluindo Craig Keener, afirmam que Paulo está se referindo a uma antiga tradição ateniense e ao poeta Epimênides. Segundo a história, em 600 a.C. uma peste provocou a morte de milhares de pessoas, e todos os sacrifícios expiatórios dedicados aos deuses gregos eram inúteis. Foi então que recorreram a Epimênides, considerado um sábio e profeta monoteísta, que por sua vez pede que enviem ovelhas ao Areópago, deixando-as livres. Segundo ele, no local onde elas se deitassem deveriam ser sacrificadas. As ovelhas se instalaram onde não havia altares. Dias depois, a praga na cidade cessou e, ao ser indagado sobre o nome da divindade a quem deveriam erigir o altar, Epimênides sugeriu: ao "DEUS DESCONHECIDO". Outra linha de interpretação diz que os altares dedicados aos deuses desconhecidos eram uma forma de os gregos se resguardarem para que nenhuma divindade ficasse ofendida. Era uma espécie de "seguro" para se precaver do julgamento de um deus sobre quem eles nada sabiam e que exigisse atenção.[9]

O irmão Paulo busca estabelecer uma conexão entre a tradição e a sabedoria popular, com o seu deus desconhecido, para começar a pregar sobre o Deus vivo e verdadeiro, o Criador de todas as coisas. Uma vez que os atenienses não aceitam a autoridade das Escrituras que falam sobre o Messias, French Arrington explica que Paulo precisa adaptar a sua mensagem para familiarizar a sua audiência com o Senhor, arrazoando a partir da revelação de Deus na criação até levá-los à compreensão da salvação em Cristo.[10]

Em seu sermão, o apóstolo argumenta que esse Deus que ele apresenta: 1) é o *Criador e "Senhor do céu e da terra"* (v. 24); 2) é *autossuficiente* (v. 25a), pois não precisa ser servido por mãos humanas; 3) é o *Criador e mantenedor do homem* (v. 25b-26), visto que dá vida a todos, a respiração a todas as coisas, e de um só fez a geração de todos os homens; 4) *é o Senhor da história,* pois determina os tempos; 5) *é um Deus que se autorrevela* (v. 27), para que seja encontrado pelo homem; e 6) *é o Supremo Juiz,* pois um dia há de julgar o mundo (v. 31).

Considerando que Paulo se vale da revelação geral para conduzir os atenienses até Cristo, a revelação especial de Deus, Arrington diz que a defesa que Paulo faz da fé cristã contém uma declaração clássica da "teologia natural", que enfatiza a distinção entre a revelação na criação e a providência e revelação especiais nas Escrituras e em Jesus.[11] Isso abre uma ampla possibilidade de discutir a relação da fé pentecostal com o

---

9 Stronstad; Arrington, 2015, p. 729.

10 Stronstad; Arrington, 2015, p. 730.

11 Stronstad; Arrington, 2015, p. 729.

mundo natural. Embora seja caracterizado pela sobrenaturalidade, o pentecostalismo não descarta a possibilidade de se valer da revelação geral para se comunicar na praça pública e usar pontos de contato para apresentar o evangelho na sociedade. Embora rejeite o racionalismo e o naturalismo, o evangelho pleno não despreza o uso de argumentos racionais e compreenssíveis aos descrentes com o propósito de conduzi-los a Cristo.

7.3. Paulo na "universidade" de Tirano

Outro episódio relevante no qual Paulo usa seu conhecimento para expor intelectualmente à sua audiência as verdades da fé cristã é relatado em Atos 19:9, ao ensinar em Éfeso, na escola de Tirano. Sobre essa passagem, Craig Keener assim sintetizou: "Atos 19:9 ilustra que, para Lucas, e supostamente para Paulo, nenhum conflito inerente existia entre um papel acadêmico e a atividade do Espírito por outros meios."

O que era a escola de Tirano na qual Paulo esteve disputando por quase dois anos?

Antes de tudo, convém lembrar que Éfeso representa o auge do ministério público de Paulo,[12] e ele está apto a falar corajosa e persuasivamente sobre Cristo. Depois de disputar em uma sinagoga por três meses, e por rejeitarem a sua pregação, o apóstolo escolhe agora a escola de certo Tirano para prosseguir seu ensino do evangelho. Essa escola (gr. *schole*) era um ambiente normalmente usado para reuniões e conferências.[13] Comum em todas as grandes cidades do Império Romano, tais salões escolares eram usados por estudantes e retóricos para praticarem seus discursos.[14] É possível que Tirano fosse o proprietário ou patrono desse edifício que Paulo passou a utilizar, certamente em um horário ocioso disponível.

Naquele contexto, em razão de experiências anteriores de discursar em ambientes públicos, Paulo era a essa altura um palestrante respeitável em Éfeso. O teólogo historiador Craig Keener sugere que os efésios teriam considerado Paulo um sofista ou filósofo — as duas formas de educação avançada da época. Apesar de estar mais acostumado às sinagogas, considerando o seu treinamento judaico, Paulo havia desenvolvido a capacidade de ir além do ambiente religioso, de forma que podia "apresentar-se em termos compreendidos e aceitos no mundo greco-romano mais amplo, mais precisamente as categorias de filósofo e retórico (17:18-31)".[15]

---

[12] WRIGHT, N. T. *Atos para todos*. Parte 2: Atos 13—28. São Paulo: Thomas Nelson, 2020, p. 159.

[13] EARLE, Ralph. *Comentário bíblico Beacon*. Vol. 7: Atos, 2000, p. 353.

[14] KEENER, Craig. *Entre a história e o Espírito: o testemunho apostólico do livro de Atos*. Rio de Janeiro: CPAD, 2021, p. 281.

[15] KEENER, 2021, p. 282.

Keener diz que tal atuação pública de Paulo teria lhe atribuído uma posição significativa, o que explica suas relações com alguns membros da elite local (19:31). Também observe que, embora Paulo nunca se apresentasse como um filósofo, pelo fato de rejeitar a sabedoria humana (1Coríntios 1:19-25; Colossenses 2:8), ele estava disposto a alcançar a todos pela pregação do evangelho (1Coríntios 9:21). Então, tendo em vista seu amplo conhecimento e habilidade retórica, não havia como desconsiderar "a percepção pública de que ele falava como um sábio moral, provavelmente um tipo de filósofo",[16] ainda que não tivesse sido treinando em uma escola filosófica formal. Portanto, é natural pressupor que a audiência de Paulo o via como um homem sábio que articulava muito bem temas sobre ética, justiça, cosmologia e antropologia, assuntos amplamente discutidos na época.

Desse modo, "Paulo estava usando um fórum acadêmico reconhecido de seus dias tanto para evangelizar quanto para treinar os crentes".[17] Lucas registra o impacto dessa atividade paulina, evidenciando a junção instrutiva e carismática: "[...] de tal maneira que todos os que habitavam na Ásia ouviram a palavra do Senhor Jesus, tanto judeus como gregos. E Deus, pelas mãos de Paulo, fazia maravilhas extraordinárias" (Atos 19:10-11).

Guardadas as devidas proporções e diferenças históricas e culturais gigantescas, é possível afirmar que o apóstolo Paulo expôs e ensinou o evangelho dentro da universidade da sua época, comparável aos centros acadêmicos dos nossos dias. Conquanto não seja possível comparar com Harvard e Oxford, sua atuação como um *educador público* mostra como o Espírito reveste os servos de Cristo para dar testemunho dele até mesmo em ambientes acadêmicos. Essa observação, conclui Keener, "pode representar um modelo valioso para os acadêmicos atuais que valorizam o Espírito e as pessoas do Espírito que valorizam o estudo".[18] Afinal, são coisas que não se opõem.

7.4. Entre o natural e o sobrenatural

Desde o seu início, o movimento pentecostal manifestou estranhamento em relação ao academicismo e cientificismo, levando muitos a entenderem que as palavras "pentecostal" e "academia" (ou "ciência") são mutuamente excludentes. Conforme destacou Allan Anderson, historicamente os líderes pentecostais se preocuparam com

---

[16] Keener, 2021, p. 283.

[17] Keener, 2021, p. 284.

[18] Keener, 2021, p. 287.

um "intelectualismo morto" que às vezes "sufoca a vida cheia do Espírito".[19] Isso decorre também de uma aversão ao modelo universitário de origem europeia que permeia a educação nas sociedades ocidentais, criando uma elite instruída que não raro perde o contato com as pessoas comuns.[20] Além disso, tanto o pessimismo escatológico quanto o receio de perda da identidade da espiritualidade voltada para a experiência, não para o intelecto, foram fatores que contribuíram para o afastamento entre pentecostalismo e academia.

Por essa razão, o teólogo e pastor pentecostal Rick Nañez, no livro *Pentecostal de coração e mente,* tece duras críticas à aversão intelectual historicamente presenciada nas igrejas pentecostais-carismáticas, ao mesmo tempo que faz um convite à intelectualidade bíblica e espiritual, em direção a uma prática eclesiástica fervorosa e também racional (Rm 12:1), uma vida cristã que enfatize a manifestação e a experiência sobrenatural sem desconsiderar a importância da mente.

Falando de dentro do movimento, Nañez diz que, apesar dos avanços na área da educação em tempos recentes, ainda somos uma subcultura significativa que, na maioria das vezes, produziu um exército, uma massa com aspirações sobrenaturais, ao mesmo tempo que permitiu que muitos levassem uma vida intelectual superficial.[21] Ele declara que "continuamos um povo profundamente preocupado com a cura física e desconfiado da cura intelectual".[22] Então, exorta: "Permitam-me dizer isto de modo direto: possuir um coração cheio e ao mesmo tempo uma cabeça vazia ou um espírito ardente e um intelecto fraco serve, na melhor das hipóteses, à mediocridade e, na pior, à desgraça."[23]

Stanley Horton, que foi um dos maiores eruditos da teologia pentecostal,[24] afirmou ter passado por um momento de "censura anti-intelecual" no início de

---

[19] Anderson, 2019, p. 268.

[20] Anderson, 2019, p. 268.

[21] Nañes, Rick. *Pentecostal de coração e mente: um chamado ao dom divino do intelecto.* Trad. Ana Schaffer. São Paulo: Vida, 2007, p. 21.

[22] Nañes, 2007, p. 21.

[23] Nañes, 2007, p. 21.

[24] Stanley Horton faleceu em 12 de julho de 2014, aos 98 anos de idade, em Springfield (Missouri, EUA). Estudioso das Escrituras e escritor destacado, dr. Horton era uma das principais referências da teologia pentecostal da atualidade. De acordo com nota divulgada pela Assembleia de Deus dos Estados Unidos [1], dr. Horton recebeu a sua formação educacional no Los Angeles City College (AA, 1935); Universidade da Califórnia-Berkeley (BS, 1937); Gordon College (agora Gordon-Conwell Theological Seminary) (M.Div, 1944); Universidade Harvard (STM, 1945); e Central Baptist Theological Seminary (Th.D., 1959). Ele foi professor emérito da Bíblia e Teologia do Assemblies of God Theological Seminary (AGTS), onde lecionou no período de 1978-1991. Antes disso, atuou como presidente do Departamento de Bíblia no Colégio Central da Bíblia de 1948 a 1978 e professor no Instituto Bíblico Metropolitano em 1945-1948.

seu ministério. Em seu livro *O avivamento pentecostal*, ele conta que o dr. Burton Goddard, seu professor de hebraico no Seminário Teológico Gordon-Conwell, incentivou-o a ir para Harvard, a fim de fazer o doutorado em Antigo Testamento, ajudando-o até mesmo a conseguir uma excelente bolsa de estudos. Ele diz que, quando contou esse fato ao irmão Smuland, seu superintendente distrital, dizendo que estava agradecido a Deus pela bolsa de estudos, ele retrucou: "A Deus ou ao Diabo?"[25]

Apesar desse histórico, e embora isso ainda seja uma realidade dentro do movimento, a postura anti-intelectual e a aversão ao estudo acadêmico têm perdido cada vez mais espaço, à medida que a teologia pentecostal se expande e surgem novos pensadores capazes de identificar a sua amplitude, conectando o poder do Espírito com as ciências naturais e a academia.

No livro *Pensando em línguas: contribuições pentecostais para a filosofia cristã*, James Smith propõe que a cosmovisão pentecostal é capaz de sentar-se à mesa do diálogo entre ciência e fé. Embora a espiritualidade pentecostal seja definida pelo milagroso, pelo imprevisível e "surpresas ontológicas" — que o naturalismo insiste em negar —, Smith propõe que os pentecostais devem reagir contra as premissas dominantes com relação ao naturalismo, propondo um "engajamento científico distintamente pentecostal", que parte de uma experiência com a transcendência e a renovação do Espírito.

Smith inicia recordando que esse engajamento científico é um desafio para todas as tradições cristãs, as quais são confrontadas pela ortodoxia da prática científica naturalista contemporânea. Todavia, essa questão se intensifica contra o pentecostalismo, "justamente porque não se atribui o milagre e o sobrenatural para o passado, mas também se espera (e esse testifica) por eles no culto e na experiência atual".[26] Segundo Smith, isso parece gerar o seguinte impasse: ou os pentecostais desistem de suas declarações confirmando fenômenos milagrosos, ou permanecem de fora da ciência e do diálogo com a ciência.

O teólogo canadense observa que existem ao menos duas perspectivas naturalistas dentro das discussões da ciência: o *naturalismo reducionista* e o *naturalismo não reducionista*. O primeiro tipo defende que todos os fenômenos podem ser explicados recorrendo às leis e aos processos físicos; pode também ser chamado de "fisicalismo", de "naturalismo metafísico" ou "naturalismo filosófico", consistindo numa crença que rejeita a existência de seres sobrenaturais e busca banir do mundo "os espíritos, toda

---

[25] HORTON, Stanley. *O avivamento pentecostal*. 4. ed. Rio de Janeiro: CPAD, 2001, p. 32-33.

[26] SMITH, James. *Pensando em línguas: contribuições pentecostais para a filosofia cristã*. Rio de Janeiro: Thomas Nelson Brasil, 2020, p. 142.

a magia e todo o mistério: qualquer coisa que não seja material ou que fuja às leis da matéria".[27] Enquanto isso, o naturalismo não reducionista, embora critique o fisicalismo reducionista, também se opõe ao sobrenaturalismo, mais especialmente aquilo que Smith chama de sobrenaturalismo "intervencionista". Para Smith, essa rejeição é o que une os dois tipos de naturalismo, daí porque a sua "essência é menos definida como uma concepção articulada de 'natureza' e mais frequentemente como uma oposição ao sobrenaturalismo".[28]

Diante disso, Smith propõe questionar, em primeiro lugar, o que exatamente está sendo rejeitado quando se nega o sobrenatural e o espiritual. Pois, se há uma variedade de naturalismos, deve existir uma diversidade de sobrenaturalismos. Portanto, precisamos definir qual é o tipo de sobrenaturalismo que está sendo rejeitado pelo naturalismo e indagar qual a razão de tal rejeição.

Ao responder à primeira questão, James Smith diz que o modelo de sobrenaturalismo que está sendo rejeitado é do tipo "intervencionista". Tal modelo funciona dentro de uma ontologia na qual "o mundo opera na maior parte do tempo segundo uma ordem causal 'normal' — mas essa ordem não está fechada, logo o sistema aberto a interrupções ou intervenções de fora do sistema, efetuadas por um Deus transcendente".[29] Uma vez que tais intervenções interrompem a ordem causal e "normal", não podem ser elucidadas nem previstas, o que explica em grande parte a rejeição dos naturalistas aos fenômenos sobrenaturais que operam fora dessa normalidade esperada, pois a ciência natural é governada pelo valor da regularidade da causa e do efeito. Assim, toda teologia que quiser ser ouvida e ser considerada viável, dentro desse paradigma, precisará adotar o naturalismo. Em razão disso, ele assevera:

> É esse interesse principal de fazer concessões ao naturalismo da ciência que motiva a subserviência crescente ao naturalismo da parte de teólogos envolvidos no diálogo entre ciência e teologia. Eu descreveria isso como um projeto "correlacionista": um projeto teológico que cede a "verdade" de uma esfera particular para uma ciência "secular" e supostamente neutra e racional, e depois busca "correlacionar" as declarações teológicas para aderir a padrões estabelecidos pelo secular (Bultmann é o exemplo claro disso). Nesse caso em particular, a "ciência" passa a ser a autoridade maior e é a primeira a estipular o que poderia ser teoricamente aceitável. A teologia procura por lugares que continuem

---

[27] SMITH, 2020, p. 144.

[28] SMITH, 2020, p. 146.

[29] SMITH, 2020, p. 147.

> "abertos" à intervenção divina. Depois de a ciência ter feito sua primeira e proeminente reivindicação de território, a teologia pode então procurar pelos últimos limites da esfera onde possa se estabelecer.[30]

Diante desse quadro, caso o discurso teológico não se enquadre nos padrões do naturalismo, o acesso à "sala de diálogo" será negado pela "ciência", que se coloca como vigia e leão de chácara desse ambiente. Por isso, na maior parte das vezes, os teólogos farão concessões ao naturalismo, porque, segundo Smith, é o preço do ingresso para a respeitabilidade científica.

Ocorre que, para Smith, esse tipo de sobrenaturalismo intervencionista rejeitado pela ciência não corresponde àquele encontrado na espiritualidade e prática pentecostais. Para isso, ele propõe outro tipo de sobrenaturalismo não intervencionista, que ele denomina também de "naturalismo encantado" ou "espiritualizado". Isso significa que, em vez de considerar os milagres, por exemplo, como intervenções extraordinárias de Deus em um sistema fechado, eles são na verdade a manifestação divina em uma natureza robusta e impregnada da graça. Smith sugere que, embora os pentecostais, em sua grande maioria, usem uma linguagem alinhada ao sobrenaturalismo intervencionista, na prática a experiência pentecostal aponta para um entendimento da ação do Espírito como *algo essencialmente natural*, no sentido de que não se trata de uma exceção ou interrupção na ordem normal do mundo, mas do agir normal de Deus em seu próprio mundo. Afinal, "uma das características do mundo estranho e fantástico da espiritualidade pentecostal é o senso de que o milagre é normal, que a novidade do Espírito é normal".[31]

7.5. Falando com a sociedade

A prática adotada por Paulo em Atenas revela a possibilidade da fé pentecostal se comunicar na esfera pública de maneira inteligível, sem descartar seus pressupostos espirituais. O mesmo Espírito que reveste Paulo de poder é o que lhe dá sabedoria para se expressar com habilidade e usar pontos de contato com a cultura, com o objetivo final de testemunhar do amor de Deus ao ser humano.

Nesse aspecto, concordo com Amos Yong quando afirma que o poder de testemunhar ocorre também "na investigação acadêmica das ciências naturais e sociais",[32]

---

[30] Smith, 2020, p. 148.

[31] Smith, 2020, p. 154.

[32] Yong, 2022, p. 393.

uma vez que os pentecostais são cidadãos do mundo. A proposta de Yong é o desenvolvimento de uma *teologia pneumatológica da criação*, demonstrando a atuação do Espírito de Deus nas ordens da criação. O desafio para a teologia cristã, diz ele, "é traduzir essas convicções em discurso público acessível àqueles sem a comunidade de fé e fornecer alguns meios para esclarecer a validade dessas interconexões além de apenas dizer: 'A Bíblia diz isso'".[33]

Considerando o propósito geral desta obra, não pretendo propor uma metodologia pentecostal que viabilize a interface da experiência pentecostal com a esfera pública, considerando as suposições científicas sobre a natureza fechada do universo. Gostaria tão somente de mencionar que isso é possível, a par da narrativa bíblica, e que tem sido feito em diversas áreas.[34] O desafio dessa empreitada, como bem mencionou César Moisés, é construir uma teologia pública sem secularizar o evangelho. "Se ela fechar-se em si, poderá tornar-se sectária, obsoleta e incomunicável às pessoas que dela precisem." Por outro lado, prossegue César Moisés, "abrir-se em demasia levará a comunidade de fé ao perigo de descaracterizar-se diante das absorções indiscriminadas de modelos que não servem para a sua vivência".[35]

7.6. O testemunho carismático perante o governo humano

Além de todos os ambientes sociais mencionados nesta seção, os cristãos primitivos também testemunharam perante o poder público da época. Obviamente considerando as abissais diferenças que separam aquele contexto político do atual, com os cristãos sendo uma minoria perseguida, a presença perante as autoridades se deu basicamente em condições de acusação e julgamento, razão pela qual é difícil fazer comparações com os dias atuais. Ainda assim, as narrativas de Lucas oferecem importantes elementos sobre a participação pentecostal nessa esfera.

Em primeiro lugar, *o poder para testemunhar envolvia os palácios e tribunais públicos.* Além de se submeterem ao poder religioso-político judaico, dominado pelo Sinédrio, a igreja também vivia sob o domínio político-civil do Império Romano. Por essa razão, o livro de Atos registra os desafios enfrentados pelos cristãos primitivos, sendo acusados e levados a julgamento por causa da pregação do evangelho.

---

[33] YONG, 2022, p. 415.

[34] Cf. WARIBOKO, Nimi. *The Pentecostal Principle: Ethical Methodology in New Spirit*. Grand Rapids: Eerdmans, 2011.

[35] CARVALHO, César Moisés. *Pentecostalismo e pós-modernidade: quando a experiência sobrepõe-se à teologia*. Rio de Janeiro: CPAD, 2019, p. 301.

Logo após a cura de um coxo na porta do templo (Atos 3), Pedro e João pregaram, e cerca de 5 mil pessoas creram (Atos 4:4). Não demorou muito para que o Sinédrio os levasse a julgamento. Contudo, vendo que Pedro defendia a salvação em Cristo com coragem e ousadia, mesmo sendo um homem sem instrução formal, e pelo fato de terem um milagre notório à vista de todos, os sacerdotes tentaram impedi-los de continuar a pregar o evangelho. Em resposta, os discípulos disseram: "Julgai vós se é justo, diante de Deus, ouvir-vos antes a vós do que a Deus; porque não podemos deixar de falar do que temos visto e ouvido" (Atos 4:19-20).

Após serem soltos, os discípulos contam o ocorrido aos demais e juntos levantam um clamor a Deus, a maior oração do livro de Atos (4:24-30). A igreja se encontra em uma situação difícil e hostil perante o mundo e os poderes humanos. Contudo, "os crentes não estão em perigo de perder poder político ou privilégios, mas algo mais precioso — a liberdade, até a vida".[36] Entretanto, em vez de orar por libertação do perigo, eles pedem coragem para pregar. Nessa oração, além de destacarem a soberania de Deus sobre todas as coisas, eles pedem que o Senhor olhe para as ameaças que estão sofrendo, não com o objetivo de acabar com elas, mas para que conceda a eles ousadia, "enquanto estendes a tua mão para curar, e para que se façam sinais e prodígios pelo nome de teu santo Filho Jesus" (v. 30). Lucas registra que, tendo eles orado, moveu-se o lugar em que estavam reunidos; e todos foram cheios do Espírito Santo, e anunciavam com ousadia a palavra de Deus (v. 31).

Nesta e em outras passagens fica claro que os discípulos tinham a convicção de que eles foram revestidos de poder e receberam autoridade também para testemunhar nos palácios e tribunais públicos. Contudo, tal testemunho não tinha a ver com a busca de espaço, maioria ou privilégios, mas com o direito de poderem continuar a pregar a Cristo. Afinal, nem os líderes religiosos nem as autoridades humanas podem suprimir o evangelho.

Em segundo lugar, *o testemunho público envolve o reconhecimento da legitimidade do governo humano.*

No relacionamento com as autoridades romanas, os cristãos sempre reconheceram a legitimidade concedida por Deus. Na sua defesa perante Festo (Atos 25), Paulo afirmou não ter pecado contra a lei dos judeus, nem contra o templo, nem contra César. Paulo expressa isso em sua carta aos Romanos, ao declarar que "Toda alma esteja sujeita às autoridades superiores; porque não há autoridade que não venha de Deus;

---

[36] ARRINGTON, French L.; STRONSTAD, Roger. *Comentário bíblico pentecostal: Novo Testamento*. Vol. 1. Rio de Janeiro, CPAD, p. 648.

e as autoridades que há foram ordenadas por Deus" (13:1). Paulo, um apóstolo cheio do Espírito, nos oferece o fundamento sobre o qual podemos compreender adequadamente o sentido do poder na política, especialmente em relação à sua origem. Ele deixa evidente que, seja qual for o mecanismo social de escolha das autoridades terrenas, Deus é a fonte do poder de onde os governantes retiram a sua legitimidade para governar.

Considerando o contexto em que a carta foi escrita, sob a égide do domínio romano, a declaração de Paulo possui um conteúdo subversivo. Paulo está enfrentando o poder imperial de sua época ao afirmar que a autoridade suprema não é o imperador, mas Deus. Com isso, entendemos que o estado ou qualquer outra instituição pública está abaixo do Criador. Quando a vontade do poder público e do povo entram em conflito com a vontade divina (Efésios 6:7), não há outra opção senão obedecer a Deus (Atos 5:29).

Em terceiro lugar, *o testemunho público requer a defesa dos direitos individuais.*

Paulo sempre fazia questão de ressaltar sua cidadania romana, a fim de garantir o exercício de seus direitos, como o de defesa (Atos 22:25-29). Como princípio bíblico, isso mostra que o cristão, ao se relacionar com o Estado e suas leis, pode se valer das garantias legais e direitos fundamentais para exercer com liberdade seus valores e pregar o evangelho.

Tais elementos evidenciam, com base na análise de Atos dos Apóstolos, que uma comunidade cheia do Espírito Santo respeita e reconhece a autoridade do governo humano. Contudo, quando tal governo persegue e hostiliza os cristãos por causa de seu amor a Cristo, obstando a pregação do evangelho, eles buscam ousadia em Deus para confrontar esse tipo de perseguição, reivindicando inclusive seus direitos legais. A leitura de Atos também nos mostra que não havia da parte dos primeiros cristãos nenhum interesse no predomínio político ou na formação de uma teocracia apostólica. Eles operavam dentro das estruturas sociais existentes, interagindo com o governo de forma respeitosa, mas também firme na defesa da sua fé e no cumprimento da missão divina.

Em quarto lugar, *o modelo deliberativo dos discípulos fornece um exemplo de convivência democrática.* Se as práticas internas adotadas pela comunidade cristã treinam o coração dos crentes e ajudam a formar uma mente que se expressa no ambiente público, vale olhar com atenção para a primeira e mais importante deliberação coletiva da igreja primitiva: o Concílio de Jerusalém.

Descrito no capítulo 15 do livro de Atos, é um dos eventos mais significativos na história inicial da Igreja Cristã. O concílio foi convocado para resolver uma questão crucial que surgia com a expansão do cristianismo entre os gentios (não judeus). A principal questão em debate era se os gentios convertidos ao cristianismo deveriam observar a lei judaica, especificamente a circuncisão e outras práticas mosaicas. O concílio começou com uma discussão intensa. Os judaizantes apresentaram seus argumentos, insistindo na necessidade de circuncisão e observância da Lei de Moisés. Paulo e Barnabé relataram os sinais e maravilhas que Deus havia realizado entre os gentios, argumentando que a fé em Cristo era suficiente para a salvação. Pedro também falou, relembrando sua experiência com Cornélio (Atos 10), na qual Deus mostrou que não fazia distinção entre judeus e gentios, purificando seus corações pela fé e dando-lhes o Espírito Santo (15:7-11). Após ouvir os testemunhos, Tiago, sabiamente, propôs uma solução de compromisso, sugerindo que não se exigisse que os gentios se submetessem à circuncisão, mas que se abstivessem de práticas particularmente ofensivas aos judeus (15:19-21).

A proposta de Tiago foi aceita por todos, e uma carta foi enviada às igrejas gentílicas comunicando a decisão. É interessante ressaltar a forma como Lucas registra o episódio; primeiro a decisão colegiada de enviar Judas e Silas, juntamente com Paulo e Barnabé: "Então pareceu bem aos apóstolos e aos anciãos [...]" (15:22); e, depois, o conteúdo da deliberação constante da carta: "Na verdade pareceu bem ao Espírito Santo e a nós, não vos impor mais encargo algum, senão estas coisas necessárias" (15:28).

De maneira perspicaz, Jack Levison observou que o que antes fora descrito como uma decisão razoável, na carta é atribuído ao Espírito Santo; e o que anteriormente havia sido descrito como uma decisão individual de Tiago, é retratado no documento como um acontecimento comunitário ("ao Espírito Santo e a nós..."). Em suas palavras: "Tiago não atribui a decisão ao espírito santo[37], como se tivesse vindo por revelação, como um raio. Ele também não afirma haver decidido por conta própria"[38]. Para Levison, a forma retórica empregada na carta resume a cooperação entre o Espírito de Deus e o trabalho árduo e corajoso da resolução de conflitos dos homens. Ele lembra que Tiago, que teve um papel decisivo no episódio, era conciliador, mas não ingênuo. Em um contexto de disputa acirrada e ânimos exaltados, foi preciso uma ação sinérgica de inspiração divina e vontade sensata humana para chegar a um acordo comunitário, depois de levarem as experiências uns dos outros a sério e ouvirem os diversos argumentos[39].

O modelo de deliberação colegiada empregado no Concílio de Jerusalém foi crucial para manter a unidade entre os cristãos judeus e gentios, evitando uma divisão significativa na igreja primitiva. Além disso, ressaltou a liberdade cristã ao enfatizar que a salvação é obtida pela graça mediante a fé em Jesus Cristo, e não pela observância

---

[37] Em seu livro, Levison usa "espírito santo" iniciado por letras minúsculas.

[38] LEVISON, 2022, p. 145.

[39] LEVISON, 2022, p. 145.

da lei mosaica. Essa abordagem de resolver questões complexas — ouvindo opiniões divergentes e sendo sensível aos aspectos culturais inerentes — fornece um parâmetro valioso de diálogo democrático, abertura para a escuta e, na medida do possível, busca por consensos razoáveis.

A inspiração divina não eliminou a capacidade dos participantes de mediarem um consenso, demonstrando que é possível equilibrar orientação espiritual com deliberação humana. Esse modelo permanece relevante hoje ao sugerir que os cristãos podem aplicar a mesma combinação de inspiração divina e cordialidade na discussão de questões políticas. O engajamento inspirado, mas respeitoso, pode levar a soluções que respeitem a fé e as necessidades coletivas.

Parte III

A mente carismática

Capítulo 8

Em direção a um imaginário pentecostal

Até aqui, temos percorrido os relatos do Novo Testamento e observado que a espiritualidade cristã envolve tanto a dimensão interna do cenáculo quanto o ambiente fora dele; envolve tanto a experiência particular quanto o testemunho na esfera pública. Uma vez que o testemunho pentecostal na sociedade e a sua influência cultural guardam pertinência com os elementos caracterizadores de sua devoção privada, resta saber se a fé pentecostal é capaz de articular uma cosmovisão abrangente, uma visão de mundo que considere tanto os aspectos privados quanto públicos. Esse é o desafio desta seção!

O que é uma cosmovisão?

O conceito mais básico de cosmovisão nos remete à palavra alemã *Weltanschauung*, empregada originariamente pelo filósofo prussiano Immanuel Kant em sua obra *Crítica da faculdade do juízo*, de 1790, termo que foi traduzido para o inglês e português como "intuição do mundo",[1] "visão de mundo", "modo de olhar o mundo" e "mundividência". Embora na sua acepção original, atribuída por Kant, cosmovisão significasse simplesmente *a percepção do mundo pelos sentidos*, posteriormente o

---

[1] Couto, Vinícius (Org.). *Cosmovisão cristã: reflexões éticas contemporâneas a partir da teologia armínio-wesleyana.* São Paulo: Reflexão, 2019, p. 40.

conceito evoluiu rapidamente para se referir, segundo David Naugle, "a uma concepção intelectual do Universo na perspectiva de um conhecedor humano".[2]

Dentro da tradição e história do protestantismo, pensadores como James Orr, Abraham Kuyper, Herman Dooyeweerd, Francis Schaeffer, Charles Colson e Nancy Pearcey se apropriaram do conceito e o aplicaram ao pensamento cristão, na tentativa de fornecer "uma explicação abrangente da realidade que esteja enraizada na Palavra de Deus".[3] Como explica David Naugle, a aplicação da cosmovisão aos círculos cristãos floresceu ao longo do século 20 em um contexto em que o cristianismo foi esquecido; e as perspectivas teístas, empurradas para fora da vida pública, reduzindo a essência da fé a uma questão de piedade pessoal. Esse conceito ofereceu à igreja uma nova perspectiva sobre a natureza holística, as dimensões cósmicas e as aplicações universais da fé, com destaque para o seu poder explicativo e coerência intelectual, com capacidade para o engajamento cultural cristão e demonstração de seu vigor acadêmico.

Esse empreendimento proporcionou, por um lado, um amplo retorno da fé cristã para o espaço público, com o fornecimento de reflexões teóricas sobre a relevância do cristianismo para além da espiritualidade pessoal, englobando política, economia, direito, justiça pública e outros tópicos relacionados. Por outro lado, ao apropriar-se do *Weltanschauung*, o evangelicalismo acabou seguindo o mesmo curso da concepção secular, ao enfatizar em demasia a concepção intelectual da visão de mundo, por meio da qual o cristianismo poderia ser compreendido como um sistema de crenças ou doutrinas devidamente articuladas.

Esse segundo aspecto levou David Naugle a questionar se o conceito de cosmovisão em sua vertente protestante não seria uma adaptação (ou recapitulação) evangélica às tendências culturais modernas parcialmente responsáveis pela ampla aceitação do conceito, ou se seria algo mais profundo, enraizado na natureza humana. Naugle, portanto, está consciente dos perigos que rondam a aplicação do termo e suas implicações modernas, citando, inclusive, a advertência de William Rowe: "Temos sido lembrados, ou advertidos, de que o conceito de cosmovisão não é um nativo, mas um imigrante no território intelectual cristão. E, assim como todo imigrante, ele cruzou as nossas fronteiras de bagagem em mãos."[4]

Ainda que reconheça que os cristãos não devem negligenciar o desenvolvimento histórico do termo e as significações que adquiriu no debate moderno e pós-moderno,

---

[2] Naugle, David K. *Cosmovisão: a história de um conceito*. Brasília: Monergismo, 2017, p. 96.

[3] Naugle, 2017, p. 29.

[4] Naugle, 2017, p. 329.

assim como as suas conotações relativistas e privatizadas, David Naugle defende que o termo "cosmovisão" pode ser "regenerado e batizado em águas bíblicas, purificado das toxinas modernas e pós-modernas e tornado útil para o serviço cristão".[5] Tal tarefa, segundo o autor, pode ser comparada à antiga estratégia formulada por Santo Agostinho na sua famosa analogia do "ouro egípcio". Uma vez que toda verdade é a verdade de Deus, os cristãos poderiam se apropriar das noções pagãs e empregá-las adequadamente à igreja.

Naugle não deixa de destacar, contudo, os perigos que rondam essa apropriação, tanto nos aspectos filosóficos e teológicos quanto espirituais, razão pela qual adverte:

> Os cristãos que têm se encantado pelo etos do Iluminismo e que empregam os conceitos de cosmovisão devem frequentemente estar cientes da possível conotação persistente de objetivismo alienante do conceito, bem como da sua amplamente reconhecida, e muitas vezes criticada, ênfase panóptica. Indubitavelmente, o objetivo da alta modernidade é contrário à concepção cristã histórica do Universo, em que os seres humanos como criaturas de Deus, vivendo na sua criação, concebem o Universo em tons sacramentais e mantêm uma conexão mais unificada, mais sagrada, com a natureza das coisas.[6]

David Naugle não está sozinho nessa crítica. Diversos autores identificam problemas no uso do termo, e dentre as objeções está a concepção intelectualista que o acompanha, enfocando as dimensões cognitivas[7] das culturas, em desprezo às dimensões morais e afetivas e como esses elementos interagem. Essa abordagem, segundo outros pensadores, intelectualiza o evangelho e o reduz a um sistema de pensamento.[8]

Sobre o perigo espiritual, David Naugle sustenta que a defesa apaixonada do conceito, em seus próprios termos, pode conduzir à ênfase invertida, trocando-se os fins pelos meios. Em suas palavras,

> Assim como é totalmente possível que filósofos da religião e evangelistas se tornem mais entusiasmados com suas provas e pregações do que com Deus ou Jesus;

---

5 Naugle, 2017, p. 331.

6 Naugle, 2017, p. 419.

7 Paul G. Hiebert aponta três problemas: 1) o seu foco nas dimensões cognitivas das culturas, desprezando em certa medida as dimensões morais e afetivas e como esses elementos interagem; 2) a supervalorização da visão, ou do ponto de vista, em relação à audição e ao som, desconsiderando que o som é a experiência sensorial dominante; e 3) a aplicação do termo tanto a indivíduos quanto a comunidades, não distinguindo que, como indivíduos têm os próprios "labirintos mentais", a cosmovisão dominante nas culturas é moldada principalmente pelo poder e pelas dinâmicas sociais (Hiebert, Paul G. *Transformando cosmovisões: uma análise antropológica de como as pessoas mudam*. São Paulo: Vida Nova, 2016, p. 19).

8 Goheen, Michael W.; Bartholomew, Craig G. *Introdução à cosmovisão cristã: vivendo na intersecção entre a visão bíblica e a contemporânea*. São Paulo: Vida Nova, 2016, p. 48.

> e assim como há também o potencial de bibliófilos e pessoas envolvidas com assistencialismo se tornarem ardentes com suas coleções e causas do que com a sua leitura ou com os pobres, também é possível, sugiro, que defensores da cosmovisão cristã cultivem um entusiasmo imoderado pelos seus sistemas bíblicos com potencial cultural e apologético e se esqueçam do Deus que está atrás deles. É um grave erro confundir ou substituir um relacionamento adequado com o Deus trinitário com a elaboração e promulgação de uma *Weltanschauung* cristã. Agora, espera-se que os dois sejam frutiferamente combinados de modo que um relacionamento com Deus promova a cosmovisão apropriada e vice-versa. Mas ainda é relativamente fácil absolutizar o processo de formação da cosmovisão como um meio de ministério cristão e transformá-lo num ídolo intelectual ou espiritual, como um fim em si mesmo.[9]

Para evitar esse problema, Naugle intui que, antes de ser um conceito teórico e abstrato, a cosmovisão deve partir da doutrina bíblica do coração, e assim, em vez de apenas uma referência abstrata sobre a realidade, a *Weltanschauung* cristã pressupõe a concepção hebraica do coração, como o centro da consciência humana, e de onde procedem as fontes da vida.

Mas o que forma o sentido existencial do coração?

Segundo Naugle, embora a herança genética, a personalidade básica e os *insights* inatos sejam componentes críticos da sua composição, o coração é profundamente influenciado pelas múltiplas experiências humanas, incluindo tradições religiosas, filosóficas e culturais; condições socioeconômicas; várias instituições como o casamento, a família e a educação; amizades e relações humanas; escolha vocacional e experiência profissional; saúde psicológica e física; experiências sexuais; guerras, e assim por diante. Envolve, portanto, uma relação interativa ou recíproca com o mundo externo, moldando a postura religiosa e afeições básicas, muito além da mera razão. Daí ele citar Blaise Pascal: "O coração tem razões que a própria razão desconhece."[10]

Isso mostra que pelo menos teoricamente os estudiosos de tradição reformada, onde o conceito se popularizou, reconhecem o caráter afetivo e até mesmo a experiência na formação da *Weltanschauung* do indivíduo. James Sire, inclusive, especialista nessa temática, reviu sua definição original sob a influência de David Naugle. Em seu livro *Dando nome ao elefante*, Sire apresenta uma definição mais refinada, e na quarta edição de *O universo ao lado* explica a mudança do foco da cosmovisão como "um

[9] Naugle, 2017, p. 425.

[10] Naugle, 2017, p. 348.

conjunto de pressuposições" para um "compromisso, uma orientação fundamental do coração", com ênfase nas "raízes pré-teóricas do intelecto".[11] Desse modo, a definição refinada de cosmovisão de Sire passou a ser:

> [...] cosmovisão é um comprometimento, uma orientação fundamental do coração, que pode ser expressa como uma história ou um conjunto de pressuposições (hipóteses que podem ser total ou parcialmente verdadeiras ou totalmente falsas), que detemos (consciente ou subconscientemente, consistente ou inconsistentemente) sobre a constituição básica da realidade e que fornece o alicerce sobre o qual vivemos, nos movemos e existimos.[12]

Nessa nova versão de Sire, então, a cosmovisão envolve a mente, porém é acima de tudo um compromisso, uma questão de alma. Não é um conteúdo proposicional,[13] mas uma orientação espiritual. De acordo com Sire, cosmovisões são, na verdade, uma questão do coração. O conceito bíblico de coração inclui: sabedoria (Provérbios 2:10), emoção (Êxodo 4:14; João 14:1), desejo e vontade (1Crônicas 29:18), espiritualidade (Atos 8:21) e intelecto (Romanos 1:21).

Não obstante, grande parte dos teólogos e pensadores cristãos insiste numa abordagem cerebral e abstrata da cosmovisão, como um conjunto de suposições e crenças — no seu sentido formal — que utilizamos para interpretar e formar opiniões acerca da nossa humanidade, propósito de vida, deveres no mundo, responsabilidades para com a família, interpretação da verdade e questões sociais.[14] A falta de humanidade e afetividade no conceito adquire maior relevância quando a cosmovisão é comparada aos óculos, a uma lente através da qual o mundo é visto e interpretado. O erro básico dessa ilustração é que a *Weltanschauung* estaria fora do indivíduo, como elemento externo, contrariando a ideia de compromisso fundamental do coração.

J. P. Moreland, em O *triângulo do Reino*, capta o problema nessa comparação ao dizer que os óculos se interpõem entre a pessoa e o mundo externo de tal maneira que o acesso à realidade passa a ser mediado pelos óculos, não tendo a pessoa acesso direto à realidade em si. Segundo Moreland, "é errado colocar coisas entre o conhecer e experimentar matérias e o mundo real, coisas como o contexto cultural e histórico da pessoa,

---

[11] Sire, James. *O universo ao lado: um catálogo básico sobre cosmovisão*. 4. ed. Trad. Fernando Cristófalo. São Paulo: Hagnos, 2009, p. 8.

[12] Sire, James. *Dando nome ao elefante: cosmovisão como um conceito*. Trad. Paulo Zacharias e Marcelo Herberts. Brasília, DF: Monergismo, 2012, p. 179.

[13] Goheen; Bartholomew, 2016, p. 45.

[14] Pearcey, Nancy. *Verdade absoluta: libertando o cristianismo do seu cativeiro cultural.* Rio de Janeiro: CPAD, 2006, p. 25.

sua tradição ou sua cosmovisão".[15] Afinal, nesse modelo de intermediação a pessoa jamais seria capaz de corrigir as próprias crenças comparando-as com as coisas em si.

8.2. É possível uma cosmovisão pentecostal?

Como temos visto até aqui, o conceito de cosmovisão contém algumas nuanças que devem ser consideradas para sua aplicação dentro da teologia cristã. Isso nos leva a refletir com cautela se ela se encaixa na fé pentecostal, a fim de explicar a vida de um modo em geral com base em seus próprios pressupostos. Afinal, é possível uma cosmovisão pentecostal?

De início, convém dizer que não é possível idealizar uma cosmovisão pentecostal nos termos do neocalvinismo. Avaliarei esse aspecto no capítulo 11 (11.3).

Além disso, a concepção cognitivista e racionalista, que reduz a cosmovisão cristã a um conjunto de dogmas ou a um sistema de pensamento, parece não se amoldar aos pressupostos do pentecostalismo. Recordo, aliás, que essa acepção cerebral e racionalista da *Weltanschauung* foi aquela que ganhou relevância durante a modernidade e que passou a ser aceito e aplicado inicialmente dentro dos círculos protestantes. O perigo, segundo Michael Goheen e Craig Bartholomew, é que a oposição ao modernismo sobre as regras dele, nas quais a racionalidade era tudo o que importava, reduzia (e reduz) a fé cristã a um mero sistema intelectual.[16] Ou seja, o cristianismo estaria tentando combater o racionalismo com as armas do próprio racionalismo.

Outra deficiência nessa abordagem é a confusão geralmente feita entre cosmovisão e ideologia. Na definição proposta por Michael D. Palmer, cosmovisão é "um conjunto de crenças e práticas que moldam a abordagem da pessoa aos assuntos mais importantes da vida",[17] por meio das quais os seres humanos elegem suas prioridades e são influenciados. Palmer propõe que uma cosmovisão bem desenvolvida contém pelo menos seis elementos essenciais: ideologia, narrativa, normas, ritual, experiência e elemento social.

Conforme Palmer, o elemento ideológico consiste em crenças centrais, expressa de uma maneira formal e precisa, como nas proposições filosóficas, declarações de credo, fórmulas autorizadas ou doutrinas.[18] A primeira função desse componente ideológico é dar ordem e coerência às várias experiências do indivíduo; a segunda é

---

15 Moreland, 2011, p. 43-44.

16 Goheen, 2016, p. 48.

17 Palmer, Michael D. *Panorama do pensamento cristão*. Rio de Janeiro: CPAD, 2018, p. 23.

18 Palmer, 2018, p. 26.

fornecer base para avaliar os valores, os *insights* e as declarações de conhecimento dos outros; e a terceira, definir a comunidade. Michael D. Palmer chega a afirmar que esse elemento ideológico é expresso de modo sistemático, significando que algum esforço é feito para assegurar que as declarações-chave sejam consistentes entre si.[19]

De fato, como dito, na definição de Palmer a ideologia não é o único elemento formador da cosmovisão, mas o principal. Contudo, uma vez que a ideologia se expressa por meio de declarações de credo, fórmulas autorizadas ou doutrinas, é preciso indagar como se dá o relacionamento entre o elemento ideológico de dada cosmovisão com os demais componentes: narrativa, normas, ritual, experiência e elemento social. A partir do instante em que a *Weltanschauung* é definida — tão somente — em termos de crenças formais, parece não existir mais espaço para os demais elementos, na medida em que estes seriam simples substratos para embasar as fórmulas autorizadas, quando aceitos.

8.3. Delineando uma cosmovisão pentecostal

Se essa concepção cognitivista de cosmovisão não se amolda aos pressupostos do pentecostalismo, qual acepção se amoldaria, uma vez que diversos autores pentecostais têm sustentado a existência de uma "cosmovisão pentecostal"?

Uma pista para a resposta a essa pergunta é apresentada por J. P. Moreland, que sugere que a cosmovisão funcione como um "conjunto de hábitos, formando crenças em segundo plano que direcionam o fato de percebermos ou deixarmos de perceber diversas características da realidade".[20] Dependendo dos fatores, diz Moreland, esse funcionamento da cosmovisão pode gerar experiências e crenças exatas ou inexatas. Nessa acepção, os hábitos e as experiências são centrais na formação de uma cosmovisão.

Essa linha de raciocínio é igualmente expressa por James K. A. Smith. Em seu livro *Desejando o Reino*, Smith destaca que, embora o discurso sobre a visão de mundo (que ele afirma não abandonar totalmente) critique os modelos racionalistas da pessoa humana que nos reduzem a máquinas pensantes, ainda assim tende a mostrar a pessoa humana numa perspectiva "cerebral" e cognitivista, centralizando os embates entre as cosmovisões no reino das ideias.[21] Smith enfatiza que essa abordagem tem limites, principalmente quando se olha para as instituições culturais e a forma com que as pessoas são afetadas.

---

[19] Palmer, 2018, p. 37.

[20] Moreland, 2011, p. 44.

[21] Smith, James. *Desejando o Reino: culto, cosmovisão e formação cultural.* São Paulo: Vida Nova, 2018, p. 24.

Ao citar o *shopping center* como exemplo, Smith lembra que esse local é muito mais que um aglomerado de lojas e restaurantes, mas um lugar cuja arquitetura e *marketing* são projetados para captar os sentimentos e desejos mais profundos do ser humano, cujas imagens, símbolos e cores evocam o imaginário de uma vida boa e de beleza. Mais que um ambiente de comércio, o *shopping* funciona como um templo, para onde acorrem milhares de peregrinos atraídos por uma espécie de evangelização vibrante, encarnada e visual, que oferece imagens de pessoas redimidas e nos convida a nos colocar em seus lugares.

Na percepção de Smith, ao que tudo indica, no ambiente do *shopping* o que está em jogo não são as ideias e crenças. Na verdade, "o espírito da religião do *shopping* é que, de fato, ele opera com uma antropologia (ou teoria da pessoa humana) mais holística, afetiva e encarnada do que a igreja tende a supor!". O que parece ser central são os desejos que tomam conta do ser humano, e por esse motivo a pedagogia do *shopping* não se introduz primeiro na cabeça, mas no coração, nas entranhas do indivíduo. Daí ele sustentar que "somos um tipo de animal cuja orientação em relação ao mundo é plasmada do corpo para a cabeça, e não da cabeça para o corpo".[22]

> As liturgias direcionam nosso amor para diferentes fins, treinando o coração por meio do nosso corpo. Elas nos preparam para encarar o mundo de uma certa maneira, para valorizarmos certas coisas, para buscarmos determinados objetivos e sonhos, para trabalharmos juntos em certos projetos. Em suma, toda liturgia constitui uma pedagogia que nos ensina, por meio de todas as formas precognitivas, a sermos um certo tipo de pessoa. Portanto, toda liturgia é ensino, e dentro de toda liturgia há uma cosmovisão "ou entendimento" implícito do mundo.[23]

A conclusão de Smith, então, é que a adoração tem primazia sobre a cosmovisão. Antes de articularmos uma visão de mundo, adoramos; antes de teorizar, oramos por cura e iluminação divina; antes de entendermos em termos doutrinários a natureza de Deus, cantamos louvores; antes de formularmos uma filosofia moral, pedimos perdão. Antes de pensarmos, diz ele, oramos![24] Uma vez que somos seres intencionais, que vivem do anelo, cuja vida é dirigida por aquilo que amamos fundamentalmente, uma orientação afetiva em relação ao mundo antecede a reflexão.[25] Tal orientação nos

---

[22] Smith, 2018, p. 25.

[23] Smith, 2018, p. 25.

[24] Smith, 2018, p. 33.

[25] Smith, 2018, p. 51.

dirige para uma visão de boa vida, "uma imagem do reino que encarna uma imagem específica da prosperidade humana".[26]

8.4. Crenças, afetos e práticas

Voltando ao questionamento inicial, sobre a existência de uma cosmovisão pentecostal, pela qual os crentes enxergam o mundo e direcionam sua vida em todos os níveis e setores da sociedade, irei enfocar uma compreensão tríade da espiritualidade pentecostal que também pode servir como uma pista para a nossa resposta, formada por crenças, afetos e práticas.

Para tanto, recorrerei ao livro *Pentecostal Spirituality: A Passion for the Kingdom* [Espiritualidade pentecostal: uma paixão pelo Reino], de Steven Land, obra na qual o autor busca identificar os fatores que caracterizam a autocompreensão do pentecostalismo. Segundo ele, o movimento pentecostal flui em continuidade e descontinuidade com outras correntes históricas do cristianismo, por isso aqueles que veem o pentecostalismo essencialmente como um segmento evangélico fundamentalista, com uma doutrina do batismo do Espírito Santo e dons adicionados, ficarão desapontados, assim como aqueles que o veem como uma experiência que se encaixa igualmente bem em qualquer espiritualidade ou sistema teológico.

Land apresenta uma autocompreensão da fé pentecostal por meio da relação entre espiritualidade e teologia. A tarefa da teologia como espiritualidade é integrar as crenças, afetos e ações (ortodoxia, ortopatia, ortopraxia).[27] Ele destaca que, embora essa não seja a única base da análise da abordagem pentecostal, existem certas pressuposições, convicções e compromissos teológicos que constituem um ponto de vista da espiritualidade pentecostal. O ponto de partida desse empreendimento é o Espírito Santo, que é o "Deus conosco", indicando uma preocupação tanto teológica quanto prática. Assim como Paulo em 1Coríntios 12, a preocupação pentecostal é enfatizar a realidade de uma fé viva, a vida e o serviço do povo de Deus que é organicamente constituído como o corpo de Cristo pela habitação do Espírito Santo.[28]

Tendo em vista a convicção da presença do Espírito no meio da igreja, os pentecostais da primeira década do século 20, onde se encontra o coração do movimento, evitavam os credos eclesiásticos. Isso não significa que não tivessem crenças fundamentais, porquanto as publicações e os testemunhos da época evidenciam que eles as possuíam.

---

[26] Smith, 2018, p. 56.

[27] Land, Steven. *Pentecostal Spirituality: A Passion for the Kingdom*. Cleveland, Tennessee: CPT Press, 2010, p. 28.

[28] Land, 2010, p. 37.

Conforme Steven Land, a objeção era em relação aos credos que poderiam trazer mais desunião, os quais deveriam guardar a fé, não limitar a ação do Espírito. Se Deus é o Deus vivo, se a igreja é um organismo vivo de carismas e sinais, e se a salvação compreende um relacionamento vivo entre Deus e os salvos, pessoas que vivem na expectativa dos últimos dias, segue-se que o fazer teológico não requer apenas o raciocínio discursivo, mas sobretudo o engajamento integral da pessoa dentro da comunhão dos carismas.[29] Antes das discussões acadêmicas e das especulações, a teologia começa na resposta da oracão dos crentes a Deus. Nesse sentido, o coração dessa espiritualidade é a oração. Contudo, conforme esclarece Steven Land, "fazer teologia não é tornar a experiência a norma, mas é reconhecer a prioridade epistemológica do Espírito Santo em receptividade em oração".[30]

Na sequência, Steven Land destaca a importância da conjugação dos três elementos que caracterizam essa espiritualidade (crenças, afetos e ações) no fazer teológico, para que a espiritualidade e a teologia não se fragmentem em intelectualismo, sentimentalismo e ativismo. Isso porque, em suas palavras, "Deus que é Espírito cria na humanidade uma espiritualidade que é ao mesmo tempo cognitiva, afetiva e comportamental, conduzindo assim em direção a uma epistemologia, metafísica e ética unificadas".[31]

O autor afirma que a ortopatia funciona como o centro de integração entre a ortodoxia e a ortopraxia, compreendida como afeições distintas que são moldadas por crenças e orientada para a práxis. Todavia, tais afeições não são meros estados emocionais ou sentimentos individualistas. Conquanto existam sentimentos e emoções transitórios que vêm e vão, incorporando as afeições, prossegue Land, as afeições fundamentais são distintamente moldadas pela história bíblica e evidenciam as marcas dos lugares históricos e comunais.[32] São disposições objetivas, duradouras e relacionais. São objetivas porque têm um objeto: Deus é a fonte e o afeto do amor cristão.

Retrocedendo às suas origens, Land conclui que o objetivo da espiritualidade pentecostal não era simplemente ter uma experiência ou várias experiências religiosas, embora assim possa ser compreendido em algum sentido. Uma vez que a vida cristã estava imersa em uma dimensão escatológica, apontando e esperando a vinda de Cristo, o propósito primordial dos primeiros cristãos era *experimentar a vida como parte de um drama bíblico*, participando na história de Deus. Em todas as suas tentativas de expressar o significado da fé que possuíam, toda a linguagem dos primeiros cristãos era no sentido

---

[29] Land, 2010, p. 39.

[30] Land, 2010, p. 43.

[31] Land, 2010, p. 47.

[32] Land, 2010, p. 50.

de falar dos atos poderosos na história da redenção de Deus nas Escrituras, em sua vida e no mundo. Por esse motivo, a preocupação não era tanto com uma *ordo salutis* (ordem da salvação), e sim com uma *via salutis* (caminho da salvação).[33]

Consequentemente, a comunidade cristã estava envolvida em um processo de formação, de sorte que o cântico, a pregação, o testemunho, as ordenanças (batismo, ceia do Senhor, lava-pés), as reuniões de oração e os dons do Espírito — todos os elementos da adoração corporativa — edificaram as pessoas e as chamaram para um novo nascimento, santificação, batismo no Espírito e uma vida de testemunho missionário. Essas formas de lembrar a Palavra bíblica mediou as realidades bíblicas em uma espécie de sacramentalidade pentecostal, na qual havia uma constante, pela interação entre conhecimento e experiência vivida.[34]

As práticas pentecostais, portanto, eram aquelas ações realizadas com base nas crenças, expressivas e formativas dos afetos. As crenças sobre a Bíblia, a segunda vinda, o Espírito Santo, a vida cristã e a própria adoração são expressas e moldadas por essas práticas.[35] Essas crenças e práticas distintas como um todo foram enraizadas em distintas afeições pentecostais que essencialmente caracterizam a celebração dos crentes.

Essencialmente, conforme destaca Steven Land, o centro da espiritualidade pentecostal são seus afetos, e o afeto dominante é o amor e a paixão pelo Reino de Deus. As três principais afeições pentecostais são gratidão, compaixão e coragem, que se correlacionam com os atributos divinos de justiça, amor, santidade e poder, e as características do reino divino de justiça, paz e alegria. Assim, a disposição afetiva de um pentecostal é contínua gratidão, amor e confiança. Esses afetos são moldados e expressos na oração, a atividade teológica primária dos pentecostais; é uma participação na vida de Deus e um anseio e paixão pelo Reino de Deus. Considerando que os afetos sobrepujam os sentimentos e as emoções passageiras, eles constituem interpretações e preocupações do mundo. Eles possuem uma lógica interna, uma razão que conduz os crentes para certo tipo de ação.

8.5. Cosmovisão pentecostal e imaginação pneumatológica

Acredito que os elementos apontados anteriormente podem nos ajudar, agora, a responder ao questionamento acerca da existência de uma cosmovisão pentecostal.

---

33 Land, 2010, p. 83.

34 Land, 2010, p. 83.

35 Land, 2010, p. 107.

Ficou claro que uma *Weltanschauung* essencialmente pentecostal não se confunde com uma perspectiva cognitivista e racionalista do mundo, com base em um conjunto de dogmas devidamente sistematizados.

Também é preciso rejeitar uma cosmovisão pentecostal como o conjunto de meras intuições subjetivas do homem. Embora o termo *Weltanschauung* tenha sido empregado originariamente como a percepção do mundo pelos sentidos, num nível subjetivo, a acepção que ganhou destaque posteriormente na história da filosofia e até mesmo da teologia cristã, com base nos estudos de Wilhelm Dilthey (1833-1911), foi uma cosmovisão que ressai da experiência da vida, mas em um nível intersubjetivo, por meio de características comuns aos homens e que determinam o significado e o sentido do existir. Nas palavras de David Naugle, "uma série de padrões, tradições e hábitos emergem no nível comunal e fornecem um tipo de certeza epistêmica, embora essa certeza seja marcadamente diferente do tipo obtido na ciência, com seus métodos e princípios precisos".[36] Segundo Dilthey, "a cosmovisão religiosa sempre retém seus traços distintamente espirituais que impedem sua amalgamação à metafísica, especialmente os traços de uma confiança epistêmica inabalável e uma fixidez sobre o mundo transcendente".[37]

A essência de uma cosmovisão é atender ao anseio humano pelo sentido e significado da vida. Se a vida tem sentido e propósito, é preciso uma perspectiva abrangente, formatada de diversas experiências, capaz de responder aos anseios humanos e à sua angústia existencial. Nesse contexto, o pentecostalismo, como vimos, é marcado por um conjunto de experiências religiosas, que incluem crenças, afetos e práticas que se conectam e se retroalimentam, formando uma maneira abrangente de viver a fé e ver o mundo. A participação no sobretural, por meio dos dons do Espírito, dão sentido ao existir pentecostal. Embora as experiência individuais tenham o seu lugar e importância dentro da espiritualidade carismática, as experiências formativas de uma cosmovisão pentecostal são aquelas que se expressam dentro de um contexto de comunidade, com base nos afetos e objetivos comuns.

São esses elementos pré-teóricos e, portanto, pré-teológicos, que apontam para uma cosmovisão pentecostal. É nesse sentido que James Smith afirma que a espiritualidade pentecostal é uma interpretação do mundo, uma compreensão implícita que constituiu uma "perspectiva" das coisas, que oferece uma mensagem relevante não somente para os degraus do templo em Jerusalém (Atos 2), mas também para o Areópago em

---

[36] Naugle, 2017, p. 126.

[37] Naugle, 2017, p. 130.

Atenas (Atos 17).[38] Essa espiritualidade serve para a edificação religiosa, mas também nos diz muito sobre o nosso ser-no-mundo que vai além da dicotomia secular/sagrado.

A cosmovisão que emerge dessa espiritualidade pentecostal oferece orientações fundamentais que direcionam a vida como um todo. James Smith emprega o termo "imaginário social" de Charles Taylor como um entendimento tácito e afetivo do mundo que constitui o "pano de fundo" do nosso ser e fazer.[39]

Trata-se de um comprometimento, uma orientação fundamental do coração, por meio de uma profunda paixão por viver e esperar o Reino, sob o domínio do Espírito, que se expressa por hábitos, práticas e crenças elementares, as quais fornecem o alicerce sobre o qual os pentecostais vivem neste mundo.

Considerando o que foi delineado anteriormente, significa que as experiências e afetos desenvolvidos no interior do cenáculo, assim como as práticas e os pressupostos básicos que orientavam os cristãos primitivos, fornecem uma abrangente visão de mundo capaz de refletir e até mesmo propor ações para a vida em geral, inclusive fora do cenáculo. Para isso, essa *cosmovisão encantada* precisa ser compreendida e articulada, a fim de oferecer elementos mais ou menos precisos sobre a presença pública dos cristãos na sociedade. Isso exige a concepção de uma teologia pública alinhada com os pressupostos básicos e a história que caracteriza a fé pentecostal bíblica. Esse será o tema do próximo capítulo.

---

[38] SMITH, James. *Pensando em línguas: contribuições pentecostais para a filosofia cristã*. Rio de Janeiro: Thomas Nelson Brasil, 2020, p. 62.

[39] SMITH, 2020, p. 68.

Capítulo 9

O Espírito e a cultura

A investigação sobre o conceito e aplicação de uma teologia pública requer invariavelmente uma concepção prévia sobre o relacionamento entre cristianismo e cultura,[1] pois é desse campo de reflexão que as diversas vertentes da tradição cristã têm delineado propostas do fazer teológico para a praça pública. Isso porque, depois que os cristãos primitivos deixaram o cenáculo e irromperam para as culturas mais amplas, as tensões socioculturais passaram a fazer parte do cotidiano do movimento cristão, inclusive após as páginas do Novo Testamento.

Mesmo uma análise superficial da história irá revelar uma diversidade inacreditável de situações que exigiam estratégias e sabedoria dos cristãos para lidar com essa multiplicidade de questões que surgiam, como o relacionamento com as autoridades, filosofia grega, aspectos econômicos etc. Isso acarretou visões e condutas polarizadas dentro da cristandade e, consequentemente, diferentes maneiras de autocompreensão cultural.[2] Desse modo, antes de propormos um modelo teológico com base na cosmovisão pentecostal, é preciso compreender os principais conceitos, pressupostos e modelos que historicamente compõem as concepções cristãs. A partir daí, será possível extrair alguns elementos, pontos de contato e parceiros de diálogo com a fé pentecostal.

---

[1] D. A. Carson afirma que "debates sobre Igreja e Estado são subgrupos de debates mais abrangentes sobre Cristo e cultura. Aliás, em alguns países, os debates sobre Igreja e Estado são, entre os debates Cristo-e-cultura, a única forma que recebe bastante atenção" (Carson, D. A. *Cristo e cultura: uma releitura*. São Paulo: Vida Nova, 2012, p. 131).

[2] Carson, 2012, p. 10.

9.1. O que tem Jerusalém a ver com Atenas?

As primeiras controvérsias sobre o relacionamento da fé cristã com a cultura secular tiveram início no período dos *pais apologistas*. O ponto central da dissensão era saber se os crentes poderiam se apropriar do imenso legado cultural do mundo clássico, com especial relevo para sua poesia, filosofia e literatura,[3] ou se isso comprometeria os fundamentos da fé. No cerne dessa discussão, que irá permear toda a história do cristianismo, está a temática da revelação divina em seus aspectos geral (universal) e especial (particular).[4]

Um dos primeiros a tratar diretamente desse tema foi Justino Mártir (100-165 d.C.). Justino foi um homem culto e apologista da fé cristã. Dentre os seus escritos mais importantes, estão *I e II Apologia* e *Diálogo com Trifão*. A relevância de seu pensamento é percebida tanto pelo conteúdo quanto pelos seus destinatários — a sua primeira Apologia foi direcionada ao imperador Antonino Pio, ao Senado e ao povo romano. Depois de sua peregrinação pessoal e estudos de diversos sistemas gregos de pensamento, Justino se converteu ao cristianismo, o qual considerava a "*verdadeira filosofia*". Apesar disso, ele via certo paralelo entre a fé cristã e o platonismo. O apologista reivindicava aos cristãos tanto as verdades contidas na filosofia dos gregos e bárbaros quanto as verdades dos hebreus. Justino escreveu:

> Fomos ensinados que Cristo é o unigênito de Deus e temos proclamado que ele é o Logos, a quem todas as raças têm acesso. E aqueles que vivem segundo o Logos são cristãos mesmo que possam haver sido classificados como ateus — como Sócrates e Heráclito e outros como eles, dentre os gregos. O quer que tenham dito, com acerto, tanto os filósofos quanto os advogados, foi articulado por meio da descoberta e da reflexão sobre algum aspecto do Logos. Entretanto, uma vez que eles não conhecem plenamente o Logos — que é Cristo — eles normalmente contradizem a si mesmos. O que quer que tenha sido dito com precisão, por qualquer pessoa, pertence a nós, os cristãos. Pois adoramos e amamos, ao lado de Deus, o Logos, que é oriundo do eterno e inefável, uma vez que foi por nossa causa que ele se tornou humano, para que pudesse compartilhar de nossos sofrimentos e nos trazer cura. Contudo, todos os autores foram capazes de ver a verdade de forma nebulosa, em razão da semente do Logos que foi inserida neles.[5]

---

[3] McGrath, Alister. *Teologia sistemática, histórica e filosófica: uma introdução à teologia cristã*. São Paulo: Shedd Publicações, 2005, p. 50.

[4] Roger Olson apresenta os aspectos centrais dessa discussão ao longo da tradição cristã. Apesar das divergências, ele destaca o consenso cristão de que Jesus Cristo é a revelação inigualável e insuperável de Deus. O segundo ponto de acordo geral entre os cristãos com respeito à revelação divina, segundo Olson, é a manifestação de Deus, de alguma maneira, no mundo natural e na história (Olson, Roger. *História das controvérsias na teologia cristã*. São Paulo: Vida, 2004, p. 97-122).

[5] McGrath, 2005, p. 51.

Conforme conclui Alister McGrath, para Justino, "as sementes da sabedoria divina haviam sido semeadas por todo o mundo, o que significava que os cristãos poderiam e deveriam estar prontos a encontrar aspectos do evangelho refletidos no contexto externo à igreja".[6] Com isso, os cristãos estariam livres para utilizar a cultura clássica, quando dita com precisão, porque estaria ela baseada na sabedoria e discernimento divinos. Embora Justino tenha afirmado categoricamente que sua fé se fundamentava em Cristo, não na filosofia, e que a religião cristã era o mais sublime de todos os ensinamentos humanos, muitos rejeitaram as suas ideias por ver nelas um suposto racionalismo e uma equiparação com a filosofia clássica,[7] especialmente o platonismo.

Um dos principais opositores da visão de Justino Mártir foi Tertuliano (160--225 d.C.), que proferiu a famosa frase "O que tem a ver Jerusalém com Atenas?". Em sua elocução, Tertuliano estava questionando o relacionamento entre a teologia, representada por Jerusalém, e a filosofia, identificada em Atenas, o berço do pensamento filosófico grego. Na opinião do apologista, era impossível conciliar essas duas esferas: fé e razão; igreja e filosofia secular. Para Tertuliano, o cristianismo deveria manter a sua identidade essencial, evitando as influências seculares e da cultura pagã. Ele escreveu:

> A filosofia fornece o conteúdo da sabedoria secular ao reivindicar para si, de maneira audaciosa, o papel de intérprete da natureza e da revelação divinas. As próprias heresias recebem da filosofia suas armas. Foi dessa fonte que Valentino, um discípulo de Platão, tirou suas ideias sobre os "éons" e a "trindade da humanidade". E foi de lá que surgiu o deus de Marcião (preferível por causa de sua placidez); Marcião inspirou-se nos estoicos. Dizer que a alma está sujeita à morte é tomar o caminho de Epicuro. E a negação da ressurreição do corpo está nos escritos de todos os filósofos. Afirmar que a matéria é equivalente a Deus é seguir a doutrina de Zenão; falar de um deus de fogo é aproximar-se de Heráclito. Os temas que preocupam tanto hereges quanto filósofos são os mesmos. Qual é a origem do mal e por que existe? Qual é a origem da natureza humana e como apareceu? [...] Que relação há entre Atenas e Jerusalém? Que importância a Academia tem para a igreja? Nosso sistema de crenças vem do Pórtico de Salomão, o qual ensinou, por meio de seu exemplo, que era necessário que se buscasse a Deus com simplicidade de coração. Tanto pior para aqueles que falam de um cristianismo "estoico", "platônico" ou "dialético"!

---

6 McGrath, 2005, p. 50.

7 McGrath, 2005, p. 51.

Nota-se que Tertuliano tinha uma compreensão abrangente sobre as filosofias que criticava, e sua oposição à influência do conhecimento secular era resultado da intenção zelosa de proteger os fundamentos cristãos, evitando as heresias. Aliás, ele chegou a chamar os filósofos de "aqueles patriarcas de toda heresia" (*Against Hermogenes*, p. 8[8]). Embora Tertuliano geralmente seja considerado um fideísta que se opunha ao uso da razão, seus escritos parecem em algum momento valorizar a racionalidade, isso por causa da revelação de Deus na natureza, isto é, "pela *inteligência comum* que Deus se agradou em dar à alma do homem" (*Treatise on the Soul*, 2[9]). Ocasionalmente, ele até falava de maneira favorável aos filósofos, dizendo que eles, às vezes, pensavam como os cristãos.[10]

Agostinho de Hipona (354-430 d.C.) foi o próximo pensador cristão a elaborar uma resposta a essa questão. Considerado um dos maiores teólogos na história da igreja, suas reflexões sobre o dilema entre fé e razão o levaram a discutir sobre a contribuição do discurso filosófico para o cristianismo. Apesar de reconhecer a superioridade do cristianismo em relação à filosofia pagã, Agostinho enxergava algumas contribuições da sabedoria secular para a cultura cristã. Buscando evitar tanto a rejeição absoluta do conhecimento pagão quanto a sua assimilação impensada, Agostinho propunha a "apropriação crítica da cultura clássica".[11]

Agostinho usou como metáfora o evento bíblico da fuga dos israelitas do cativeiro no Egito. Nessa ocasião, eles levaram consigo o ouro e a prata egípcias para que pudessem dar uma destinação mais nobre e adequada a esses metais preciosos, em vez do seu emprego na fabricação de ídolos, conforme adotado na cultura pagã. Semelhantemente, Agostinho concluiu que os cristãos poderiam fazer o uso — correto e legítimo — da filosofia e da cultura do mundo antigo para servir à causa da fé cristã, visando ao avanço do evangelho.[12]

> Se aqueles que são chamados de filósofos, em especial os platônicos, disserem qualquer coisa que seja verdadeira e consistente com nossa fé, não devemos rejeitá-la, mas antes reivindicá-la para nosso uso, conscientes de que eles a possuem injustamente. Os egípcios possuíam ídolos e fardos pesados que os filhos de Israel odiavam e dos quais eles fugiram; entretanto, eles também possuíam vasos de ouro e de prata e roupas que os nossos antepassados, ao deixar o Egito, levaram consigo, em segredo, com a intenção de fazer melhor proveito deles (Êxodo 3.21-2; 12.35-6) [...]. Da mesma forma, o conhecimento pagão não é inteiramente feito de falsos

---

8 GEISLER, Norman. *Enciclopédia de apologética: respostas aos críticos da fé cristã*. São Paulo: Vida, 2002, p. 825.

9 GEISLER, 2002, p. 825.

10 GEISLER, 2002, p. 825.

11 MCGRATH, 2005, p. 52.

12 MCGRATH, 2005, p. 52.

> ensinamentos e superstições [...]. Ele também possui ensinamentos excelentes e adequados ao uso da verdade, assim como excelentes valores morais. De fato, entre eles encontram-se algumas verdades relativas à adoração do Deus único. Elas são, por assim dizer, o ouro e a prata que possuem, os quais eles mesmos não produziram, mas retiraram das minas da providência divina que se encontram espalhadas por todo o mundo, mas que são, contudo, corrompidas de forma imprópria e ilícita, para a dotação do demônio. Portanto, o cristão é capaz de separar essas verdades de suas infelizes associações, separando-as e utilizando essas verdades de maneira adequada à proclamação evangelho [...].[13]

Essa perspectiva conduz ao entendimento segundo o qual os cristãos podem se apropriar do conhecimento e da cultura secular quando condizente com a fé cristã. Afinal, a verdade que o conhecimento pagão ocasionalmente expressa não é originariamente oriundo dele mesmo, mas da providência divina. Para avaliar a pertinência aos propósitos cristãos, cabe ao crente fazer a depuração do ouro e da prata do Egito (e.g., filosofias, culturas e princípios morais) com o propósito de retirar as impurezas e manter somente o que há de mais valioso. Segundo Alister McGrath, a abordagem de Agostinho (que veio a predominar na igreja ocidental) lançou a base para a afirmação de que o que quer que fosse bom, verdadeiro ou belo poderia ser utilizado a serviço do evangelho.[14]

Sendo assim, uma possível resposta de Agostinho à pergunta formulada por Tertuliano seria mais ou menos da seguinte maneira: "Jerusalém tem tudo a ver com Atenas, afinal as verdades ensinadas nas escolas filosóficas de Atenas, consistentes com a fé cristã, que de algum modo expressam veracidade, bondade e beleza, procedem essencialmente do Deus de Jerusalém."

9.2. Cristo e cultura

Outra interessante maneira de encarar o relacionamento entre cristianismo e cultura foi proposta por H. Richard Niebuhr (1894-1962) no clássico *Cristo e cultura*,[15] escrito em 1951 e considerado um dos livros cristãos de maior influência do século 20, e que ainda continua a produzir impacto no ambiente da teologia. A obra, como afirmou o próprio Niebuhr, é na verdade um ensaio sobre "a constante luta que a Igreja enfrenta, em dois planos — com o seu Senhor e com a sociedade cultural (com que vive essencialmente associada)", como parte do resultado de muitos anos de estudo,

---

[13] McGrath, 2005, p. 53.

[14] McGrath, 2005, p. 53.

[15] Niebuhr, Richard H. *Cristo e cultura*. Rio de Janeiro: Civilização Brasileira, 1967.

reflexão e magistério, que tem o propósito de apresentar respostas cristãs típicas ao problema e, assim, contribuir para a compreensão mútua dos vários do conflito.

Niebuhr aborda a relação entre cristianismo e civilização, apresentando a sua estrutura tipológica composta de cinco modelos explicativos. Antes, porém, o autor destaca que esse problema não era novo, mas uma controvérsia perene que tem atravessado os séculos. Ele recorda que as repetidas lutas dos cristãos com esse assunto não produziram uma resposta cristã única, exclusiva, mas apenas uma série de respostas típicas que, em seu conjunto, para a fé, representam fases da estratégia da igreja militante no mundo.

Segundo Niebuhr, cultura é, em primeiro lugar, o "ambiente artificial e secundário" que o homem sobrepõe ao natural. Ela abrange a linguagem, hábitos, ideias, crenças, costumes, organização social, artefatos herdados, processos técnicos e valores. Esta "herança social", diz Niebuhr, essa "realidade *sui generis*", que os escritores do Novo Testamento tinham sempre em mente quando falavam do "mundo", que é representada em muitas formas, e a que os cristãos como os demais homens estão inevitavelmente sujeitos, é o significado de cultura.

Fundamentado na sua análise histórica, Niebuhr apresenta os possíveis tipos de relacionamento que os cristãos podem ter com a cultura:[16]

a) Cristo contra a cultura

O primeiro modelo identificado por Niebuhr é o contracultural, que reconhece a autoridade exclusiva de Cristo e rejeita qualquer exigência de lealdade do cristão ao mundo (a cultura secular). Segundo Niebuhr, essa foi a postura característica dos primeiros cristãos, que tem como pressuposto uma leitura literal e direta das palavras de João: "Não ameis o mundo, nem o que no mundo há. Se alguém ama o mundo, o amor do Pai não está nele" (1Jo 2:15). Este mundo é identificado como um reino sob o poder do mal; é a região das trevas na qual os cidadãos do reino da luz não devem penetrar. É a sociedade secular dominada pela concupiscência da carne, a concupiscência dos olhos e o orgulho da vida.[17]

Diante da incompatibilidade da lealdade a Cristo e ao mundo, o cristão deve evitar a cultura secular/pagã. Conforme Niebuhr, à parte dos escritores do Novo Testamento, o mais explícito representante desse modelo contracultural no cristianismo primitivo foi Tertuliano, de quem falamos anteriormente. Para Tertuliano, o conflito do crente não é com a natureza,

---

[16] De acordo com Niebuhr, cultura é, em primeiro lugar, o "ambiente artificial e secundário" que o homem sobrepõe ao natural. Ela abrange linguagem, hábitos, ideias, crenças, costumes, organização social, artefatos herdados, processos técnicos e valores. Essa "herança social", diz Niebuhr, essa "realidade *sui generis*", que os escritores do Novo Testamento tinham sempre em mente quando falavam do "mundo", que é representada em muitas formas, e a que os cristãos como os demais homens estão inevitavelmente sujeitos, é o que queremos significar quando falamos de cultura.

[17] NIEBUHR, 1967, p. 70.

mas com a cultura, pois é especialmente na cultura que o pecado reside. Niebuhr afirma que "Tertuliano chega bem perto do pensamento de que o pecado original é transmitido pela sociedade, e que se não fossem os costumes viciosos que cercam uma criança a partir do seu nascimento, e a sua educação artificial, a sua alma permaneceria boa".[18]

Consequentemente, isso levou Tertuliano a uma posição de afastamento das questões sociais e políticas. A vida política deveria ser evitada, pois para ele "nada nos induz prementemente a participar de vossas reuniões públicas nem há algo mais inteiramente estranho para nós do que as lides do Estado".[19] Igualmente, deveria se evitar o serviço militar, pois envolvia, segundo Tertuliano, participação em ritos religiosos pagãos e um juramento a César, violando a lei de Cristo.

Além de Tertuliano, Niebuhr identifica outros representantes ao longo da história que estariam incluídos nessa categoria *Cristo contra a cultura*, dentre os quais Liev Tolstói, os monásticos e os anabatistas.

b) Cristo da cultura

No extremo oposto ao primeiro modelo, o *Cristo da cultura* advoga a acomodação e aceitação pelos cristãos ao ambiente cultural vigente. Os cristãos dessa categoria, conforme Niebuhr, se sentem igualmente em casa na comunidade da cultura. "Eles não sentem nenhuma tensão entre igreja e mundo, entre as leis sociais e o evangelho, entre as operações da divina graça e o esforço humano, entre a ética de salvação e as éticas de preservação ou progresso."[20]

> Por um lado, eles interpretam a cultura através de Jesus Cristo, considerando como os seus elementos mais importantes aqueles que estão mais de acordo com a sua obra e pessoa; e, por outro lado, eles entendem Cristo através da cultura, selecionando de seu ensino e ação, bem como da doutrina cristã a respeito dele, os pontos que parecem concordar com o que há de melhor na civilização. Assim, harmonizam Cristo e cultura, naturalmente não sem dano para os aspectos irredutivelmente discordantes do Novo Testamento e dos costumes sociais. Eles não buscam, necessariamente, a sanção cristã para toda a cultura prevalecente, mas apenas para aquilo que consideram como real na cultura atual. No caso de Cristo, eles procuram desembaraçar o racional e o permanente do histórico e do acidental.[21]

---

[18] Niebuhr, 1967, p. 75.

[19] Niebuhr, 1967, p. 76.

[20] Niebuhr, 1967, p. 109-110.

[21] Niebuhr, 1967, p. 110.

Na perspectiva de Niebuhr, o principal exemplo de acomodação cultural nos primeiros séculos da era cristã foi o gnosticismo. Embora fossem considerados hereges para a corrente principal do cristianismo, eles se viam como crentes leais. Os gnósticos buscavam conciliar o evangelho com a ciência e a filosofia do seu tempo, superar os conceitos religiosos antigos do judaísmo e elevar o cristianismo ao nível de "crença inteligente", aumentando o seu poder de atração social. Nessa tentativa, a fé cristã ficou sendo um sistema religioso e filosófico, dentre outras alternativas.[22]

Para o modelo "Cristo da cultura", a religião cristã não faz exigências imperiosas com relação à vida total do homem. Jesus Cristo é apresentado como um salvador espiritual, mas não o Senhor da vida. Ele é um mestre moral que tem muito a nos dizer sobre espiritualidade e ética, mas o seu poder não é cósmico. A sua tendência, afirma Niebuhr, é "interpretar o cristianismo como uma religião, não como uma igreja, e de interpretar a igreja como uma associação religiosa, não como uma nova sociedade".[23]

Niebuhr também identifica essa abordagem de acomodação cultural em Pedro Abelardo (1079-1142), teólogo e lógico francês, considerado uma das grandes figuras da filosofia escolástica e um dos maiores pensadores do século 12. Ainda que o pensamento de Abelardo seja muito diferente do apresentado pelos gnósticos, Niebuhr afirma que ele é muito achegado a eles em espírito, pois suas crenças a respeito de Deus e de Cristo e seus preceitos sobre o comportamento moral são reduzidos à cultura. Nele, a fé "se torna um conhecimento filosófico a respeito da realidade e uma ética de progresso de vida".[24]

Conquanto Abelardo tenha sido uma figura isolada na cultura medieval, Niebuhr diz que sua influência se fez notar desde o século 18, e o que era heresia passou a ser a nova ortodoxia, dentro daquilo que ele chama de "protestantismo cultural". De formas variadas, o modelo "Cristo da cultura" veio a ser formulado por grandes e pequenos pensadores no mundo ocidental, por líderes da sociedade e da Igreja, por teólogos e filósofos. Dentre aqueles que de alguma forma propagaram essa herança, estão John Locke, Immanuel Kant e Thomas Jefferson. Na área teológica em especial, esse modelo abriu espaço para o liberalismo teológico e o cristianismo cultural, com pensadores como Schleiermacher, Emerson e Albert Ritschl.

Por um lado, Niebuhr identifica alguns aspectos positivos nesse modelo cristão de relação cultural, especialmente a sua tentativa de contextualizar o evangelho dentro do

---

[22] NIEBUHR, 1967, p. 112.

[23] NIEBUHR, 1967, p. 115.

[24] NIEBUHR, 1967, p. 116.

influxo da civilização, deixando de ser um agente estranho no meio da sociedade, principalmente dentro daqueles círculos que geralmente menosprezam a religião. Contudo, existe uma série de objeções teológicas que mostram que um cristianismo cultural não é, evidentemente, mais efetivo em ganhar discípulos para Jesus Cristo do que o radicalismo cristão. Qualquer que seja o público a que se destine, diz Niebuhr, "ele sempre falhará em alcançar o seu fim, ou por não ir suficientemente longe, ou por se tornar suspeito de estar introduzindo um elemento que vai enfraquecer o movimento cultural. Parece impossível de se remover a ofensa de Cristo e de sua cruz, mesmo por meio destas acomodações".[25]

c) Cristo acima da cultura

Enquanto as duas primeiras categorias se localizam em extremos opostos, seja para rejeitar a cultura (Cristo contra a cultura) seja para acolhê-la (Cristo da cultura), este terceiro modelo — que Niebuhr chama de *igreja do centro* — evita posições radicais. O pressuposto é que a questão fundamental não se situa entre Cristo e o mundo, mas entre Deus e o homem. Se Jesus Cristo é o Filho de Deus, e o Pai Todo-poderoso criou o céu e a terra, a natureza, em que toda a cultura está baseada, é boa e retamente ordenada por Aquele a quem Jesus Cristo é obediente e a quem ele está inseparavelmente unido.

> Com esta formulação ela introduz na discussão sobre Cristo e cultura a concepção de que a natureza, em que toda a cultura está baseada, é boa e retamente ordenada por Aquele a quem Jesus Cristo é obediente e a quem ele está inseparavelmente unido. Onde domina esta convicção, Cristo e o mundo não podem simplesmente ser mutuamente opostos. Nem pode o "mundo", como cultura, ser simplesmente considerado como o reino da impiedade, pois ele está alicerçado no "mundo" como natureza, pelo menos, e não pode existir a não ser que seja sustentado pelo Criador e Governador da natureza.[26]

É importante observar que para Niebuhr a *igreja do centro* é a majoritária na história da igreja, mas, apesar de características comuns, ela se subdivide em três famílias, que constituem exatamente as três últimas de seu esquema quíntuplo. Elas podem ser classificadas como (1) *tipo sintetizador — Cristo acima da cultura*; (2) *tipo dualista —Cristo e cultura em paradoxo*; (3) *tipo conversionista — Cristo transformador da cultura*.[27] Portanto, Niebuhr parece propor que o modelo *Cristo acima da*

---

[25] Niebuhr, 1967, p. 136.

[26] Niebuhr, 1967, p. 145.

[27] Carson, 2012, p. 28.

cultura seja um tipo mais amplo, que de algum modo engloba os posteriores, apesar de suas peculiaridades.

Os cristãos desse modelo sintetizador evitam o raciocínio do tipo "ou isto, ou aquilo" e adotam o "tanto um quanto o outro". Ou seja, afirmam tanto Cristo quanto a cultura, por meio de uma direção mais vertical (de Deus para o homem) do que horizontal (Cristo e cultura).[28] Niebuhr encontra algumas nuanças dessa abordagem em passagens bíblicas como "Dai, pois, a César o que é de César e a Deus, o que é de Deus" (Mateus 22:21). "Toda alma esteja sujeita às autoridades superiores; porque não há autoridade que não venha de Deus; e as autoridades que há foram ordenadas por Deus. [...] [as autoridades] são ministros de Deus [...]" (Romanos 13:1-6). Evidências de sua adoção podem ser encontradas em Justino Mártir, Clemente de Alexandria e principalmente em Tomás de Aquino, o "maior representante dos sinteticistas", segundo Niebuhr. Aquino procurou sintetizar a ética da cultura com a ética do evangelho.

> Em suas teorias do fim do homem, das virtudes humanas e da lei, bem como em outras partes de sua filosofia prática e teologia prática, ele combinou em sistema de preceitos e promessas as exigências discernidas pela razão cultural e as proferidas por Jesus, as esperanças baseadas no propósito das coisas como conhecidas pela mente cultivada e aquelas alicerçadas no nascimento, vida, morte e ressurreição de Cristo. Todo o esforço de síntese é, aqui, internamente formado pela convicção (senão completamente baseado nela) de que a doutrina da Trindade é uma expressão verbal, a saber, que o Criador da natureza e Jesus Cristo e o espírito imanente são de uma mesma essência.[29]

Para Niebuhr, os sinteticistas oferecem aos cristãos uma base inteligível para a obra que têm de realizar em cooperação com os não crentes neste mundo. Eles estipulam a cooperação voluntária e inteligente de cristãos com não crentes ao realizarem a obra do mundo, mantendo, todavia, o caráter distintivo da fé e vida cristãs. É inegável reconhecer, segundo o autor, as enormes contribuições dessa abordagem cultural nas artes e ciências, filosofia, lei, governo, educação e instituições econômicas. Contudo, como ressalva Niebuhr, dentre as objeções ao modelo sintetizador está a afirmação de que, no afã de integrar Cristo e cultura em um sistema de pensamento e prática, isso leve, inevitavelmente, "à absolutização do que é relativo, à redução do infinito a forma finita, e à materialização do dinâmico".[30] Afinal, "uma coisa é afirmar que há uma lei

---

[28] HORTON, Michael. *O cristão e a cultura*. São Paulo: Vida, 2006, p. 42.

[29] NIEBUHR, 1967, p. 158-159.

[30] NIEBUHR, 1967, p. 174.

de Deus inscrita na própria estrutura da criatura, que esta deve procurar conhecê-la pelo uso de sua razão e reger-se de acordo com ela; outra coisa é formular a lei na linguagem e conceitos de uma razão que é sempre condicionada culturalmente".[31] Outra objeção reside na fragilidade com que essa perspectiva trata o mal radical presente em toda obra humana.

d) Cristo e a cultura em paradoxo

Essa categoria também é chamada de *dualista*. Para esse grupo, a questão fundamental não é a linha que deve ser traçada para estabelecer a separação entre os cristãos e o mundo pagão ou secular, mas entre Deus e toda a humanidade. Nesse caso, nenhuma esfera deverá reger a outra, nem atacá-la. São somente esferas distintas de atuação, com propósitos diferentes. Essa abordagem considera sobretudo a realidade do pecado no mundo e a depravação do gênero humano em virtude da Queda.

> A cultura humana é corrupta e inclui toda a obra humana, não simplesmente as realizações de homens fora da Igreja, mas também as daqueles que estão dentro dela; não apenas a filosofia, pelo fato de ser um empreendimento humano, mas também a teologia; não apenas a defesa feita pelos judeus da lei judaica, mas também a defesa cristã do preceito cristão.[32]

Por essa razão, o cristão do tipo dualista irá perceber uma tensão permanente diante do mundo. Ele encontra-se em meio a uma cultura caída, mas ainda assim é sustentado por Deus, pois, se Deus em sua graça não sustentasse o mundo, este não subsistiria por um momento sequer. Nas palavras de Niebuhr, "Nesta tensão ele tem de falar de revelação e razão, de lei e graça, de Criador e Redentor. Não apenas o seu discurso é paradoxal, sob tais circunstâncias, mas também a sua conduta".[33]

Entre os exemplos de dualistas citados por Niebuhr, está Paulo.

> O dualismo de Paulo está ligado não apenas à sua visão da vida cristã como sendo vivida no tempo da luta final e do novo nascimento, mas também à sua crença de que toda a vida cultural juntamente com os seus fundamentos naturais é tão sujeita ao pecado e à ira que o triunfo de Cristo deve envolver o fim temporal de toda a criação temporal, bem como da cultura temporal.[34]

---

[31] Niebuhr, 1967, p. 174.

[32] Niebuhr, 1967, p. 183.

[33] Niebuhr, 1967, p. 187.

[34] Niebuhr, 1967, p. 197.

> [...]
> O morrer para o eu e o ressuscitar com Cristo são eventos espirituais, todavia incompletos sem a morte do corpo terrestre e a sua renovação em forma celestial. Enquanto o homem permanece no corpo, ele parece necessitar de uma cultura e das instituições da cultura, não porque elas o levam à vida com Cristo, mas porque refreiam a maldade em um mundo pecador e temporal. Os dois elementos em Paulo não são de modo algum iguais em importância.

Niebuhr ainda cita Agostinho[35] e em especial Lutero dentro dessa categoria. Em seus escritos, o reformador parece ter uma dupla atitude para com a razão e a filosofia, para com o comércio, para com as organizações e ritos religiosos, bem como para com o Estado e a política, sugerindo a vida dividida em dois compartimentos, por meio de nítidas distinções entre vida temporal e espiritual. Isso fica claro principalmente na sua doutrina dos dois reinos; o Reino de Deus e o reino do mundo.

> Esta é a base do dualismo de Lutero. Cristo trata dos problemas fundamentais da vida moral; ele purifica as fontes de ação; ele cria e torna a criar a comunidade última em que toda ação ocorre. Mas pelo mesmo sinal ele não governa diretamente as ações externas nem constrói a comunidade imediata em que o homem desenvolve a sua obra. Pelo contrário, ele liberta o homem da necessidade de encontrar vocações especiais e fundar comunidades especiais onde vai tentar conseguir respeito próprio e aprovação divina e humana. Ele os livra dos mosteiros e conventos dos piedosos, para o serviço dos seus próximos no mundo, por meio de todas as vocações ordinárias dos homens.
>
> Mais do que qualquer outro grande líder cristão antes dele, Lutero afirmou a vida na cultura como a esfera em que Cristo podia e devia ser seguido; e mais do que qualquer outro ele entendia que as regras a serem seguidas na vida cultural eram independentes da lei cristã ou eclesiástica. Embora a filosofia não oferecesse nenhum caminho que levasse à fé, o homem fiel podia seguir a estrada filosófica em busca dos objetivos que a mesma alcançasse. Em uma pessoa "regenerada e iluminada pelo Espírito Santo através da Palavra", a sabedoria natural do homem "é um instrumento justo e glorioso e uma obra de Deus". A educação da mocidade em línguas, artes, história, bem como em piedade, oferecia grandes oportunidades ao homem cristão livre, mas a educação cultural era também um dever a ser cumprido. "A música", dizia Lutero, "é um nobre dom de Deus, que vem logo após a teologia."[36]

---

35 Para Niebuhr, Agostinho é tanto um dualista quanto um conversionista. Mas, para ele, como a nota conversionista parece mais característica de seu pensamento, Niebuhr deixa as considerações sobre o seu ponto de vista para o último tipo — Cristo transformador da cultura.

36 Niebuhr, 1967, p. 205-206.

Conforme Niebuhr, o dualismo se fará notar em discussões que envolvem a relação entre fé e ciência, como campos distintos e, portanto, indiferentes quanto a harmonia ou conflitos, e surge também em medidas práticas e justificações teóricas da separação de Igreja e Estado.

e) Cristo, o transformador da cultura

Essa categoria é denominada por Niebuhr de "conversionista". O que distingue esse grupo dos dualistas é a sua atitude mais positiva e esperançosa para com a cultura. Essa concepção está centrada principalmente em três tópicos da teologia cristã: Criação, Queda e Redenção. Embora enfatizem os efeitos da Queda no mundo, os cristãos conversionistas procuram manter juntos, em um movimento, os vários temas da Criação e Redenção, da Encarnação e Expiação. Cristo, que se fez carne e habitou entre nós, penetrou a cultura humana, cultura esta que nunca esteve sem a sua atividade ordenadora.[37]

Afirma-se que a cultura humana não é inerentemente má, mas corrompida pela queda no pecado. Trata-se de um bem pervertido, não de um mal. Portanto, essa cultura não deve ser substituída por uma nova criação, e sim convertida, porém de um modo radical, que se pode dizer que ela equivale a uma espécie de nascer de novo.[38] Isso significa que a cultura pode ser transformada para a glória de Deus, pois para ele nada é impossível, afirmam os cristãos conversionistas.

Niebuhr sugere evidências dessa perspectiva no evangelho de João e em vários líderes cristãos do século 4, principalmente Agostinho de Hipona. Não obstante sejam encontrados elementos de dualismo (Cristo e cultura em paradoxo) em sua teologia, Agostinho é conhecido como um teólogo da transformação cultural.

> Cristo é o transformador da cultura para Agostinho, no sentido de que ele reorienta, revigora e regenera aquela vida do homem expressa em todas as obras humanas, que na realidade presente é o exercício pervertido e corrompido de uma natureza fundamentalmente boa, a qual, além disto, em sua depravação, está sob a maldição da transitoriedade e da morte, não porque uma punição exterior tenha caído sobre ela, mas pelo fato de ser intrinsecamente contraditória.[39]

Para Agostinho, "as virtudes morais, que os homens desenvolvem em suas culturas perversas, não são suplantadas por novas graças, mas convertidas pelo amor".[40]

---

[37] Niebuhr, 1967, p. 226.

[38] Niebuhr, 1967, p. 226.

[39] Niebuhr, 1967, p. 244.

[40] Niebuhr, 1967, p. 249.

Por isso, as virtudes da temperança, fortaleza, justiça e prudência fluem diretamente do amor. Logo, o cristão pode fazer uso de atividades culturais como a matemática, a lógica, as ciências naturais, as belas artes e a tecnologia, bem como de outros arranjos necessários de interação humana, como roupas, pesos e medidas, dinheiro e coisas semelhantes. "Tudo, e não menos a vida política, está sujeito à grande conversão que é ensejada quando Deus dá um novo começo ao homem, levando-o a começar com Deus."[41]

Para Niebuhr, o conversionismo é igualmente proeminente no pensamento de João Calvino, com relevo para a sua concepção das vocações dos homens cujas atividades podem expressar fé e amor e glorificar a Deus, assim como sua associação de Igreja e Estado, e "sua insistência em que o Estado é ministro de Deus, não apenas de um modo negativo, como o represador do mal, mas positivamente como promotor de bem-estar social". Nessa categoria, Niebuhr também cita John Wesley, Jonathan Edwards e F. D. Maurice.

As conclusões não científicas de Richard Niebuhr

Ao término de sua obra, Richard Niebuhr apresenta aquilo que ele denomina de "pós-escrito não científico e conclusivo", destacando inicialmente que o exame das respostas cristãs ao problema do relacionamento com a cultura é inconclusivo. Ele afirma que existem diversos desdobramentos que poderiam ser enfrentados, ampliando a análise para muitos outros pensadores na história. Contudo, ainda assim o estudo não seria capaz de oferecer um resultado conclusivo que identificasse a "resposta cristã" ao problema. Isso porque, segundo Niebuhr, os tipos do seu esquema quíntuplo não são de modo algum mutuamente excludentes no seu todo, havendo possibilidades de reconciliação em muitos pontos entre as várias posições.

Apesar da importância prática na formulação de uma teoria única e abrangente, a tentativa de dar uma resposta definitiva a esse problema esbarra, primeiramente, em duas dificuldades pessoais do autor que humildemente reconhece a escassez do seu conhecimento histórico e limitação no campo conceitual. A tarefa também se torna impossível por causa da convicção de que "a elaboração de tal resposta, por qualquer mente finita a que qualquer medida de fé limitada e pequena tenha sido concedida, seria um ato de usurpação da soberania de Cristo; um ato que, ao mesmo tempo, implicaria fazer violência à liberdade dos homens cristãos e à história não concluída da Igreja na cultura".[42]

---

41 NIEBUHR, 1967, p. 250.

42 NIEBUHR, 1967, p. 269.

Seja como for, Richard Niebuhr tem uma conclusão (não científica) sobre o tema, que se encontra no nível da decisão pessoal do crente. Ele afirma que cada crente chega à sua própria conclusão "final", não com base em discussões teóricas e especulativas, mas em meio aos conflitos do dia a dia. Niebuhr enfatiza, contudo, que, apesar da sua conclusão apontar que o problema *Cristo e cultura* pode e deve chegar a um fim somente em uma dimensão além de todo estudo, nas decisões livres de indivíduos crentes e comunidades responsáveis, não significa que não devamos dar atenção às maneiras pelas quais outros homens têm respondido e respondem a tal questão, e o dever de inquirir que arrazoado acompanhou suas escolhas livres, relativas e individuais.[43]

Niebuhr arremata o seu argumento sugerindo que, ante a relatividade cultural e histórica na qual se situa o nosso arrazoar, e diante das limitações de compreensão e conhecimento humanos, nossas decisões possuem também caráter relativo, como homens particulares em tempos particulares e com deveres particulares. Ele esclarece que isso não quer dizer ausência de absoluto. A relatividade a que ele se refere não conduz a uma posição de niilismo ou ceticismo, ou ao refúgio a alguma autoridade relativa (igreja, filosofia ou algum valor), mas à fé no Absoluto infinito, a quem todas as suas visões, todos os seus valores e todos os seus deveres relativos estão sujeitos.[44]

9.3. Uma breve análise da tipologia de Richard Niebuhr

Inegavelmente, a obra de Niebuhr é um dos livros cristãos de maior influência do século 20 e desde o seu surgimento tem sido referência no estudo do relacionamento do cristão com a cultura. Devo lembrar que Niebuhr foi um dos principais pensadores cristãos da sua época, como teólogo político e pensador público.[45] Apesar de reconhecer suas limitações, Niebuhr oferece um estudo histórico e teológico perspicaz e pioneiro, que exigiu uma análise ampla e comparativa da tradição cristã. Por si só, isso seria suficiente para atestar a relevância de *Cristo e cultura* no quadro da literatura cristã.

A obra de Niebuhr, no entanto, não escapou de uma série de críticas. Como é comum em qualquer obra teológica de grande relevância, ela foi minuciosamente analisada por representantes de várias tradições cristãs. Essas críticas abordam uma variedade de aspectos, desde o método empregado até a interpretação das passagens bíblicas, e até mesmo as conclusões apresentadas pelo autor.

---

[43] Niebuhr, 1967, p. 271.

[44] Niebuhr, 1967, p. 276.

[45] Yong, A. *In the Days of the Caezar: Pentecostalism and Political Theology* (Sacra Doctrina: Christian Theology for a Postmodern Age). E-book Kindle. Grand Rapids, Michigan: The Cadbury Lectures, 2009, posição 959.

Em primeiro lugar, há certa confusão na forma com que Niebuhr utiliza as Escrituras Sagradas e as encaixa em seus modelos culturais. Em pelo menos quatro tipos do seu esquema, são empregadas referências bíblicas que pretendem comprovar a adequação do personagem ao respectivo grupo. Isso pressupõe que a própria Bíblia chancelaria diversos modelos, ainda que contraditórios entre si. Nesse sentido, D. A. Carson,[46] apesar de reconhecer alguns pontos fortes no livro, diz que o modo com que Niebuhr utiliza as Escrituras é insatisfatório e acrescenta que alguns dos seus personagens exemplificativos não condizem com as categorias nas quais foram alocadas.

Em segundo lugar, a forma com que Niebuhr escolhe seus personagens históricos pode conduzir a uma simplificação demasiada. Michael Horton[47] diz que ela tende ao reducionismo, colocando vários movimentos ou indivíduos em categorias nitidamente demarcadas, numa espécie de manipulação da própria tipologia.

Em terceiro lugar, Niebuhr elimina seletivamente da sua tipologia alguns movimentos religiosos que considera inaceitáveis ou sectários (p. ex., arianos, mórmons), ao tempo em que não elimina nenhum ramo do gnosticismo "cristão" ou até mesmo do liberalismo teológico.

Em quarto lugar, Leonard Sweet[48] sustenta que Niebuhr desenvolveu seu estudo em um momento histórico em que a igreja tinha um lugar de muito mais honra na mesa, muito diferente do atual contexto de secularização, pós-religiosidade e pós-cristandade. Em outras palavras, seu esquema não considera as culturas pluralistas da contemporaneidade.

Em quinto lugar, conforme a crítica de John Howard Yoder, a proposta de Niebuhr considera a interdependência entre cristianismo e cultura, presumindo um quadro individualista para resolver a questão. Segundo Yoder, a igreja deve ser entendida com sua própria entidade sociológica e cultural, por meio da qual testemunha um modo de vida alternativo. Sendo assim, a igreja não responderia à cultura mais ampla, visto que ela é, em si, uma forma cultural de ser.[49]

Seja como for, a tipologia de Niebuhr possui uma finalidade didática, fornecendo uma visão abrangente sobre as possíveis formas do relacionamento entre cristianismo e cultura. Os tipos apresentados por Niebuhr devem ser compreendidos como modelos ideais, com características e peculiaridades próprias, com base em um ou

---

[46] Carson, D. A. *Cristo e cultura: uma releitura*. São Paulo: Vida Nova, 2012.

[47] Horton, 2006, p. 46.

[48] Sweet, Leonard (Org.). *A igreja na cultura emergente: cinco pontos de vista*. São Paulo: Vida, 2009.

[49] Yong, 2009, posição 2083.

mais pressupostos básicos. A tipologia de Niebuhr nos ajuda a compreender a abrangência da temática e a estarmos alertas com os modelos extremos, que advogam ou o afastamento completo ou a acomodação aos padrões culturais vigentes, sem qualquer ressalva, desfigurando assim a própria identidade cristã. Outra vantagem do método tipológico é ressaltar a continuidade e a importância dos grandes temas que aparecem e reaparecem na tradição cristã, ao mesmo tempo que nos orienta em nosso próprio tempo a responder às questões sobre Cristo e cultura.

9.4. Espírito e cultura

Considerando a proposta quíntupla de Niebuhr, como podemos enquadrar o pentecostalismo dentro das categorias propostas? Em outras palavras, como podemos pensar sobre o Espírito de Cristo e cultura?

Obviamente, falar em enquadrar o pentecostalismo dentro de uma ou várias categorias ideais do esquema quíntuplo é algo problemático, em virtude sobretudo das críticas formuladas anteriormente. Isso equivaleria a amalgamar a espiritualidade pentecostal em um modelo metodologicamente restritivo e incapaz de dar conta da energia vibrante e polissêmica da tradição do povo do Espírito. Seja como for, pensar o pentecostalismo tendo por base a tipologia de Niebuhr tem a sua validade, porquanto ajuda a identificar conexões e discrepâncias com os modelos-base, e as aproximações e distanciamentos com as outras tradições cristãs, contribuindo sobremodo para a formulação de uma proposta pública da teologia pentecostal.

Considerando o que expus nas primeiras duas partes deste livro, a ética e o relacionamento dos cristãos pentecostais com a cultura são direcionados pela autocompreensão do movimento acerca da santidade (Jesus santifica). Afinal, santificação envolve primeiramente a purificação do crente, dentro da experiência do cenáculo, mas molda a forma pela qual o cristão interage com a cultura e a sociedade mais ampla. Se essa obra da graça serve para santificar o cristão por inteiro (1Tessalonicenses 5:23) e em toda a sua maneira de viver (1Pedro 1:15), não resta dúvida de que esse ponto da espiritualidade pentecostal deve ser capaz de direcionar o engajamento cultural sadio por parte da comunidade cristã.

Ao acompanharmos a saída dos discípulos do cenáculo, percebemos que o relacionamento com a cultura foi movido por continuidades e descontinuidades, com aproveitamento e rupturas sociais. Em um primeiro momento, portanto, o pentecostalismo tem um caráter contracultural, representado por certo afastamento dos padrões culturais vigentes, especialmente aqueles nocivos ao testemunho cristão. Não se trata de uma postura contracultural absoluta que rejeita toda a cultura externa à igreja, mas uma postura seletiva, que busca filtrar o que é ou não compatível com a fé. Em Éfeso, como vimos, os cristãos rejeitaram a cultura idolátrica, mas foram beneficiados pela invocação da tradição da lei da ordem pelo oficial judicial. Em Atenas, Paulo contestou as filosofias dos estoicos e epicureus, mas se valeu de poetas seculares e da tradição religiosa para defender o evangelho.

Tanto o pentecostalismo primitivo quanto o moderno aproveitam-se do que há de bom na sociedade e o canalizam para o bem da vida e da pregação do evangelho. Convictos da realidade do pecado e da depravação humana, os pentecostais afirmam a necessidade de serem conduzidos pelo Espírito da verdade e da santificação para que saibam decidir o que acolher e o que rejeitar na sociedade. Principalmente porque, além da tendência humana para o pecado, que leva à corrupção, o pentecostal tem na realidade dos espíritos demoníacos outro elemento essencial no seu trato com a cultura.

Para o cristão pentecostal, passagens bíblicas como Efésios 6:12, que fala sobre principados, potestades e batalha espiritual, não são palavras decorativas, muito menos significam algum tipo de mitologia arcaica. Elas evidenciam um mundo espiritual invisível e uma guerra que se trava fora da esfera visível e material e que afeta as questões culturais. É isso o que James Smith quer dizer quando afirma que a espiritualidade pentecostal tem uma teologia "encantada" da criação e da cultura.[50] Além de reconhecer a presença ativa e dinâmica do Espírito Santo dentro da criação, não somente na igreja, reconhece ainda a existência de outros espíritos operando no mundo, que geram opressão e outros males.

Se, por um lado, os cristãos pentecostais, historicamente, têm mantido certo afastamento da chamada alta cultura, sendo acusados de escapismo e fuga da realidade, por outro, o movimento tem sido responsável pelo envolvimento com as culturas de base, promovendo mudanças significativas em culturas locais e regionais. Se é verdade que o pentecostalismo mantém certo distanciamento das construções humanas mais eruditas, é verdade também a sua notável capacidade de inculturação e mobilização social nos níveis mais populares. Aliás, a razão do franco crescimento carismático-pentecostal ao redor do mundo deve-se em grande medida a essa característica de percepção social e à sua habilidade de traduzir a mensagem do evangelho em formas de expressão da cultura popular local.[51] Isso porque a cultura não deve ser entendida somente como os constructos humanos elitizados, mas como a soma total dos estilos de vida desenvolvidos por um grupo de seres humanos e transmitidos de uma geração a outra; é o comportamento humano no seu aspecto corporativo.[52]

---

50 Smith, 2020, p. 82.

51 Anderson, 2019, p. 261.

52 Newbigin, 2016, p. 242.

Sem dúvida, como temos visto ao longo desta obra, a fé pentecostal tem condições de abranger todas as formas de cultura, da cultura popular à alta cultura, das tradições sociais mais simples às mais eruditas. Contudo, nesse processo de interação o cristão pentecostal procura preservar as características essenciais da sua espiritualidade pujante e vívida, sempre partindo da experiência do cenáculo. Há uma constante tentativa de conciliar o eterno com o finito.

Isso mostra que, diferentemente de outras tradições cristãs que buscam a síntese integrativa ou a redenção da cultura de cima para baixo, os pentecostais propõem a transformação da vida cultural de baixo para cima. Em vez de uma influência política e organizacional, os pentecostais são caracterizados (ao menos com base em seus pressupostos) pela influência comunicativa e orgânica. A cultura, os arranjos sociais e o poder governamental não são tomados à força, e sim mediante um processo (sobre)-natural de amor e serviço que acompanham a pregação do evangelho e o testemunho público. Não existe, aliás, uma ideia de transformação cultural como projeto teológico dentro da espiritualidade carismática. Os impactos sociais, culturais e políticos são na verdade reflexos inescapáveis do compromisso pentecostal com a *ordem testemunhal* de Cristo aos seus discípulos. A igreja, com efeito, não tem uma estratégia social; ela própria é uma estratégia social.[53]

Miroslav Volf destacou que aqueles que estão familiarizados com a história da igreja primitiva, as comunidades cristãs não eram, de modo algum, fatores sociais importantes. "Caluniados, discriminados, constituindo uma minoria perseguida, os cristãos eram, na melhor das hipóteses, um espinho na carne da sociedade."[54] Apesar dessa marginalização, os crentes celebravam a esperança em Deus e proclamavam com alegria o Senhor ressuscitado. Diferentemente de nossos dias, não havia nenhuma preocupação com influência ou estrutura de poder.[55]

A forma que o pentecostalismo trata a cultura secular é marcada pela tensão. Isso se deve a uma tentativa de equacionar a sua forte ênfase nas práticas no interior do cenáculo (atividades religiosas) com a vida fora dele. O cristão pentecostal se sente um estranho no mundo, porque o seu imaginário social é essencialmente moldado por crenças, afetos e práticas que destoam da sociedade secular. Isso parece se aproximar em algum grau do modelo dualista *Cristo e a cultura em paradoxo,* ao defender a dupla cidadania do cristão, como cidadão celestial e deste mundo. Nenhuma dessas esferas

---

[53] Yong, 2009, posição 2103.

[54] Volf, 2018, posição 1429.

[55] Volf, 2018, posição 1438.

deverá reger a outra, nem atacar a outra; são simplesmente esferas distintas de atuação, com propósitos diferentes.[56] Sendo assim, do ponto de vista geográfico, o cenáculo surge como a figura de uma *embaixada celestial*, que se encontra no mundo, mas operando com lei e lógica próprias.

É necessário lembrar que essa perspectiva dualista não se confunde com uma visão dicotômica do mundo, que busca segregar a vida em dois pavimentos, separando de forma absoluta a religião da vida comum. Em termos culturais, o dualismo implica a aceitação de ordens e princípios distintos que coexistem, ainda que sejam antagônicos entre si. Isso implica a aceitação de concepções paradoxais e aparentemente ambíguas, mas que expressam as verdades racionalmente incompreensíveis do evangelho. De forma geral, tal paradoxo encontra-se representado em umas das principais declarações que enfatiza a dupla natureza da vida cristã em consonância com o Reino de Deus: "já e ainda não". Esse paradoxo rejeita tanto o ativismo social, cultural e político, quanto o sectarismo. Ele indica que, por um lado devemos permanecer separados do mundo, mediante a santificação, por outro, temos o compromisso de ser sal e luz e testemunhar na sociedade, ainda que a partir das margens sociais.

---

[56] Horton, 2006, p. 43.

Capítulo 10

O que é teologia pública?

As discussões que se travaram ao longo dos séculos sobre fé cristã e cultura, permeadas por intensos debates sobre religião e secularismo, Deus e civilização, abriram caminho para um novo ramo da teologia cristã preocupada em refletir sobre os aspectos públicos do fenômeno religioso em seus diversos sentidos. O trabalho de Richard Niebuhr, aliás, teve papel relevante nesse empreendimento, oferecendo "um paradigma para uma teologia pública",[1] para usar a expressão empregada por Martin Marty em 1974, um dos primeiros a cunhar o termo.

Neste capítulo, então, pretendo explorar o conceito de teologia pública, para posteriormente discutir sobre as aproximações e distanciamentos da fé pentecostal com as principais correntes cristãs.

10.1. Um breve conceito

Considerando o longo percurso da teologia cristã, é possível afirmar que a ideia de uma *teologia pública* é relativamente recente, por isso a sua concepção encontra-se ainda em fase de desenvolvimento. A *teologia pública* não possui um sentido monolítico, um significado único e autoritativo, nem uma forma normativa singular de fazer teologia nesse campo de reflexão.[2] O que temos são propostas e caminhos que procuram

---

1 Sinner, R. von, "Teologia pública no Brasil: um primeiro balanço", *Perspectiva Teológica*, [S.l.], vol. 44, n. 122, p. 11, 2012. DOI: 10.20911/21768757v44n122p11/2012. Disponível em: www.faje.edu.br/periodicos/index.php/perspectiva/article/view/1589. Acesso em: 26 ago. 2022, p. 22.

2 Sinner, 2022, p. 21.

abordar os assuntos que estão além do âmbito eminente religioso e eclesiástico, que dizem respeito à cultura secular e à praça pública.

Dentre as principais narrativas que procuram explicar o sentido do termo é possível citar, primeiramente, o teólogo e ministro luterano Martin Marty, que utilizou a expressão em 1974. Marty procurou contrastar teologia pública e religião civil, destacando as contribuições da teologia cristã para a sociedade e o Estado. Para Marty, a teologia pública seria um "discurso teologicamente informado", "de natureza ética" e "disponível e aberto para todos".[3]

Outra contribuição historicamente significante na origem do conceito é a do teólogo católico David Tracy. Em seu livro *A imaginação analógica: a teologia cristã e a cultura do pluralismo*,[4] Tracy inicia a discussão formulando o seguinte problema: "Em uma cultura de pluralismo, cada tradição religiosa deve ao final diluir-se num mínimo denominador comum ou aceitar uma existência marginal como uma opção interessante, mas puramente privada?"[5] Em resposta, ele afirma que nenhuma dessas alternativas é aceitável para quem está seriamente comprometido com a verdade de qualquer tradição religiosa, por isso sugere a necessidade de se formular uma estratégia teológica nova e complexa, que fuja do particularismo, "por meio de articulações genuínas que a religião tem quanto à verdade".[6] Isso porque, para Tracy, a simples afirmação do pluralismo poderia estar "mascarando uma tolerância repressiva em que tudo é permitido, porque, em última análise, nada é levado a sério", ou então esse mesmo pluralismo estaria encobrindo uma bela confusão. Diante desse contexto, o teólogo sugere que "afirmar o pluralismo responsavelmente deve incluir a afirmação da verdade e dos critérios públicos para tal afirmação".[7]

É diante dessa problemática do pluralismo que emerge a necessidade de uma teologia pública, que seja capaz de desenvolver critérios e discursos para a sociedade mais ampla. Embora para Tracy toda teologia seja discurso público, ela se dirige a três audiências distintas: (1) a igreja, (2) a academia e (3) a sociedade. Cada um desses públicos possui normas próprias e formas de discurso e preocupações específicas, gerando três tipos de teologia: fundamental, sistemática e prática.[8] Não obstante, a publicidade encontra-se em todas essas dimensões. Nas palavras de Tracy,

---

[3] Sinner, 2022, p. 21.

[4] Tracy, David. *A imaginação analógica: a teologia cristã e a cultura do pluralismo*. São Leopoldo, RS: Unisinos, 2006.

[5] Tracy, 2006, p. 11.

[6] Tracy, 2006, p. 11.

[7] Tracy, 2006, p. 11.

[8] Vanhoozer, Kevin J.; Strachan, Owen. *O pastor como teólogo público: recuperando uma visão perdida*. São Paulo: Vida Nova, 2016, p. 21.

> Os teólogos que enfatizam o público "sociedade maior", mediante o protesto e a crítica proféticos ou mediante as teologias integradoras da cultura, são visionários puramente privados ou deveriam presidir uma audiência pública. No último caso, eles estão fazendo asserções públicas à sociedade e deveriam ser responsabilizados pela plausibilidade ou implausibilidade do seu conselho. Aqueles teólogos que enfatizam o público "academia" estão obrigados a demonstrar, mediante critérios acadêmicos públicos e reflexão disciplinada (isto é, disciplinar), a plausibilidade de suas pretensões a sentido e verdade e a relação entre essas alegações e a tradição cristã que estão tentando interpretar. Aqueles teólogos que enfatizam o público "igreja" deveriam mostrar como e porque a publicidade, de fato a universalidade que sua tradição reivindica, está relacionada com a tradição central daquela tradição, bem como com outras reivindicações de publicidade.[9]

Em outro artigo, David Tracy sugere a existência de três tipos de razões ou discursos públicos. O *primeiro* é baseado na investigação racional, que conduz à análise lógica e ao debate. O *segundo* tipo se firma no diálogo com todas as expressões clássicas (de qualquer texto, evento, símbolo, história, imagem, música; seja na arte, seja na ética, seja na religião). De acordo com Tracy, mesmo para o não crente, os grandes clássicos religiosos têm muito a sugerir para a reflexão de qualquer pensador sério na esfera pública. Por fim, o *terceiro tipo* é aquele cujos recursos estão além dos limites da razão.

Ao contrário das duas primeiras formas de discurso público, com seus apelos quer à razão dialética debatedora, quer à razão dialógica hermenêutica, quer à interpretação dos clássicos, o terceiro tipo se ocupa com o valor público das realidades para além dos limites da razão (por exemplo, o Incompreensível, a Revelação/Fé, o Inefável). Desse modo, a terceira forma baseia-se num paradoxo: a esfera pública necessita da ajuda de realidades além da razão pública. Ela fornece recursos místicos-proféticos que evidenciam a sua relevância pública:

> Os judeus e os cristãos, é claro, tomavam a "revelação" como puro dom da automanifestação de Deus (Êxodo 3:14), além de qualquer coisa que a razão pudesse alcançar. Além disso — como argumentou Agostinho em *A cidade de Deus* —, a revelação possuía implicações para as esferas pública e política. Qualquer pensador que tenha fé-confiança na revelação de Deus acredita que nos foi dado, como puro dom, um novo caminho pessoal e público. Além disso, como dotados de razão, somos capazes de atingir um "entendimento análogo, imperfeito, parcial, mas real" da revelação. Achar que tal revelação só é relevante para

[9] Tracy, 2006, p. 69.

o indivíduo é recusar perceber que o homem religioso, com sua profunda fé pessoal, é um indivíduo relacional, uma pessoa ligada a todas as outras pessoas, a toda a sociedade, a toda comunidade de crentes, à Igreja, à natureza e ao cosmo; e, acima de tudo, ao Deus incompreensível, que é Amor.

A fé é um novo conhecimento, não apenas de novas crenças cognitivas, mas também de um novo fundamento para o conhecimento — um fundamento de confiança radical (a *fides fiducialis*), que nos leva a todo novo e, na verdade, infinito conhecimento (a *epéktasis* de Gregório de Nissa), culminando na união mística com Deus.[10]

Segundo Tracy, essa abordagem não é antidialógica ou antirracional, mas tem o intuito de manifestar o conhecimento e o pensamento da realidade presente-ausente do Incompreensível, do Impossível, do Inefável em nosso meio. Esse parâmetro além da razão fornece novos recursos de razão discursiva e sugere de que maneira uma teologia filosófica (sobre o Impossível que se fez possível na revelação) pode funcionar também na esfera pública. Tracy propõe que esse terceiro tipo, unido com os dois primeiros, pode ajudar, e muito, a deprimida esfera pública de nossa sociedade, pondo à disposição os ricos recursos das tradições religiosas cristãs (e outras também).

Outro especialista nessa discussão é Max Stackhouse. De acordo com esse teólogo, considerando que o mundo público é o espaço no qual os discípulos de Cristo vivenciam a sua fé, e se "as esferas públicas são o contexto mais amplo de nossos ministérios, precisamos de uma teologia pública para lidar com essa realidade".[11] Contudo, segundo Stackhouse, teologia pública não se confunde com teologia política; enquanto a teologia política trata da análise e crítica política e da relação entre Igreja e Estado, a teologia pública não trata cada problema como se fosse um problema político nem soluciona cada problema público por meio da reforma do Estado ou da formação de uma maioria moral.[12] "A teologia pública se propõe a oferecer ao mundo não 'a nossa perspectiva confessional', mas declarações com fundamento sobre o que, em última análise, é verdadeiro e justo e diz respeito a todos."[13]

Além das propostas sobre teologia pública mencionadas, emergiram posteriormente outras perspectivas com abordagens distintas, que procuravam adaptar-se às

---

[10] Tracy, David A., "Teologia na esfera pública: três tipos de discurso público", *Perspectiva Teológica*, [S.l.], vol. 44, n. 122, p. 29, 2012. DOI: 10.20911/21768757v44n122p29/2012. Disponível em: www.faje.edu.br/periodicos/index.php/perspectiva/article/view/1590. Acesso em: 27 ago. 2022.

[11] Vanhoozer; Strachan, 2016, p. 38.

[12] Vanhoozer; Strachan, 2016, p. 39.

[13] Vanhoozer; Strachan, 2016, p. 39.

realidades locais, como observado na América do Sul e, especificamente, no Brasil, por aqui como uma roupagem da teologia da libertação[14]. No entanto, é importante ressaltar que essa não foi, nem é, a única concepção majoritária no Brasil. Concomitantemente, existe uma corrente ortodoxa e conservadora que desafia e contrapõe os pressupostos e abordagens progressistas, destacando-se como uma voz significativa na teologia brasileira contemporânea.

Como o propósito aqui não é apresentar uma ampla genealogia do conceito, mas tão somente sintetizar a sua essência para os propósitos da nossa reflexão, cabe destacar que a ideia predominante em seu entorno é alçar a teologia cristã além das discussões dogmáticas e eclesiais, como um discurso plausível dentro da arena pública. Nas palavras de Kevin Vanhoozer,

> O significado comum de teologia pública é "teologia na praça pública e para ela". O público em vista é a sociedade: a *polis* mais ampla. Portanto, a teologia pública é aquela que aborda preocupações comuns em um fórum aberto, em que nenhum credo ou confissão em particular ocupa posição de maior destaque. De modo específico, a teologia pública diz respeito às formas e aos meios pelos quais indivíduos cristãos (e igrejas) devem testemunhar de sua fé na praça pública (i.e., na sociedade em geral).[15]

Percebe-se que a ideia de construir uma teologia pública foi alimentada originariamente pela intenção comum de neutralizar — ou pelo menos responder adequadamente — à tentativa de marginalização e privatização cultural e política do discurso religioso, notadamente após o advento da modernidade e da entronização do liberalismo político e seu projeto de rejeição das doutrinas abrangentes nas discussões públicas.[16] Posteriormente, as propostas avançaram para englobar outras preocupações sociais, sempre conectadas com a religião, a exemplo do bem comum, da cidadania e da justiça social.

Nesses termos, a ideia de teologia pública é procurar oferecer razões públicas inteligíveis em um mundo secular e plural, fornecendo argumentos, princípios, exemplos e pontos de contato que evidenciem a relevância e a estrutura de plausibilidade da religião. O problema de um conceito restritivo de teologia pública, porém, informado e nutrido por pressupostos e método específicos, é transformá-la em uma teoria social

---

[14] Sinner, R. von, "Teologia pública no Brasil: um primeiro balanço", *Perspectiva Teológica*, [S.l.], vol. 44, n. 122, p. 11, 2012. DOI: 10.20911/21768757v44n122p11/2012. Disponível em: www.faje.edu.br/periodicos/index.php/perspectiva/article/view/1589. Acesso em: 26 ago. 2022.

[15] Vanhoozer; Strachan, 2016, p. 38.

[16] Nesse sentido, veja Rawls, John. *O liberalismo político*. São Paulo: Martins Fontes, 2020.

ou filosofia política em si mesma, de modo que inclua concepções que partam de modelos epistemológicos distintivos.

A ideia de uma teologia pública não deve privilegiar uma única forma de raciocínio que direciona a postura religiosa na esfera pública. Em vez disso, deve ser um campo de reflexão plural, capaz de acolher e dialogar com as propostas oriundas das diversas tradições. Essa abordagem amplia o horizonte da teologia pública ao permitir que diferentes vozes religiosas contribuam para o discurso público, enriquecendo-o com suas perspectivas únicas e seus insights valiosos. Além disso, esse ramo de reflexão teológica deve promover um espaço de interação respeitosa e construtiva, reconhecendo a importância de cada uma na formação de um tecido social coeso e diversificado.

10.2. Uma proposta de teologia pública

Como um conceito ainda em construção, a *teologia pública* está sujeita a receber em seu conteúdo os pressupostos teológicos e filosóficos de seus proponentes. Embora as propostas originais tenham grande utilidade, no sentido de buscar a plausibilidade do discurso cristão para a sociedade em geral, prefiro defini-la não pelo seu conteúdo, mas pela finalidade a que se propõe, como ramo especializado da teologia cristã. Com efeito, a teologia pública é capaz de abrigar as diversas propostas das tradições cristãs que abordem o relacionamento da fé com a cultura, economia, política e sociedade em geral, por exemplo.

De um modo ou de outro, esse tipo de abordagem teológica que se preocupa em oferecer respostas às questões sociais mais amplas sempre fez parte da história cristã, com uma ou outra ênfase. Os termos empregados para designar esse empreendimento em geral se referem a "cristianismo e cultura", "Igreja e Estado" ou "fé e política", por exemplo, manifestando-se de formas variadas na doutrina social da Igreja Católica, na doutrina dos reinos do luteranismo, na soberania das esferas do calvinismo holandês, na teologia da missão integral, na teologia da libertação e em outras abordagens que oferecem princípios e orientações para a vida social.

Portanto, embora o termo "teologia pública" seja relativamente recente na história da igreja, o seu objeto sempre esteve presente nas discussões desde os primórdios da cristandade. Obviamente, com o avanço da sociedade e o surgimento das questões do paradigma moderno e o pluralismo, a ideia de uma teologia pública ganhou ainda maior relevância, como campo específico de investigação. Contudo, o que se percebe é que o núcleo propulsor central da teologia pública é o mesmo que esteve presente desde o início da igreja primitiva: a relação entre a fé, a razão e a cultura secular.

Com isso em mente, compreendo a teologia pública como o campo de estudo que se preocupa com as questões de natureza pública, isto é, que extrapolam os limites eclesiais, dogmáticos e cerimoniais da comunidade cristã. A teologia pública, como a concebo, envolve a reflexão sobre o relacionamento da fé com a cultura mais ampla, englobando economia, direito, Estado, política e a sociedade civil. A teologia pública vai além da cosmovisão, pois, enquanto a cosmovisão se refere a uma orientação fundamental sobre a vida como um todo, a teologia pública fornece algum tipo de esquema conceitual e principiológico para a conduta pública. Os modelos de teologia pública podem ser mais ou menos abrangentes, de acordo com o seu nível de complexidade e escopo, envolvendo um ou mais elementos da esfera pública.

10.3. Desafios para uma teologia pública de matriz pentecostal-carismática

Dentre os diversos desafios que compreendem o labor teológico público, permita-me enumerar três deles:

(1) O desafio de construir uma teologia pública que vá além do discurso. Embora a teologia pública compreenda um discurso inteligível em uma sociedade secular e plural, o seu desenvolvimento não deve se esgotar nas teorizações discursivas. O objetivo da teologia pública não é, em si, o discurso calcado em razões públicas, mas *o testemunho em sociedade*, o que implica uma *ortopraxia*, expressa por meio de condutas e hábitos sociais, culturais e políticos. Se, como definiu Martin Marty, a teologia pública consiste em discurso teologicamente informado, de natureza ética e disponível e aberto para todos, então ela também há de ser o *comportamento teologicamente informado, ético e percebido por todos.* Pensar de modo diferente seria cair na mesma hipocrisia religiosa combatida por Jesus Cristo, o fundamento da teologia pública cristã.

(2) O desafio de ser fiel aos seus pressupostos espirituais. Um dos grandes riscos ao pentecostalismo é adotar um conjunto de doutrinas e premissas teológicas para a vivência pública que não sejam compatíveis com a sua própria tradição espiritual. Isso pode gerar uma espécie de *Frankenstein religioso*, com coração pentecostal e mãos cessacionistas. Quando tal ocorre, a presença pública apaga o fervor do Espírito, esconde os dons espirituais, ofusca a simplicidade e converte a fé numa religião social. Uma teologia pública de matriz pentecostal não é um constructo teórico *a priori*, mas a articulação em termos compreensíveis dos elementos que caracterizam a sua tradição e herança devocional.

(3) O desafio de rejeitar o desejo de dominação política. A *libido dominandi,* termo empregado por Agostinho em sua magna obra *A cidade de Deus*, referindo ao desejo de dominação, é algo que pode afetar a todos. Como tal, considerando que a teologia pública envolve influência cultural, presença pública e relacionamento com as estruturas de poder, geralmente em confronto com perspectivas distintas, é desafiador fazer teologia pública sem pretensões de dominação política, com base em perspectivas teocráticas que colocam em risco o princípio democrático e o testemunho em sociedade. Para superar tal desafio, é importante lembrar que a teologia pública não é instrumento de predomínio e imposição, mas de abertura, diálogo e influência inteligente. A teológica pública cristocêntrica e cruciforme, sobretudo, coloca-se no mundo numa posição de religiosidade profética.

Em síntese, a teologia pública compreende a preocupação teológica para uma audiência ampla que envolve toda a sociedade e considera as questões e os problemas sociais, culturais, econômicos, políticos etc. Sua finalidade é oferecer razões públicas inteligíveis em um mundo secular e plural, por meio de argumentos, princípios e pontos de contato que evidenciem a relevância e a estrutura de plausibilidade da religião, com o escopo principal de dar *bom testemunho na sociedade*.

Capítulo 11

Pentecostalismo e outras tradições cristãs: aproximações e distanciamentos

Tomando por base a definição do capítulo anterior, irei me deter agora na visão panorâmica das principais propostas do cristianismo protestante de teologia pública. Novamente, ressalto que não pretendo esgotar as concepções teológicas nessa área, mas trazer para reflexão aquelas mais significativas, como ponto de partida para podermos pensar em uma contribuição pentecostal.

Tendo em vista que a questão essencial da teologia pública é a cultura secular, as propostas teológicas de algum modo relembram aquelas tipologias de Richard Niebuhr ou outros modelos semelhantes. Em seu livro *Igreja centrada*, Timothy Keller sugere a existência de quatro modelos cristãos de interação do cristianismo com a cultura e a esfera pública:

1) *Modelo contracultural*, que envolve grupos cristãos como anabatistas, neoanabatistas, monásticos e amish;
2) *Modelo dos dois reinos*, que engloba tanto a vertente luterana quanto reformada;
3) *Modelo de relevância*, dentro do qual estão a teologia da libertação, protestantismo histórico e liberal, igreja emergente; e

4) *Modelo transformacionista*, que inclui o neocalvinismo, a direita religiosa e os teonomistas/reconstrucionistas.[1]

Para sintetizar esses modelos, Keller elaborou um esquema visual retratado anteriormente. O eixo vertical, segundo Keller, representa a natureza do nosso mundo cultural; no topo, encontra-se a crença de que o mundo está cheio da graça comum. Na parte de baixo, está a crença de que o mundo é mau, de sorte que a revelação natural de Deus é de difícil compreensão, e que os atos de Deus acontecem na igreja e por meio dela somente. O eixo central mostra a perspectiva acerca da atitude quanto à mudança cultural; na extremidade esquerda, encontra-se a crença de que não devemos nos empenhar para mudar o mundo e a sociedade e, na direita, a crença de que devemos atuar ativamente na cultura a fim de alterá-la.

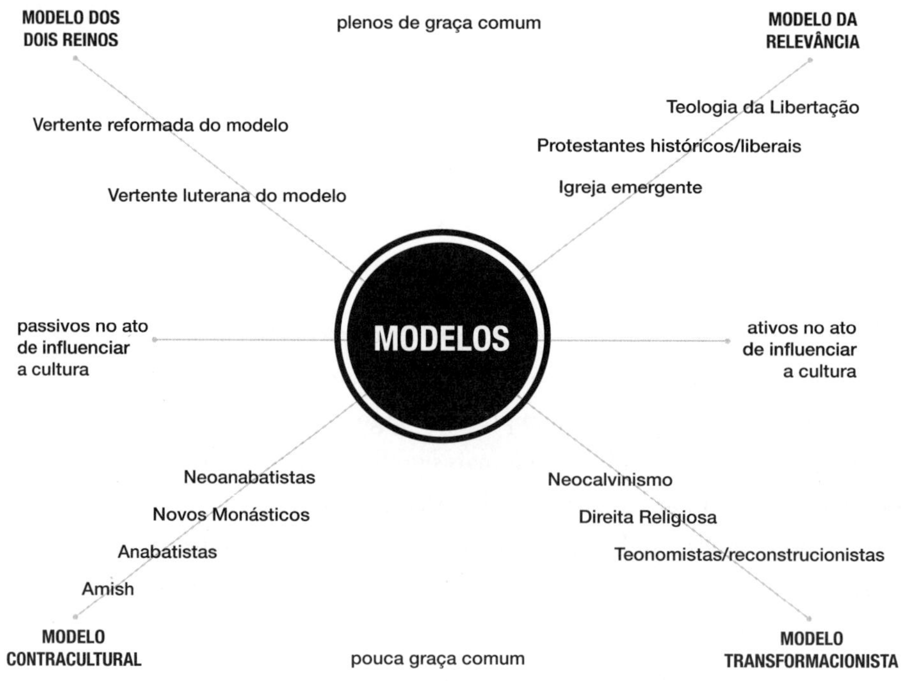

O gráfico[2] é importante para mostrar como cada proposta cristã se situa no espectro geral e se posicionam entre si e em relação aos tópicos mais importantes da relação com a cultura secular. Uma vez que o modelo contracultural se caracteriza

[1] Keller, Timothy. *Igreja centrada: desenvolvendo em sua cidade um ministério equilibrado e centrado no evangelho*. São Paulo: Vida Nova, 2014, p. 274-275.

[2] Elaborado com adaptações de: Keller, 2014, p. 275.

essencialmente pela ausência de uma teologia pública formal, ainda que esse tema seja pensado de algum modo, iremos nos dedicar à apresentação do modelo dos dois reinos, modelo da relevância e modelo transformacionista.

Partindo desses principais modelos propostos por Keller, podemos refletir um pouco sobre as aproximações e os distanciamentos com a fé pentecostal; afinal, o pentecostalismo comunga de vários pontos das principais correntes cristãs de vivência pública, dentro da tradição protestante em especial; mas, em razão da sua polissemia, dinamismo e distintivos, não se enquadra exclusivamente em nenhum desses modelos.

Identificar tais aproximações e distanciamentos é importante porque revela que a tradição carismática não é isolada, sectária e "reinventora da roda", mas ao mesmo tempo não perde sua identidade em uma ampla diversidade do cristianismo. Os pensadores de outras vertentes cristãs são parceiros de diálogo, com quem algumas vezes concordaremos em unidade e em outras iremos divergir e criticar com gentileza.

11.1. Modelo dos dois reinos

No capítulo 9, destaquei que a forma do pentecostalismo tratar a cultura secular é marcada pela tensão, aproximando-o do modelo dualista *Cristo e cultura em paradoxo* de Richard Niebuhr, mais claramente personificado na teologia dos dois reinos. Esta denominação advém de Martinho Lutero[3] e da sua formulação da doutrina dos dois regimentos. Em seu texto *Sobre a autoridade secular*, o reformador defendia que Deus governa toda a criação, mas o faz de modos distintos. Sendo assim, existem dois reinos: o secular, que governa com a espada e é visto exteriormente; e o espiritual, que rege apenas com a graça e o perdão dos pecados, mas esse Reino não pode ser visto com os olhos físicos; antes, é apreendido apenas com a fé.

Com base em Romanos 13 e 1Pedro 2:13-14, Lutero afirmava que o Estado era ordenado por Deus fundamentalmente para reprimir os malfeitores e preservar a paz. O objetivo da *espada secular* [*Weltlich*] é fazer justiça e punir os efeitos do pecado no mundo. "Se não existissem leis e governos, uma vez que o mundo é mau e apenas um ser humano em mil é um verdadeiro cristão, as pessoas se destruiriam umas às outras [...]",[4] diz Lutero. Enquanto isso, o governo espiritual molda os

[3] Apesar das divergências, alguns escritores têm afirmado que o próprio João Calvino teria adotado esse modelo de dois reinos, conforme se extrai de suas considerações sobre o governo civil (*Institutas da religião cristã*, livro IV, capítulo 20), onde distingue o reino espiritual de Cristo do governo civil.

[4] Lutero, "Sobre a autoridade secular", in: Höpfl, Harro (Org.). *Sobre a autoridade secular*. São Paulo: Martins Fontes, 2015, p. 15.

verdadeiros cristãos e as pessoas justas, por meio do Espírito Santo, sob Cristo. A intenção de Lutero era evitar a criação de um governo cristão para o mundo secular. Em suas palavras,

> Existe sempre um número muito maior de iníquos do que de homens justos. Assim, tentar governar toda uma região ou o mundo inteiro por meio do evangelho é como abrigar no mesmo aprisco lobos, leões, águias e carneiros, permitindo que se associem livremente, e dizer-lhes: alimentem-se e sejam justos e pacíficos; o estábulo não está fechado, existe pastagem em abundância e não há cães ou porretes que precisem temer. Os carneiros certamente conservar-se-iam em paz e se deixariam ser governados e alimentados sossegadamente, mas não sobreviveriam por muito tempo.[5]

Apesar da distinção entre os dois reinos, Lutero enfatizava que nenhum deles é suficiente para o mundo sem o outro: "Sem o governo espiritual de Cristo, nenhum homem pode se tornar justo aos olhos de Deus [apenas] pelo governo secular."[6] Enquanto isso, "onde o governo secular governa por si só, prevalece a hipocrisia pura e simples, ainda que fossem os próprios mandamentos de Deus [que estivessem sendo executados]". Afinal, "ninguém se torna verdadeiramente justo sem o Espírito Santo em seu coração, por melhores que sejam suas ações".[7]

No dualismo luterano, o reino da mão esquerda (também denominado de reino comum ou reino terreno) é regido pela revelação natural, enquanto o reino da mão direita (o reino redentor) é governado pela revelação especial de Deus. Consequentemente, a igreja cristã não deve buscar a transformação da cultura ou impor seus valores e princípios sobre a política secular. Afinal, quando o evangelho é posto a serviço da Lei (o reino secular), a espiritualidade se converte em moralismo, operando na superficialidade e aparência.

Igreja e Estado, então, coexistem em uma tensão necessária,[8] e os cristãos encontram-se em uma situação ambígua para equacionar a vida nos dois reinos. Fica claro que esse modelo não defende uma sociedade ou uma civilização cristã. No âmbito espiritual, a comunidade da graça é experimentada entre os cristãos, por sua devoção e entrega a Deus. No social, os cristãos operam em um território "neutro", em termos

---

[5] Lutero, 2015, p. 17.

[6] Lutero, 2015, p. 17.

[7] Lutero, 2015, p. 17.

[8] George, Timothy. *Teologia dos reformadores*. Edição revisada e ampliada. São Paulo: Vida Nova, 2017, p. 121.

comuns com os não crentes. Apesar de rejeitar os valores do mundo, a atuação cristã na esfera pública se dá por "meios naturais", valendo-se dos instrumentos ofertados pela revelação geral, suficientes para frear o pecado e estabelecer a ordem social. Os crentes são incentivados a servirem a Deus mediante suas profissões seculares, pois contribuem para o bem comum e servem ao próximo, sem que isso signifique levar a cultura a uma direção mais cristã.[9] Daí porque, em geral, os defensores da teologia dos dois reinos discordam do chamado "mandato da criação", segundo o qual Deus teria dado uma missão cultural à igreja.

Importante recordar que a teologia de Lutero foi desenvolvida em um contexto[10] em que eclodiam perseguições políticas e religiosas em toda a Europa. Apesar da sua insistência na separação dos dois reinos, havia uma legítima preocupação com a segurança das igrejas protestantes, especialmente em face das revoltas camponesas da Alemanha.[11] Isso contribuiu para uma postura positiva em relação aos magistrados e outros instrumentos do Estado, um preço pago para assegurar as medidas de reforma, dando origem ao termo "Reforma Magisterial", em oposição à Reforma Radical advinda dos anabatistas. Com o tempo, então, "o luteranismo cristalizou certos princípios favoráveis à religião oficial sob a autoridade do magistrado civil local".[12] Nas palavras de Timothy George, "No luteranismo posterior, a igreja tendeu a transformar-se num departamento do Estado; consequentemente, sua voz profética dentro da sociedade ficou bastante emudecida".[13]

Apesar de o pentecostalismo se aproximar em algum nível desse modelo dos dois reinos, por causa da sua concepção de dupla cidadania, e igualmente não focar suas atividades em transformações culturais e influência política, ainda que isso possa ocorrer como consequência de seu testemunho público, a prática e a tradição carismáticas se distanciam em muitos pontos.

Em primeiro lugar, a doutrina dos dois reinos confere à revelação geral um valor muito alto, ao tempo em que despreza a fé e a espiritualidade na esfera pública.

---

[9] Keller, 2014, p. 250.

[10] Ao falar sobre aquele ambiente, Alister McGrath escreve: "Claro que nem Lutero nem Calvino podiam controlar seu contexto cultural; cada um deles foi obrigado a trabalhar naquele contexto, enquanto aspirava pela transformação dele. O anabatismo encontrou-se em conflito com a cultura do século 16 como um todo e acreditava que sua própria identidade e programa seriam mais estabelecidos com o afastamento e desligamento do mundo." (*Revolução protestante*, p. 308.)

[11] Ramos, Leonardo; Freire, Lucas. [Introdução], in: Dooyeweerd, Herman. *Estado e soberania: ensaios sobre cristianismo e política*. São Paulo: Vida Nova, 2014, p. 10-11.

[12] Ramos; Freire, 2014, p. 11.

[13] George, 2017, p. 122.

Grande parte do protestantismo adepto dessa linha de raciocínio conduziu a igreja a uma espécie de naturalismo, que resultou em formalidade excessiva e clericalismo, características essas que posteriormente o pentecostalismo irá romper em seu surgimento.

Para o cristão pentecostal, a revelação especial de Deus, a Bíblia, e a manifestação do Espírito Santo não estão confinadas ao ambiente eclesiástico, mas se estendem até os confins da terra. O pentecostal não deixa suas convicções da revelação especial no banco da igreja quando lida com as questões de natureza pública. Ainda que assuma a revelação geral de Deus, ele insiste em que o diferencial da vida fora do cenáculo está na experiência diária com Deus.

Enquanto os adeptos dos dois reinos direcionam a participação e a presença pública tendo por base a graça comum, ou seja, a graça não redentora, que se estende aos não salvos e restringe os efeitos do pecado no mundo e a depravação humana decorrente da queda, o pentecostal tem na graça salvadora o impulso que o leva a testemunhar publicamente, tendo em vista a providência divina. Aliás, a ideia de uma graça comum é estranha à teologia pentecostal.

James Smith, a propósito, formula uma crítica pertinente a respeito da participação política cristã sustentada eminentemente pela crença na graça comum. Se essa graça comum está operando na sociedade, diz Smith, "podemos estar confiantes de que Deus está em ação nela e, portanto, nos unimos a essa obra". O autor prossegue:

> Minha preocupação com esse tipo de "licença" da participação cristã na democracia liberal é dupla. Em primeiro lugar, isso não nos diz muito além de algo como: "Tudo bem; vá em frente; seja político". Não há muito conselho além de permissão e encorajamento. Isso porque a invocação da graça comum como garantia de participação cultural e de colaboração política é, em grande medida, abstrata, a-histórica e idealista, com pouca atenção às contingências e vicissitudes da história em si mesma ou, especialmente, ao escândalo específico que é a história do impacto da igreja sobre as culturas políticas do Ocidente e do mundo em geral. Em segundo lugar, e mais importante, essa licença da graça comum trata como "natural" e "criacional" o que é, na verdade, evangélico e eclesial. A graça comum exige recorrer-se a um deus *ex machina* para dar conta das realidades culturais que são, depois de uma análise detida, o legado histórico da graça especial, remanescente da influência especificamente evangélica da cristologia, eclesiologia e do evangelho.[14]

---

[14] Smith, James K. *Aguardando o Rei*: *reformando a teologia pública*. São Paulo: Vida Nova, 2020, p. 246.

Em segundo lugar, a doutrina dos dois reinos implica ou ensina que é possível ao ser humano ser conduzido por bases religiosas neutras.[15] Por outro lado, a fé pentecostal, além de destacar a tendência religiosa alojada no coração humano, enfatiza que o mundo em geral é permeado por questões espirituais, que influenciam o mundo social, político e econômico.

Em seu livro *O cristão e a cultura*,[16] por exemplo, Michael Horton, defensor do modelo dualista, diz que na Bíblia a batalha espiritual ocorre na terra, quando Satanás tenta confundir o crente ou diminuir nele a confiança em Cristo e na sua justiça imputada como suficiente para a salvação. Em outras palavras, diz o autor, é uma batalha pelos corações e pelas mentes e tem a ver com verdade *versus* erro, fé *versus* incredulidade, crença em Cristo *versus* crença em qualquer outra coisa. Ele conclui dizendo que essa batalha não se focaliza em "encontros de poder" e exorcismos, mas no "valente" sendo expulso por um "homem mais valente" que toma o seu lugar.[17]

Na concepção de Horton e de outros que seguem a linha dos dois reinos, as disputas espirituais têm a ver essencialmente com o coração e com a mente. O confronto de poderes e as ênfases do mundo espiritual se resumem à vontade e ao intelecto humano. Mas o pentecostal vai além, ressaltando a realidade das possessões e atuações satânicas para influenciar o mundo. Carolyn Baker e Frank Macchia, ao falarem sobre Efésios 2:2, dizem que "o príncipe das potestades do ar [...] opera nos filhos da desobediência". Isso não significa que toda desobediência a Deus seja uma resposta à tentação demoníaca direta; mas certamente significa que o reino das trevas é bem servido, e seu propósitos são realizados por meio da desobediência humana.[18] Desconsiderar isso é desacreditar os relatos do Novo Testamento.

Certamente, existem compreensões equivocadas dentro do movimento pentecostal acerca dos seres demoníacos, mas isso não invalida a realidade desse mundo espiritual. Ter em mente a realidade espiritual subjacente ao mundo não significa espiritualizar as questões sociais ou as disputas políticas, como se percebe em muitos casos. Para evitar os extremos da indiferença e do apego exagerado aos demônios, os cristãos têm a seu dispor o discernimento bíblico e o dom de discernimento dos espíritos.

Em terceiro lugar, enquanto o modelo dos dois reinos conduziu a um "quietismo social", para usar a expressão de Keller,[19] o pentecostalismo, conforme vimos em

---

[15] Keller, 2014, p. 254.

[16] Horton, 2006, p. 15.

[17] Horton, 2006, p. 15.

[18] Baker, Carolyn Denise; Macchia, Frank D., "Seres espirituais criados", in: Horton, 1996, p. 211.

[19] Keller, 2014, p. 256.

capítulos anteriores, tem se caracterizado como uma força social impressionante ao redor do mundo, com programas de moradia, ajuda aos pobres e cuidados a crianças e idosos. Tal envolvimento, afirma Alister McGrath, "não é visto como periférico nem como complementar nas preocupações do evangelho, mas como parte integral da percepção cristã de cura e renovação — ênfase típica da espiritualidade pentecostal".[20]

11.2. Modelo de relevância: teologia da libertação e teologia da missão integral

Seguindo o esquema de Timothy Keller, outras propostas teológicas públicas cristãs ressaltam a relevância da participação social da igreja, destacando-se a teologia da libertação e o protestantismo histórico (e eu acrescentaria a missão integral). A ênfase desse modelo é a política e a justiça social, como elementos cruciais da missão cristã.

a) Teologia da libertação

A teologia da libertação se iniciou como uma corrente dentro da Igreja Católica Apostólica Romana, na década de 1960, centralizando na pobreza a ênfase do evangelho e interpretando as Escrituras com base no sofrimento do oprimido. Trata-se de uma doutrina de base revolucionária e humanista que lê as Escrituras com base na *ideologia marxista*, dando ênfase exagerada à justiça social.

É certo dizer que o pentecostalismo se preocupa com o pobre e o excluído socialmente, especialmente em razão da origem de grande parte de seus membros entre as camadas mais excluídas da sociedade. O antropólogo Juliano Spyer mostra isso em seu livro *Povo de Deus: quem são os evangélicos e por que eles importam*[21], que resultou da sua experiência de morar, entre 2013 e 2014, em um bairro popular da periferia de Salvador, convivendo com crentes pentecostais. Após rememorar as origens do movimento pentecostal no Brasil no início do século 20, com a fundação da Congregação Cristã e da Assembleia de Deus, que se espalharam principalmente pelas regiões periféricas das cidades, o autor enfatiza o caráter popular que tais organizações evangélicas assumiram na sociedade brasileira, com forte participação dos pobres. Imbuído de uma moralidade ascética, o apelo do pentecostalismo vem, segundo Spyer, de sua capacidade de reduzir o impacto da desigualdade em contextos de instabilidade econômica e violência urbana, proporcionando uma nova rede de relacionamentos e uma família estendida. Spyer constatou que essas igrejas reforçam entre os mais vulneráveis

---

[20] McGrath, 2012, p. 322.

[21] Spyer, Juliano. *Povo de Deus: quem são os evangélicos e por que eles importam*. São Paulo: Geração Editorial, 2020.

os sentimentos de dignidade e respeito próprio, ao tempo em que apresentam aos jovens das comunidades carentes importante perspectiva de vida alternativa ao crime e uma porta de saída aos dependentes químicos e ex-criminosos.

Embora os pentecostais demonstrem uma preocupação genuína pelos pobres e marginalizados, tal atenção não decorre de uma aproximação ou adesão à teologia da libertação. Tanto o fundamento adotado para o cuidado com o próximo quanto a sua intencionalidade para a ação social operam em níveis completamente distintos da teologia da libertação. Enquanto os adeptos dessa corrente teológica articulam suas ações sociais em termos de uma análise crítica das estruturas de poder e opressão, os pentecostais enraízam sua motivação em uma compreensão da caridade e da responsabilidade individual.

A teologia da libertação aborda o pecado em termos de coletividade, em vez de focar na rebelião individual. Seus defensores proclamam a condenação dos ricos e opressores, enquanto defendem a libertação dos pobres e oprimidos, quase como se estes últimos fossem isentos de pecado. Isso diverge do princípio bíblico da universalidade do pecado (Romanos 3:23; 5:12). Em contrapartida, a fé pentecostal, alinhada ao protestantismo, sustenta que a pobreza e desigualdade derivam da maldição imposta por Deus no Éden, como resultado do pecado. Aaron Armstrong observa:

> [...] a Queda fez da pobreza a configuração padrão, uma atração gravitacional com a intenção de nos arrastar para baixo. Isso é assim não só porque agora é mais difícil produzir riqueza material, mas também porque a Queda provocou uma cascata constante de desafios relacionais, caracterizada por desculpas e transferência de culpa pelo nosso pecado, bem como por um desejo contínuo em cada um de atuar como Deus uns sobre os outros.[22]

Vivemos em um mundo caído, e a pobreza, assim como a doença e a morte, resulta da rebelião do homem contra o Criador. Uma vez que a Queda é a raiz mais profunda da pobreza, a sua causa primária, as demais causas responsáveis pela miséria e má distribuição de renda são simples galhos que surgem daquela raiz, as quais podemos chamar de fatores externos da pobreza — tais como opressão e sistema judiciário favorável aos poderosos (Levítico 19:15), juros altos (Êxodo 22:25-27), salários baixos injustificáveis (Jeremias 22:13), dívidas (2Reis 4:7; Provérbios 22:26), falta de emprego, política econômica inadequada e até mesmo preguiça (Provérbios 19:15; Eclesiastes 10:18).

---

[22] Armstrong, A. *O fim da pobreza: o evangelho, a nova criação e a necessidade de um salvador*. São Paulo: Vida Nova, 2015, p. 31-32.

Se a pobreza não é por si só uma virtude espiritual, como sinal de ausência de pecado, a riqueza também não corporifica em si a iniquidade. Ainda que sejamos advertidos de não ajuntarmos tesouros na terra (Mateus 6:19), e dos perigos do amor ao dinheiro (1Timóteo 6:7-10), não se pressupõe que os ricos tenham conquistado sua riqueza por meio desonesto. As Escrituras tratam ricos e pobres com equidade e justiça (Êxodo 23:3,6). Tanto um quanto outro carecem da graça de Deus (Provérbios 22:2). Não obstante, os pobres precisam de maior proteção, porquanto se encontram em situação de maior vulnerabilidade econômica.

Todavia, a atuação solidária e o cuidado com o pobre adotados pelas comunidades pentecostais não se confundem com a proposta da libertação. Aceitar que o pentecostalismo endosse essa perspectiva teológica em razão da sua trajetória e preocupação com os excluídos sociais, que formam boa parte dessa comunidade cristã, equivale a aceitar a enganosa ideia de que se preocupar com a pobreza e a injustiça social são marcas exclusivas da teologia da libertação. A identificação geralmente feita entre pentecostalismo e teologia da libertação parte ou de uma leitura sociológica distorcida ou da tentativa de politizar a teologia em nome de uma ideologia sectária.

A contribuição pentecostal no enfrentamento da pobreza, do racismo e da opressão é feita não em nome de uma agenda ideológica ou de um princípio político. Como expressou o sociólogo francês Jean-Paul Willaime, "o pentecostalismo dá voz direta ao homem 'simples' convertido, um acesso direto à linguagem de Deus, revela uma democracia da expressão".[23] Ele diz:

> Se a teologia da libertação era uma teologia 'para os pobres', o pentecostalismo é uma teologia 'dos pobres'. No ambiente pentecostal, aliás, não existe nem mesmo um sistema doutrinal que reflita metodicamente o problema da pobreza, mas uma poderosa práxis solidária dos pobres. A responsabilidade social decorre de uma missão espiritual, de anúncio e testemunho do Cristo, no poder do Espírito. Por isso, o pentecostalismo não possui causas sociais, não arvora bandeiras identitárias, de defesa das minorias ou de combate ao pecado estrutural, mas todas essas preocupações são vistas na prática como reflexo de uma forma de vida comunitária simples.[24]

---

[23] Disponível em: www1.folha.uol.com.br/fsp/mais/fs2101200115.htm.

[24] Gutierres Siqueira captou essa realidade com as seguintes palavras: "O pentecostalismo ajudou a quebrar o pecado estrutural de muitos preconceituosos não com um discurso ressentido ou com uma revolta revolucionária, mas com o poder do Espírito, aquele que é derramado sobre toda carne, isto é, sobre todo tipo de pessoas. O Espírito Santo é doador, é gracioso e quebra as cadeias da injustiça enquanto exalta a pessoa de Cristo na vida do crente em Deus." (Siqueira; Terra, 2020, p. 239.)

Robert Menzies igualmente observou que os pentecostais concentram a atenção na proclamação do evangelho, não na ação política ou social, e causam impacto social porque estão focados em uma clara mensagem bíblica de arrependimento, perdão e transformação.[25] O teólogo pentecostal prossegue:

> As pessoas que mais falam sobre ajudar os pobres não são os pobres. Também não têm os recursos espirituais necessários para lidar com as questões fundamentais que confrontam os pobres. Na disputa entre a casa e a rua, é preciso mais do que instruções úteis e panfletos benéficos. Nada menos do que o poder transformador da presença de Deus é necessário para promover a disciplina individual e construir a comunidade atenciosa e necessária para vencer essa batalha. É exatamente o que caracteriza os pentecostais. Sua abordagem não é resultado de análise sociológica detalhada ou estudos demográficos minuciosos. Não vem das páginas de numerosos estudos de caso ou relatórios de agências humanitárias endinheiradas. Pelo contrário, sua abordagem vem do livro de Atos.[26]

Conforme Menzies, "quanto mais uma igreja se move em direção ao âmbito da ação política ou social, menos é capaz de falar com clareza sobre seu curso de ação proposto".[27]

b) Teologia da missão integral

O movimento sobre a missão integral da igreja foi originariamente impulsionado pelo Pacto de Lausanne,[28] advindo do 1º Congresso Internacional para a Evangelização Mundial, ocorrido em 1974, em Lausanne, Suíça, com a participação de representantes de mais de 150 nações. O pacto foi esboçado por um comitê internacional dirigido pelo teólogo anglicano John Stott e contou com a participação de proeminentes líderes evangélicos, dentre eles o pastor batista norte-americano Billy Graham. Na ocasião, os teólogos sul-americanos René Padilla e Samuel Escobar ganharam notoriedade,[29] buscando afirmar questões vinculadas à justiça social na prática do evangelismo cristão.

---

[25] Menzies, 2016, posição 1933.

[26] Menzies, 2016, posição 1941.

[27] Menzies, 2016, posição 1951.

[28] Disponível em: lausanne.org/pt-br/recursos-multimidia-pt-br/pacto-de-lausanne-pt-br/pacto-de-lausanne.

[29] Segundo Guilherme de Carvalho, "Sabemos que, em grande medida, os posicionamentos progressistas do Congresso de Lausanne e das consultas subsequentes se devem à militância de teólogos evangélicos latino-americanos como René Padilla e Samuel Escobar, com o apoio de John Stott. O próprio Padilla aponta a justiça social como 'a norma de Deus para o exercício do poder político'" (Leite, Cláudio; Carvalho, Guilherme de; Cunha, Maurício [Orgs.]. *Cosmovisão cristã e transformação*. Viçosa, MG: Ultimato, 2006, p. 247).

Em seu conteúdo, o Pacto de Lausanne ressalta a importância tanto do evangelismo (e do discipulado) como da responsabilidade social. Afirma que a presença cristã no mundo é indispensável à evangelização e ao mesmo se dá com o diálogo cujo propósito é ouvir com sensibilidade. Considerando que Deus é o Criador e Juiz de todos, "devemos partilhar o seu interesse pela justiça e pela conciliação em toda a sociedade humana e pela libertação dos homens de todo tipo de opressão"; porque a humanidade foi feita à imagem de Deus, toda pessoa, sem distinção, possui uma dignidade intrínseca em razão da qual deve ser respeitada e servida, não explorada, afirma o documento.

> Aqui também nos arrependemos de nossa negligência e de termos algumas vezes considerado a evangelização e a atividade social mutuamente excludentes. Embora a reconciliação com o homem não seja reconciliação com Deus, nem a ação social evangelização, nem a libertação política salvação, afirmamos que a evangelização e o envolvimento sociopolítico são ambos parte do nosso dever cristão. Pois ambos são necessárias expressões de nossas doutrinas acerca de Deus e do homem, de nosso amor por nosso próximo e de nossa obediência a Jesus Cristo. A mensagem da salvação implica também uma mensagem de juízo sobre toda forma de alienação, de opressão e de discriminação, e não devemos ter medo de denunciar o mal e a injustiça onde quer que existam. Quando as pessoas recebem Cristo, nascem de novo em seu reino e devem procurar não só evidenciar, mas também divulgar, a retidão do reino em meio a um mundo injusto. A salvação que alegamos possuir deve estar nos transformando na totalidade de nossas responsabilidades pessoais e sociais. A fé sem obras é morta.

Sobre a relação entre evangelismo e cultura, o documento diz que a cultura deve sempre ser julgada e provada pelas Escrituras; afinal, o homem é criatura de Deus, e parte de sua cultura é rica em beleza e em bondade; contudo, porque ele experimentou a queda, toda a sua cultura está manchada pelo pecado, e parte dela é demoníaca. Sendo assim, o evangelho não pressupõe a superioridade de uma cultura sobre a outra, mas avalia todas elas segundo o seu próprio critério de verdade e justiça e insiste na aceitação de valores morais absolutos em todas as culturas. "Os evangelistas de Cristo têm de, humildemente, procurar esvaziar-se de tudo, exceto de sua autenticidade pessoal, a fim de se tornarem servos dos outros, e as igrejas têm de procurar transformar e enriquecer a cultura; tudo para a glória de Deus."

Apesar de sintético e não unânime, contendo quinze artigos, o Pacto de Lausanne desencadeou novas reflexões e produções teológicas, aprofundando as questões sociais e políticas. Na Consulta sobre Evangelismo e Responsabilidade Social, que se realizou em Grand Rapids, EUA, em 1982, em sequência ao Congresso de Lausanne, a luta pela justiça social foi enfatizada:

> O outro tipo de responsabilidade é a busca da justiça social, que trata não somente de pessoas, mas de estruturas; não só da reabilitação dos presos, mas de reforma do sistema penitenciário; não apenas da melhoria das condições de trabalho, mas da transformação do sistema econômico (qualquer que seja ele) e do sistema político (qualquer que seja), facilitando a libertação da pobreza e da opressão.

Claramente, Lausanne promoveu mudanças significativas na compreensão evangelical da missão da igreja neste mundo, estabelecendo-se como marco para movimentos posteriores tanto continentais quanto internacionais. Carlos Queiroz diz que, além de outros aspectos, como cultura e evangelho, estilo de vida simples, eclesiologia, evangelho e marxismo, evangelização de mulçumanos etc., em Lausanne, de fato, destacou-se a temática da evangelização e da responsabilidade social da igreja com a finalidade de evitar ou diminuir a dicotomia entre essas duas vocações da igreja.[30] A ênfase nos aspectos sociais fica patente no movimento de Lausanne pelo emprego em seus documentos de termos como "restauração da criação", "nova sociedade", "nova humanidade", "transformação" etc.

Com base nesses pressupostos, aquilo que passou a ser chamado posteriormente de TMI — teologia da missão integral — ganhou relevância principalmente na América Latina, por meio dos trabalhos de Padilla e Escobar. Nas palavras de René Padilla, "Uma missão abrangente corresponde a uma visão abrangente da salvação. Salvação é integridade. Salvação é humanização total. Salvação é vida eterna, a vida do Reino de Deus [...]".[31] No contexto latino-americano, em especial, a atuação integral da igreja, segundo Padilla, deve-se ao fato de que "nesta região o reino do anticristo toma forma de uma sociedade que absolutiza os bens materiais com governos dispostos a pagar um elevado custo social para obter seus propósitos de desenvolvimento econômico".[32]

Em entrevista[33] à revista *Ultimato*, Padilla esclarece que, embora não exista uma relação "oficial" entre a TMI e o movimento de Lausanne, esse evento teve grande influência na divulgação da proposta teológica. Segundo Padilla, a TMI não é uma teologia com a pretensão de abarcar todos os temas de um sistema teológico completo,

---

[30] *Evangelização e responsabilidade social*. São Paulo: ABU, 2004, p. 17. Disponível em: www.abub.org.br/sites/default/files/evangelizacao_respons_social_abueditora-rev_1.pdf.

[31] Ibid., p. 20.

[32] Padilla, René. *Missão integral: ensaios sobre o Reino e a igreja*. São Paulo: Temática Publicações, 1992, p. 135.

[33] Disponível em: www.ultimato.com.br/conteudo/10-perguntas-fundamentais-sobre-missao-integral.

como é o caso, por exemplo, da *Instituição da religião cristã*, de João Calvino, mas "uma aproximação à fé cristã que tenta relacionar a revelação do Deus trino com a totalidade da criação e com todo aspecto da vida humana, e tem como propósito a obediência da fé para a glória de Deus".

Questionado se "A TMI é uma versão protestante da teologia da libertação?", Padilla respondeu:

> Depende de como se define a teologia da libertação, da qual há várias versões. É "protestante" ao afirmar várias das ênfases fundamentais da Reforma Protestante do século 16 (a clássica e a anabatista). Ao mesmo tempo, dá muita importância à dimensão histórica da revelação de Deus e à dimensão contextual da experiência da salvação por meio de Cristo Jesus. Nisto coincide com a aproximação teológica de alguns dos autores que se identificam como teólogos da libertação e, consequentemente, enfocam a Palavra de Deus como "proveitosa para ensinar, para redarguir, para corrigir, para instruir em justiça [incluindo necessariamente seu aspecto social], para que o homem de Deus seja perfeito e perfeitamente instruído para toda boa obra" (2Timóteo 3.16-17).[34]

No Brasil, inicialmente houve uma tentativa de aproximação da TMI com a teologia reformada, notadamente com o neocalvinismo holandês.[35] No entanto, em anos recentes parece ter havido um movimento de afastamento (ou pelo menos uma autocrítica), conforme se extrai do elucidativo artigo "A teologia da missão e a linguagem da transformação", de Guilherme de Carvalho.[36] Depois de uma revisão conceitual, a par de discussões mais recentes, ele questiona o uso da linguagem da transformação (termos e palavras que denotam a mudança e a transformação do mundo) tanto na teologia da missão integral quanto no neocalvinismo, apontando para a necessidade de uma sofisticação. Em síntese, segundo Guilherme de Carvalho, embora o termo "transformação" seja utilizado historicamente além do pensamento de esquerda, é a partir dessa vertente política que a linguagem ganha maior relevância, impulsionada

---

[34] *Ibid.*

[35] No livro *Cosmovisão cristã e transformação* (2006), Guilherme de Carvalho reconhece que há mais semelhança do que divergência entre a corrente principal da teologia política da missão integral e o pensamento neocalvinista. Apesar da crítica do neocalvinismo ao socialismo, há uma convergência das noções de que a esfera específica do Estado é a justiça pública, e os cristãos devem cumprir o mandato cultural (p. 276). Veja tb.: Ramos, Leonardo; Camargo, Marcel; Amorim, Rodolfo. *Fé cristã e cultura contemporânea: cosmovisão cristã, igreja local e transformação integral*. Viçosa, MG: Ultimato, 2009.

[36] Disponível em: guilhermedecarvalho.com.br/2020/07/01/8-a-teologia-da-missao-e-a-linguagem-da-transformacao/.

pela visão de Karl Marx e do ideal revolucionário, e no nível cultural com as ideias de Antonio Gramsci[37].

Ao propor uma análise mais adequada sobre a ideia de transformação, Carvalho diz que, no horizonte teleológico, *a transformação* temporal não é o objetivo principal da missão, mas uma dimensão subjacente e secundária. Ele destaca que essa falha teológica ou "heresia teleológica" presente no movimento da missão integral, e de algum modo também no neocalvinismo holandês, é a mesma perda de transcendência que acomete as teologias latino-americanas da libertação e uma recorrente dificuldade de transcender o nível ideológico do discurso. Por essa razão, segundo ele, a TMI tem se mostrado incapaz de combater a idolatria ideológica de esquerda.

Aproprio-me dessa crítica de Guilherme de Carvalho para destacar que, embora existam aproximações entre missão integral e evangelho pleno, notadamente em razão da preocupação holística do ser humano, envolvendo os aspectos espirituais e físicos, os distanciamentos são mais marcantes; afinal, cada uma dessas tradições teológicas opera com fundamentos e intencionalidades distintas. A linguagem da transformação e o escopo transformacionista não fazem parte das origens pentecostais e da sua essencial missional. As expressões linguísticas que caracterizam a TMI e revelam o seu método teológico, tais como "restauração da criação", "nova sociedade", "nova humanidade", "transformação" etc. não se encontram nas raízes da história pentecostal. No pentecostalismo, a transformação temporal das estruturas da sociedade não é o seu objetivo primordial, mas uma dimensão complementar, resultante da missão evangelística e do cuidado pelas almas. A relevância social não é um lema, mas uma consequência!

O cristão pentecostal conecta a missão evangelizadora (Marcos 16:15) e a metáfora de Jesus em Mateus 5:13-16 com a promessa de Jesus acerca da descida do Espírito Santo, conforme registrada em Atos 1:8: "Mas recebereis a virtude do Espírito Santo, que há de vir sobre vós; e ser-me-eis testemunhas, tanto em Jerusalém como em toda a Judeia e Samaria e até aos confins da terra." Para o pentecostalismo, a promessa de Jesus cumpriu-se no dia de Pentecostes (At 2), e desde então o dom do Espírito, o batismo no Espírito Santo, e os dons espirituais estão disponíveis à igreja para testificar o Reino de Deus.

---

[37] Antonio Gramsci foi um teórico político, nascido em 22 de janeiro de 1891 e falecido em 27 de abril de 1937, amplamente reconhecido por suas contribuições à teoria marxista e por sua elaboração do conceito de hegemonia cultural. Gramsci foi um dos fundadores do Partido Comunista Italiano e passou grande parte de sua vida adulta na prisão, onde escreveu a maior parte de seus trabalhos mais influentes, conhecidos como os *Cadernos do Cárcere*. Ele argumentava que a classe dominante mantém seu poder não apenas através da coerção política e econômica, mas também através do controle cultural, alcançado através das instituições da sociedade civil, como a educação, a mídia, a religião e a família.

Nas palavras de Byron Klaus, "No dia de Pentecostes, passou a existir uma comunidade carismática como a residência primária do governo de Deus. Os crentes podiam ir adiante na sua declaração do Reino, porque o Cristo chegara a todos eles mediante o Espírito".[38] Agora, prossegue Klaus, "passariam a ser testemunhas do governo de Cristo e ressaltariam com palavras e ações o caráter e o poder autorizados do Rei".[39] Com efeito, "O Pentecostes é a chamada de Deus aos seus filhos para serem purificados interiormente, e para serem revestidos de poder para testemunhar".[40]

Dessa maneira, a eficiência e a amplitude do *ser sal e luz* depende do revestimento de poder do Espírito Santo. Por esse prisma, a relevância cristã na sociedade é o resultado direto do testemunho dos crentes no poder do Espírito Santo de Deus. Em acertadas palavras, Klaus disse: "O testemunho diante do mundo é a operação prática de nossa participação na missão de Deus: a reconciliação com o mundo. Proclamamos e demonstramos o caráter compassivo e o poder autoritativo de Cristo, que já irromperam nesta era." Mais que isso, "damos testemunho das boas-novas de que Jesus ama os pobres, os doentes, os famintos, os endemoninhados, os fisicamente torturados, os emocionalmente feridos, os destituídos de amor e até mesmo os autossuficientes".[41]

11.3. Modelo transformacionista: neocalvinismo, teonomia e teologia do domínio

Seguindo o esquema de Timothy Keller, o modelo *transformacionista*[42] *inclui o neocalvinismo (movimento da cosmovisão), a direita religiosa e os teonomistas/reconstrucionistas.*

a) Neocalvinismo — "movimento da cosmovisão"

No capítulo 7, falei sobre cosmovisão como um conceito de natureza pré-teórica e caráter intersubjetivo que busca dar sentido à vida do indivíduo. Conceitualmente, a ideia de *Weltanschauung* não fornece uma concepção específica sobre a vivência

---

[38] Klaus, B. D., "A missão da igreja", in: Horton, S. M. *Teologia sistemática: uma perspectiva pentecostal.* Rio de Janeiro: CPAD, 1996, p. 587.

[39] Klaus, 1996, p. 587

[40] Klaus, 1996, p. 587.

[41] Klaus, 1996, p. 606.

[42] Evidentemente, muitos defensores dessas tradições teológicas não concordarão com o rótulo e agrupamento propostos por Keller. As divergências de posições dentro do neocalvinismo, em especial, dificultam sua rotulação em termos políticos.

pública, sendo tão somente o resultado de reflexões que procuram explicar o modo pelo qual interpretamos o mundo e agimos com base em determinados pressupostos. Esse conceito filosófico e teológico não se confunde com aquilo que podemos chamar de *movimento da cosmovisão*, como modelo ou categoria específica de teologia pública. Assim como não se deve confundir o conceito de teologia com uma linha em particular, quer católica, quer protestante, não podemos tratar igualmente do conceito de cosmovisão (que pode se aplicar a todas as tradições cristãs) com o conteúdo e pressupostos específicos do *movimento da cosmovisão*.

Por movimento da cosmovisão refiro-me especialmente à linha teológica do neocalvinismo que advém da tradição holandesa do século 19, por meio de pensadores como Abraham Kuyper (1837-1920), Herman Bavinck (1854-1921) e Herman Dooyeweerd.[43] Distingue-se, portanto, do "novo calvinismo", termo que alude a uma onda de ressurgência das doutrinas reformadas, na sua ênfase soteriológica, promovida por líderes e pregadores como John Piper, Albert Mohler, Mark Driscoll, Paul Washer e outros.

O principal precursor do neocalvinismo foi o teólogo reformado, professor e político holandês Abraham Kuyper. Político engajado, fundou o Partido Antirrevolucionário Holandês (1879) e a Universidade Livre de Amsterdã (1880), e entre os anos 1901 e 1905 foi primeiro-ministro da Holanda. Kuyper proferiu suas ideias principais no Seminário Teológico de Princeton, Estados Unidos, nas Palestras Stone (*Stone Lectures*) no ano de 1898, onde apresentou o calvinismo como um sistema de vida, a fim de combater os ataques anticristãos do modernismo. Para ele, a tarefa de repelir as ofensivas da sociedade da época somente seria possível por meio de uma concepção de vida e de mundo abrangente (*Weltanschauung*), algo que nunca seria encontrado num conceito vago do protestantismo, mas apenas no calvinismo,[44] por este oferecer três relações fundamentais de toda vida humana: (1) nossa relação com Deus, (2) nossa relação com o homem e (3) nossa relação com o mundo.

O teólogo holandês defendia que o calvinismo ocupa, por direito, o ponto central do desenvolvimento humano, ao lado de outras formas de pensamento que englobam a vida como um todo, pois se estende além do aspecto religioso, incluindo a política, o Estado, a ciência e até mesmo a arte.

Dois conceitos são centrais no pensamento de Kuyper: soberania divina e graça comum.

---

[43] Cf. DOOYEWEERD, Herman. *No crepúsculo do pensamento: estudos sobre a pretensa autonomia do pensamento*. São Paulo: Hagnos, 2010.

[44] KUYPER, Abraham. *Calvinismo*. São Paulo: Cultura Cristã, 2019, p. 17.

Seguindo a tradição reformada que deita raízes em João Calvino, Kuyper estabelece a soberania de Deus como *princípio radical* do sistema calvinista, destacando que ela se estende a todo o cosmos, em todas as suas esferas e reinos, visíveis e invisíveis. Ela se irradia na humanidade numa tríplice supremacia: no Estado, na sociedade e na igreja. Tal ênfase ficou conhecida em trecho de seu discurso na inauguração da Universidade Livre de Amsterdã: "Não há nenhum centímetro quadrado em todo o domínio de nossa vida humana sobre o qual Cristo, que é soberano sobre todos, não clame: Meu!"

O neocalvinismo irá sustentar que a soberania de Deus é a fonte das autoridades humanas e, consequentemente, de todo tipo e organização social.[45] Toda autoridade humana deriva da soberania divina,[46] independentemente da forma de governo. Transportando o princípio para o plano social, Kuyper idealiza um *sistema de soberania de esferas*, segundo o qual a família, os negócios, a ciência, a arte, e assim por diante, obedecem a uma autoridade interna, autogovernada pela graça de Deus. Cada uma dessas esferas possui caráter independente, que se submete somente a Deus, não podendo uma invadir a outra. Não cabe ao Estado intrometer-se[47] nas esferas, mas assegurar que cada uma delas funcione dentro de seu propósito.

Há para Kuyper uma antítese entre a visão de mundo religiosa e a secular, e entre pessoas regeneradas e não regeneradas. Sendo assim, Deus dispõe de dois tipos de graça: uma especial ou particular, que se dirige aos salvos, e outra comum, que alcança todas as pessoas sem distinção. A graça comum é o meio pelo qual Deus mantém a vida do mundo e suaviza a maldição que repousa sobre ele. Essa graça suspende o processo de corrupção e assim permite o desenvolvimento da vida humana sem obstáculos, na qual Deus glorifica-se como Criador.[48] Em essência, "a graça comum tanto cumpre um papel de *preservação* da criação quanto oferece gratuitamente os potenciais para o *desenvolvimento* da criação e o florescimento humano".[49]

Por motivos evidentes, não irei ampliar a análise do neocalvinismo neste espaço, contudo precisa ser dito que ele se tornou um movimento mais amplo, com repercussões políticas e sociais posteriores especialmente nos Estados Unidos, após a sua

---

[45] Novais, Tiago de Melo. *Neocalvinismo: tradição e fundamentos*. 1. edição eletrônica. São Paulo: Mundo Cristão, 2022, p. 31.

[46] "Vale registrar, porém, que a tradição neocalvinista não considera que cada pessoa que se encontra no poder em determinada conjuntura política seja um escolhido de Deus para dominar em nome de sua soberania. Pelo contrário, a afirmação da soberania divina no âmbito das autoridades sociais significa dizer que toda autoridade humana presta contas a Deus — não à igreja, nem às instituições religiosas ou religiosos." (*Ibid.*, p. 31.)

[47] Kuyper, 2019, p. 73.

[48] Kuyper, 2019, p. 26.

[49] Novais, 2022, p. 34.

popularização pelo teólogo e filósofo Francis Schaeffer (1912-1954), por meio da comunidade L'Abri, localizada na Suíça, uma espécie de retiro para estudos e discussão para onde acorriam jovens do mundo todo, em busca de respostas para questões existenciais, filosóficas e culturais.

Tendo como pressuposto a ideia de cosmovisão, sobretudo como sinônimo de calvinismo, difundiu-se a noção de que a vida e a cultura em geral podem e devem ser redimidas. Para isso, é imprescindível rejeitar a dicotomia que restringe a fé ao ambiente privado e mostrar o poder transformador do evangelho no mundo, especialmente mediante o exercício do mandato cultural, entendido como a ordem de Deus em Gênesis 1:26-28 no sentido de dominar, governar, manter e guardar a criação, bem como desenvolver a cultura. Em algumas abordagens mais acentuadas dentro do movimento, aplica-se esse mandato também na esfera política, como campo no qual os cristãos devem se fazer presentes, a fim de transformar a realidade por meio de leis que honrem o propósito de Deus para o ser humano e a sua natureza gregária.

Antes de identificar as aproximações e distanciamentos com o pentecostalismo, destaco que o neocalvinismo, por pertencer à tradição reformada, incorpora uma extensa lista de princípios e pressupostos comuns às igrejas descendentes do protestantismo. Contudo, Abraham Kuyper parece monopolizar em nome do sistema calvinista um farto conjunto de concepções, premissas, doutrinas e conquistas históricas que pertencem ao cristianismo em geral e sua herança judaica, conforme atestam as mais de quatrocentas vezes em que a palavra "calvinismo" é empregada nos textos que resultam das Palestras Stone, e apenas trinta e uma menções a "cristianismo" e vinte e duas vezes a "protestantismo".

Como não poderia deixar de ser, a impressão que se tem pela leitura dos escritos do teólogo holandês é que a tradição calvinista precede o protestantismo e o próprio cristianismo. A título de exemplo, Kuyper diz que o calvinismo se distingue ao defender que Deus se comunica com a criatura e se relaciona com o mundo, tratando-se de uma tradição que condena as desigualdades, dignifica a pessoa e promove mudanças sociais. Mas esses valores são inerentes ao cristianismo bíblico ou resultado da criação do calvinismo do século 19?

O apontamento e a pergunta retórica precedentes nos permite dizer que a fé pentecostal se identifica com o neocalvinismo em relação àqueles princípios e pressupostos comuns, nominados por C. S. Lewis sob a insígnia de "cristianismo puro e simples", título de sua obra clássica. Em outras palavras, em relação aos aspectos gerais, a mente carismática se aproxima do neocalvinismo não por causa de suas conquistas próprias, mas em decorrência daqueles denominadores comuns da tradição cristã histórica, em respeito ao princípio da catolicidade.

De maneira específica, a principal aproximação e contribuição dessa perspectiva teológica com o pentecostalismo é a possibilidade do uso do conceito de cosmovisão, *como orientação de natureza pré-teórica que direciona o agir humano*, ao tempo que enfatiza a necessidade de se compreender a fé cristã como uma visão de mundo abrangente, não somente particular.[50]

Embora redundante, relembro que a ideia de cosmovisão presente na fé pentecostal não é racionalista e formada por um cardápio de crenças. O neocalvinismo enfatiza em demasia a perspectiva racionalista do cristianismo, não raro assemelhando a fé cristã a um sistema de ideias, e esse modelo, como observou Keller, demasiadamente cognitivo, e a ideia de "pressupostos bíblicos" é quase sempre entendida como uma questão de crenças e teses enlatadas.[51] Conforme enfatizei no capítulo 7, tal concepção cognitivista e racionalista da fé, que reduz a cosmovisão cristã a um conjunto de dogmas ou a um sistema de pensamento, não se encaixa nos pressupostos do pentecostalismo,[52] diante da sua negação da possibilidade do sobrenatural.

Relativamente ao conceito de mandato (ou comissão) cultural, há certa aproximação da teologia pentecostal clássica com o movimento da cosmovisão, contudo com diferenças significativas.

Proeminentes teólogos pentecostais clássicos enfatizam a responsabilidade bíblica conferida por Deus ao ser humano, ainda no Éden, para cuidar da obra da criação.[53] Trata-se de um encargo sociocultural decorrente do princípio da mordomia, segundo o qual o homem recebeu incumbência divina para administrar e zelar pela criação, tanto no reino animal quanto no vegetal. A terra pertence ao Senhor (Salmos 24:1), mas o homem é o seu mordomo, o que implica responsabilidade e fidelidade (1Coríntios 4:2), pois o administrador deve prestar contas daquilo que não lhe pertence (Mateus 25:14-22). A responsabilidade humana pelo cuidado com a natureza fica mais evidente quando Deus põe Adão no jardim do Éden para o lavrar (cultivar, servir) e o guardar (cuidar) (Gênesis 2:15), trazendo implicações para uma visão

---

[50] "A cosmovisão pentecostal reflete um modo de entender que abrange a realidade de todos os aspectos da vida — naturais e sobrenaturais. A profecia, a orientação divina, as visões e os sonhos, as curas e os demais milagres, não são considerados exemplos extáticos daquilo que Cristo fazia. São realidades que continuamos a esperar nos dias de hoje; realidades estas que permitem que sejam demonstradas a grandeza e glória de Deus." (KLAUS, B. D., "A missão da igreja", in: HORTON, S. M. *Teologia sistemática: uma perspectiva pentecostal*. Rio de Janeiro: CPAD, 1996, p. 593.)

[51] KELLER, 2014, p. 236.

[52] Nesse sentido, concordo com César Moisés Carvalho com sua crítica em: CARVALHO, César Moisés. *Pentecostalismo e pós-modernidade: quando a experiência sobrepõe-se à teologia*. Rio de Janeiro: CPAD, 2019.

[53] Veja MENZIES, William; HORTON, Stanley. *Doutrinas bíblicas: os fundamentos da nossa fé*. Rio de Janeiro: CPAD, 20015, p. 64-65.

bíblica do trabalho, proteção ecológica,[54] produção cultural, criatividade artística e muitas outras atividades que devem ser exercitadas na natureza criada por Deus.

A ênfase pentecostal recai na responsabilidade decorrente da mordomia atribuída a todos os seres humanos. Embora os crentes devam ter maior consciência de tal encargo, compreende-se que todo homem detém a incumbência de cuidar da criação, formar famílias, trabalhar, produzir boa cultura e organizar-se socialmente, pois todos, em alguma medida, possuem a imagem de Deus, apesar de desfigurada pela queda no Éden.

O modelo neocalvinista, entretanto, ressalta que a finalidade do mandato cultural é *restaurar* ou *redimir* a criação, entendimento que destoa tanto da intencionalidade pentecostal no exercício da mordomia quanto da sua perspectiva escatológica, visto que "redenção cultural" é uma concepção que não se enquadra nos parâmetros pentecostais. Diverge também das características da espiritualidade redimida (capítulo 1). Conquanto o mandato cultural se ache na tradição carismática-pentecostal, não é ela o principal fundamento da sua presença pública, e sim os *mandatos* missionário e testemunhal. A força motriz na esfera social decorre do amor pela pregação do evangelho e compromisso com a ordem de testemunhar Cristo no mundo, no poder do Espírito.

Passemos aos distanciamentos expressivos entre as duas tradições.

Primeiramente, tal como ressaltei na doutrina dos dois reinos, a fé pentecostal não reconhece a ideia de graça comum neocalvinista.[55] Enquanto a beleza, a ordem e a sustentação do universo se devem à divina providência, a capacidade do homem para agir corretamente, criar e fazer o bem resulta da imagem de Deus em si, imagem essa que foi afetada e desfigurada, mas não destruída totalmente pela Queda.

Em segundo lugar, assim como as teologias que adotam o modelo da relevância, a ênfase na transformação cultural no movimento da cosmovisão não faz parte da essência missional das igrejas dirigidas pelo evangelho pleno. Uma vez que boa parte da preocupação desse paradigma teológico se encontra fora da igreja, o que realmente

---

[54] Ainda no Antigo Testamento vemos o esmero de Deus com os animais e com a terra. O plano do Altíssimo para a nova civilização após o Dilúvio envolvia a preservação da espécie animal (Gênesis 8:17). O Senhor estabeleceu para a nação de Israel a guarda do sétimo ano para descanso da terra (Levítico 25:1-7), com o objetivo de evitar a deterioração do solo pelo uso abusivo e egoísta. Proibiu também o tratamento cruel contra animais e aves (Deuteronômio 22:6-7; 25:4).

[55] Para Berkhof, o conceito de graça comum é posterior a Calvino, e "o termo *gratia communis* entrou em uso geral para expressar a ideia de que esta graça se estende a todos os homens, em contraste com a *gratia particularis*, que se limita a uma parte da humanidade, a saber, os eleitos. A graça comum significa: "(a) as operações gerais do Espírito Santo pelas quais ele, sem renovar o coração, exerce tal influência sobre o homem por meio da sua revelação geral ou especial, que, por meio deste processo, o pecado sofre restrição, a ordem é mantida na vida social e a justiça civil é promovida; ou (b) as bênçãos gerais, como a chuva e o sol, a água e alimento, roupa e abrigo, que Deus dá a todos os homens indiscriminadamente, onde e quando lhe parecer bom fazê-lo" (BERKHOF, Louis. *Teologia sistemática*. São Paulo: Cultura Cristã, 2012, p. 401-402).

anima os seus defensores não é necessariamente o desenvolvimento da vida eclesial, "mas adentrar para Cristo as fortalezas da influência cultural",[56] gerando, por consequência, a perda da transcendência e do vigor espiritual.

Enquanto isso, o movimento pentecostal aprecia a vida comunitária no ambiente eclesial, sem entrar em projetos de transformação cultural. Obviamente, embora seja necessário corrigir os erros históricos que levaram à apatia social e à fuga da realidade, conforme temos defendido nesta obra, vivendo a espiritualidade para além do cenáculo, a adoção de uma teologia transformacionista é inadequada para o cristianismo em geral e o pentecostalismo em particular. Conforme observou César Moisés Carvalho, embora as pessoas transformadas pelo evangelho façam a diferença onde estão inseridas, "elas não forçam as outras a verem o mundo em sua perspectiva, mas dão testemunho prático em um mundo perdido de como viver de forma ética em meio ao turbilhão do pecado".[57]

A intenção de mudar o mundo pela religião, como instrumento cultural de transformação, não como consequência de uma transformação individual, subverte o propósito do evangelho e pode até mesmo levar ao autoritarismo e à violência. Miroslav Volf captou esse risco ao dizer:

> Se despojarmos as convicções cristãs de seu conteúdo moral e cognitivo original e histórico e reduzirmos a fé a um recurso cultural dotado com uma aura difusa do sagrado, em situações de conflito provavelmente teremos violência inspirada e legitimada pela religião. Se nutrirmos as pessoas com convicções cristãs enraizadas em seus textos sagrados, provavelmente conseguiremos militantes pela paz.[58]

Por esse motivo, Volf defende que, como uma religião profética, a fé cristã "será uma fé ativa, engajada com o mundo de maneira não coercitiva — oferecendo bênção aos nossos empreendimentos, conforto efetivo em nossos fracassos, orientação moral num mundo complexo e um contexto de significado para nossa vida e atividades".[59]

Em terceiro lugar, o modelo transformacionista da cosmovisão tem dado valor excessivo à política como meio de atuação pública, não reconhecendo os perigos do poder.[60] Nesse ponto, ressalto que a posição no espectro político especialmente do

---

[56] Keller, 2014, p. 236.

[57] Carvalho, 2019, p. 35.

[58] Volf, 2018, posição 1005.

[59] Volf, 2018, posição 1063.

[60] Keller, 2014, p. 237.

neocalvinismo é objeto de debate,[61] em virtude das diversas correntes que ela produziu. Por esse motivo, não é surpresa a existência de neocalvinistas situados da esquerda à direta política, passando pelo centro.

Referente ao posicionamento político de Kuyper, Guilherme de Carvalho escreve:

> De fato, suas propostas em filosofia sociais e política representavam um claríssimo não a liberais, à direita, e a socialistas, à esquerda, mas um não muito honesto, dialógico e inovador; e embora não seja errôneo apontar o elemento claramente conservador em seu pensamento, sua ruptura com os monarquistas e sua abordagem pluralista distinguiam-no também daquele conservadorismo reacionário, apegado ao velho *establishment* europeu. De certa forma, ele introduziu uma terceira via que, ao mesmo tempo, era um retorno à fé cristã reformada e uma proposta viável de teologia pública, tornando-o o fundador do movimento neocalvinista[62].

Seja como for, independentemente da vertente, o ativismo político religioso é um risco para a sociedade e para o testemunho cristão. James Hunter, em sua obra *To Change the World: The Irony, Tragedy, & Possibility of Christianity in the Late Modern World*, chama a atenção para os perigos que o ativismo político religioso de esquerda ou de direita representa para a fé cristã. É preciso dizer que a obra de Hunter é uma das mais importantes dos últimos tempos na discussão sobre engajamento cultural e participação política religiosa, a ponto de Smith[63] dizer que ela poderia finalmente substituir a hegemonia literária de Cristo e cultura de Richard Niebuhr.

Em sua proposta, Hunter questiona as propostas e engajamentos culturais cristãos "para mudar o mundo", que se baseiam numa preocupação eminentemente idealista do ser humano ao enfocar a mudança das ideias e das visões de mundo dos indivíduos. Para ele, isso seria um entendimento ingênuo e simplista da cultura, que deve ser compreendida como uma infraestrutura em vez de uma estrutura intelectual. Essa é a razão pela qual Hunter critica as "guerras culturais" empreendidas por segmentos cristãos,

---

[61] Tiago Novais diz que as ideias neocalvinistas dificultam sua rotulação em termos políticos. "É constantemente interpretado por seus sucessores de diferentes modos, seja mais à esquerda ou à direita. Para os progressistas, o neocalvinismo é lido como uma potência para promover o pluralismo religioso e o engajamento das religiões na esfera pública. Para os conservadores, é entendido como uma força de sofisticação intelectual para manter a tradição cristã em um tempo avesso à fé." Disponível em: arede.info/jornaldamanha/debates/432762/neocalvinismo-a-nova-teologia-do-governo-bolsonaro?d=1.

[62] Carvalho, Guilherme. Prefácio in: KUYPER, Abraham. *O problema da pobreza*: A questão social e a religião cristã. São Paulo: Thomas Nelson, 2020, p. 81.

[63] Disponível em: theotherjournal.com/2010/09/08/how-not-to-change-the-world/.

como se vencer essas guerras cognitivas, epistêmicas ou ideológicas fosse suficiente para transformar o mundo.

Por outro lado, a tentativa de aproximação política dos cristãos é um caminho perigoso, tanto no espectro da esquerda quanto da direita. Não obstante esses dois grupos terem influenciado de algum modo a esfera política em diversas alturas nas últimas décadas, eles abraçaram um meio de alcançar o poder que faz ebulir o ressentimento, a ira e a amargura pelas ofensas que acreditam ter sofrido. Para Hunter, tanto a cultura pública quanto a política do cristianismo contemporâneo passaram a ser definidas por essas negações.[64]

Ao subestimar os perigos do ativismo político, grupos cristãos se envolveram na busca exagerada das mudanças sociais por meio do exercício do poder político, achando quase impossível o impacto cultural cristão a não ser por este meio. Conforme reconheço em meu livro *Entre a fé e a política*[65], o envolvimento do cristão com a política é uma parte importante da vida, inclusive como forma de testemunho público. Contudo, quando tal participação é feita com base em uma teologia pública distorcida, sem o necessário amadurecimento e vigilância, o testemunho cristão no ambiente público acaba sendo escandalizado, ao sucumbir à tentação de utilizar o poder político a serviço da igreja e à ilusão de que, como crentes, estejamos imunes à corrupção.

A ênfase na atuação política para a transformação da cultura secular é igualmente perigosa por causa da sua tendência à dominação política, que coloca em risco o princípio democrático e o papel da igreja na terra, ao subverter a sua missão espiritual, ao tempo em que adota um tipo de religião política, na qual esses dois elementos (religião e política) se entrelaçam a tal ponto que o Reino de Deus é deixado em segundo plano, em detrimento do personalismo, das disputas e dos interesses em jogo. Não raro, a participação política é feita de visões espiritualizadas da disputa, com a citação de versículos isolados das Escrituras, especialmente daqueles que se aplicam à teocracia do antigo Israel. Em vez de conduzir a uma participação sábia, moderada e amistosa, tal abordagem acaba sendo dirigida pelo ressentimento, pela ira, pela inimizade, pela arrogância e pela incivilidade.

A religião política, além dos demais erros, encara a política não como meio, mas como fim, inclusive como forma de salvação da sociedade e da cultura. Mas, como bem lembrou Kristen Johnson, "não somos chamados a ser heróis que salvam a pátria ou salvam a cultura".[66]

---

[64] HUNTER, James Davison. *To Change the World: The Irony, Tragedy, & Possibility of Christianity in the Late Modern World*. 1. ed. Oxford: Oxford University, 2010, p. 275.

[65] NASCIMENTO, Valmir. *Entre a fé e a política: participação dos evangélicos no processo político-eleitoral — reflexões sobre a legitimidade, abuso de poder e ética cristã na esfera pública*. Rio de Janeiro: CPAD, 2018.

[66] JOHNSON, Kristen Deede, "A teóloga", in: KELLER, Timothy; INAZU, John. *Mundo plural*. São Paulo: Vida, 2021, p. 39.

Somos chamados a viver como filhos de Deus neste mundo e a testemunhar em todas as esferas da sociedade, inclusive no ambiente público, mas sem depositar esperanças irreais e soteriológicas no que pode ser realizado por meio da política, muito menos sucumbirmos pela ambição de dominação e poder da cidade terrena.

A religião política cria outro problema para o Reino: ela institucionaliza uma política da religião. Enquanto na religião política os religiosos tentam cristianizar César, na força da doutrinação, na política da religião César tenta "politizar Deus", não com uma genuína intenção de atingir o bem comum, mas como simples estratégia de manobra. No fim, a religião política subverte as palavras de Jesus, dando a César o que pertence a Deus (glória e reverência) e aos religiosos — que supostamente agem em nome de Deus — aquilo que pertence a César (poder político e autoridade terrena).

Nas últimas décadas, em razão do seu crescimento numérico e ascensão social, o pentecostalismo saiu de uma postura de ascetismo e afastamento político para uma postura de engajamento ostensivo. Contudo, em vez de adotar o ativismo político, é preciso desenvolver uma abordagem condizente com sua história e tradição bíblica.

b) Teonomia e teologia do domínio

A palavra "teonomia" significa basicamente lei (gr. *nomos*) de Deus (gr. *theos*). Como movimento teológico, defende a aplicação dos pressupostos éticos contidos na Bíblia diretamente às questões contemporâneas, indistintamente a cristãos e não cristãos. Designa uma abordagem particular à ética cristã, sob o entendimento de que a lei de Deus, revelada nas Escrituras, é o único padrão aceitável para julgar o certo ou errado de todo e qualquer comportamento humano.[67]

Os teonomistas defendem que não há neutralidade ética; ou se assume a teonomia ou a autonomia do indivíduo. Desse modo, "o indivíduo, a família, a igreja, e o Estado (sim, o Estado também) devem se submeter a Deus e à sua lei como a única fonte verdadeira, infalível e autoritativa para o conhecimento do bem do e do mal".[68] Além disso, a lei divina não se confunde com a lei natural, visto que em razão da Queda o homem não tem condições de compreender a vontade de Deus pela natureza. O homem precisa de um padrão objetivo e escrito da lei moral de Deus, e isso somente se encontra na Palavra de Deus.[69]

Dentro dessa teologia, o padrão ético das Escrituras aplica-se também à esfera social e política e mantém a compreensão de que a lei de Deus deveria formar a base para

---

[67] EINWECHTER, William. *Ética e a lei de Deus: uma introdução à teonomia*. Brasília, DF: Monergismo, 2009, p. 16.

[68] EINWECHTER, 2009, p. 17.

[69] EINWECHTER, 2009, p. 20.

toda lei civil, sendo o magistrado um servo de Deus e o Estado designado para administrar a justiça na sociedade. Embora Igreja e Estado sejam instituições distintas, cada uma possuindo o seu próprio ministério atribuído por Deus,[70] a Igreja deve "ensinar ao Estado os princípios da Palavra de Deus pelos quais o Estado deve ser governado".[71]

Um dos principais nomes da sistematização do teonomismo foi Rousas John Rushdoony[72] (1916-2001), filósofo e teólogo de tradição calvinista responsável pelo "reconstrucionismo cristão", sob a ideia de que o Reino de Deus está sendo reconstruído e crescendo, e Cristo só retornará à terra quando a lei bíblica for aplicada em todo o mundo. Filho de imigrantes armênios que fugiam do genocídio em seu país, Rushdoony recebeu grande influência de outro filósofo cristão, o holandês Cornelius Van Til (1895-1987).

Influenciado pela apologética pressuposicionalista de Van Til e suas propostas para os problemas sociais, Rushdoony articulou uma compreensão abrangente para a aplicação da lei divina na sociedade americana, tendo como aspecto primordial a assunção de pontos estratégicos nas esferas educacional e política com o propósito de reconstruir uma nação essencialmente cristã. Coube a Greg Bahnsen (1948-1995) aprimorar suas ideias na área filosófica, e a seu genro Gary North (1942-2022) na esfera econômica. Apesar de não endossar todo o seu pensamento, Francis Schaeffer também se valeu de partes do pensamento de Rushdoony. Esse conjunto de ideias foi responsável pelo desenvolvimento da nova direita norte-americana, com influência notável a partir da década de 1980 nas disputas políticas daquele país.

A transposição das ideias seminais do dominionismo para o âmbito eclesiástico se deu principalmente por meio do teólogo Charles Peter Wagner (1930-2016), ex-missionário na Bolívia e professor no Seminário Teológico Fuller, nos Estados Unidos. Wagner inaugurou uma nova vertente, enfocando o aspecto espiritual da influência cristã na sociedade, ao defender a atualidade do apostolado, quebra de maldições, prosperidade e batalhas espirituais. Embora nunca tenha se declarado pentecostal-carismático, sua teologia contribuiu significativamente para o desenvolvimento do neopentecostalismo, tendo sido criador do termo "terceira onda" para se referir a esta vertente.

As ideias de Peter Wagner deram início à teologia do domínio, segundo a qual os cristãos devem assumir a condição de filhos de Deus e dominar todas as esferas da sociedade, como sugere seu livro intitulado *Dominion! Your Role in Bringing Heaven to Earth* [Domínio! Seu papel em trazer o céu para a terra]. Segundo Wagner, Jesus deixou um mandato de domínio a todos os crentes. Para ele, a *reforma da sociedade* nunca virá por meio das

---

70 EINWECHTER, 2009, p. 47.

71 EINWECHTER, 2009, p. 46.

72 Veja: RUSHDOONY, Rousas John. *Cristianismo e Estado*. Brasília, DF: Monergismo, 2018.

ideias e agendas do homem; só pode ser alcançada por crentes ousados e capacitados, com a intenção de reformar sua cultura mediante os princípios e a visão do Reino.

É preciso ficar claro que a teonomia reconstrucionista difere da teologia do domínio, nos seus fundamentos e horizonte escatológico. Enquanto a primeira se firma na aplicação ética da lei divina ao governo civil, com base em uma escatologia pós-milenarista, a segunda foca o predomínio social em razão de um chamado espiritual conferido à igreja, que adota o dispensacionalismo.

Como o pentecostalismo clássico concebe essas concepções?

Evidentemente, o pentecostalismo sustenta um tipo geral de teonomia, pois, como visto no capítulo 3, rejeita tanto a heteronomia quanto a autonomia do indivíduo, bem como se afasta completamente de uma visão antinômica, que invalida a lei de Deus. Entretanto, mantém-se distante da teonomia reconstrucionista.

A teologia pentecostal clássica ensina que a lei entregue à nação de Israel continha (a) preceitos morais para uma vida santa e piedosa do homem em relação a Deus e ao próximo; (b) aspectos legais para regular a ordem jurídica e a vida em sociedade de Israel como nação organizada, com normas civis, penais, trabalhistas, sanitárias, ecológicas e afins (Êxodo 21; 23; Levítico 19—20; Deuteronômio 19—22; 24); e (c) regras cerimoniais, que tratavam dos ritos e cerimônias de adoração, ofertas sacrificiais e serviços do tabernáculo (p. ex., Levítico 1—7). A Lei mosaica funcionava como um aio (tutor) temporário até que Cristo viesse (Gálatas 3:22-26). Assim, ao se entregar em sacrifício como o cordeiro imaculado e incontaminado (1Pedro 1:19), Jesus deu a Lei por concluída, pois era a sombra dos bens futuros (Hebreus 10:1; Colossenses 2:16).

Ainda que os salvos em Cristo não estejam mais debaixo da Lei como estava o povo de Israel, especialmente nos seus aspectos jurídicos e cerimoniais, os princípios morais e os referenciais éticos estabelecidos por Deus permanecem válidos. Mas, até mesmo esta parte da Lei recebeu um novo significado em Cristo, que lhe deu sentido e expressões mais plenas. Ele afirmou que de dois mandamentos dependem toda a Lei e os Profetas: amar a Deus e amar ao próximo (Mateus 22:37-40). O amor, então, é a chave para a compreensão dos mandamentos divinos após o advento de Cristo.

Com esse entendimento, a mente carismática distancia-se de uma teonomia que busca aplicar na força da lei, do magistrado e do governo civil a vontade de Deus para o ser humano. O evangelho, afinal, não pode ser imposto. Embora os padrões da lei divina possam ser aplicados em sociedade, de maneira gentil e não coercitiva, em razão dos seus benefícios ao homem e à coletividade, e em decorrência da pluralidade social, isso não se dá sob o entendimento de uma compreensão de inauguração do Reino de Deus neste mundo.

Gutierres Siqueira observou que o problema de fundo da teonomia é, primeiramente, hermenêutico, pois não leva em conta a relação de continuidade e descontinuidade entre os dois Testamentos. "Hoje, na Nova Aliança, a ideia de que um governante cumpre a missão divina é totalmente abjeta. Em nenhuma página do Novo Testamento, somos ensinados de que Deus levanta governantes para uma missão nacional."[73] Por esse mesmo motivo, não há como falar de nação cristã, visto que "na Nova Aliança não há nação equivalente à nação de Israel da Antiga Aliança. Não há hoje cidade sagrada equivalente à antiga cidade de Jerusalém. Não existe 'povo escolhido' como o antigo povo hebreu".[74] O povo de Deus vive dentro de uma nação, cristã ou não, e nela testifica como sal e luz.

De igual modo, a teologia do domínio[75] não encontra ressonância dentro do pentecostalismo clássico. Aquela linha teológica assume, mediante uma interpretação de Deuteronômio 28:13, que Deus colocou o seu povo por cabeça, não por cauda, razão pela qual os crentes devem dominar a sociedade, incluindo o mundo político. Consequentemente, essa perspectiva teológica "dá as mãos a sistemas opressores que tentam espoliar mercadologicamente os fiéis, tentando exercer domínio sobre eles, como também se apropria dos instrumentos político-econômicos para obter influência e exercer poder nos vários segmentos da sociedade".[76]

A teologia do domínio espiritualiza a vida em sociedade e atribui às disputas políticas o caráter de batalha mística, instaurando uma verdadeira "guerra santa" com contornos politizados. Para tanto, leva a passagem bíblica de Efésios 6:12 às últimas consequências: "Porque não temos que lutar contra carne e sangue, mas, sim, contra os principados, contra as potestades, contra os príncipes das trevas deste século, contra as hostes espirituais da maldade, nos lugares celestiais." Enquanto os políticos apoiados pela igreja representam as forças celestiais do bem, os ungidos de Deus, os adversários ou opositores são retratados como "hostes espirituais da maldade".

Todavia, uma mente carismática alinhada com as Escrituras e fiel à sua tradição não vincula guerra espiritual a disputas político-ideológicas. Um entendimento adequadamente carismático das palavras de Paulo irá rejeitar exatamente a vinculação do embate espiritual com as disputas políticas, visto que estas são entendidas como manifestação das vontades humanas (carne e sangue).

---

[73] Siqueira, 2022, p. 71.

[74] Siqueira, 2022, p. 61.

[75] Veja: Macedo, Edir; Oliveira, Carlos. *Plano de poder: Deus, os cristãos e a política*. Rio de Janeiro: Thomas Nelson, 2008.

[76] Pommerening, Claiton Ivan, "Pentecostalismo líquido: fluidez teológica entre o pentecostalismo", *Azusa: Revista de Estudos Pentecostais*, p. 147. Disponível em: www.ceeduc.edu.br/pdf/azusa/volume4/1_claiton_ivan_pommerening.pdf. Acesso em: 13 jan. 2016.

CAPÍTULO 12

Princípios e síntese da mente carismática

Depois da nossa breve jornada ao longo deste livro, iniciando pela análise das características da fé pentecostal no interior do cenáculo (Parte 1), prosseguindo para a sociedade mais ampla (Parte 2) e discutindo sobre a possibilidade de uma teologia pública de matriz pentecostal (Parte 3), neste capítulo irei sintetizar os pressupostos distintivos que informam a mente carismática e consequentemente a presença pública dos cristãos do evangelho pleno.

Tal tarefa partirá das premissas teológicas, exegéticas e narrativas que expus anteriormente, enfatizando especialmente que as experiências espirituais do cenáculo, assim como os seus princípios, moldam a mente carismática e o imaginário pentecostal, direcionando a participação pública.

Recapitulando, enfatizei que no interior do cenáculo a espiritualidade pentecostal é *redimida, santificada, servidora, escatológica e carismática*. Cada um desses aspectos aponta, num primeiro momento, para a dimensão particular da fé e a participação crente no Reino, por meio do encontro com Cristo. Tais aspectos são expressos pelas experiências da fé que caracterizam a vida cristã e pelos ensinos extraídos das Escrituras, para moldar a maneira com que compreende e vivencia a salvação, a santificação, a esperança do porvir e o revestimento de poder. Todas estas qualidades fluem diretamente das convicções doxológicas do evangelho pleno que se centralizam em Cristo e na sua obra sacrificial.

Na sequência, do lado de fora do cenáculo, a espiritualidade pentecostal mostra o seu *testemunho público*, no ambiente da cidade. Embora nesta esfera a aplicação seja distinta, os elementos norteadores da presença sociocultural e política dos pentecostais advêm essencialmente da experiência dinâmica do interior do cenáculo. A participação pública é uma extensão do cenáculo.

EXPERIÊNCIAS DO CENÁCULO	**TESTEMUNHO PÚBLICO**
Espiritualidade Redimida	Casas
Espiritualidade Santificada	Comunidades
Espiritualidade Servidora	Cidades
Espiritualidade Escatológica	Praças
Espiritualidade Carismática	Palácios

Ao entrelaçar os pressupostos da espiritualidade pentecostal com os locais testemunhais externos, revela-se uma riqueza de elementos capazes de informar diversos níveis dos *loci theologici*. Desde os momentos primordiais no cenáculo, onde os discípulos foram imbuídos pelo Espírito Santo, até os cenários contemporâneos das casas, comunidades, cidades, praças e palácios, cada ambiente carrega consigo elementos singulares e relevantes para a reflexão e aplicação da mente carismática.

Isso faz emergir um *framework teológico,* uma estrutura conceitual e interpretativa que valoriza a riqueza e a pujança da espiritualidade pentecostal--carismática, mostrando suas implicações para a vida comum.

No cenáculo, o derramamento do Espírito Santo marca o início da espiritualidade pentecostal. É um lugar de intimidade, fervor e unidade, onde a presença divina se manifesta de forma poderosa. Ali, os discípulos são capacitados para a missão que irão desempenhar, e a experiência do Espírito Santo se torna um *locus* fundamental, informando a compreensão da obra do Espírito ao longo da história. Daí irradia uma *pneumatologia* vibrante e consistente que sopra para além das paredes do cenáculo e para os confins da terra. Os locais testemunhais externos tornam-se a arena onde a espiritualidade pentecostal é vivenciada e proclamada.

Nas casas, a comunhão e o compartilhamento são valores fundamentais, refletindo a comunidade dos primeiros cristãos descrita no livro de Atos. Nesse nível, a espiritualidade pentecostal se manifesta na simplicidade e na autenticidade das relações afetivas e interpessoais. Isso abre espaço para uma *teologia da família* que se nutre pela dinâmica do amor que dá prioridade à casa e aos domésticos da fé, e orienta para a prática devocional, do cuidado, da oração, da adoração e da leitura da Palavra nos lares. Ao aplicar a *espiritualidade redimida* a este contexto, os lares são vistos como lugares de testemunho e missão, onde a fé é vivida e compartilhada. Isso envolve a prática de hospitalidade, acolhimento de pessoas em busca de ajuda espiritual e engajamento em atividades missionárias na vizinhança.

Nas comunidades, a fé pentecostal se torna um farol de esperança e transformação, influenciando seu entorno por meio do serviço e atos de misericórdia. Há aqui amplo espaço para se pensar em uma *teologia social ou da comunidade*, a partir dos pressupostos do cenáculo. Esse tópico pode contribuir para enfrentar os desafios sociais, como a pobreza, a discriminação, a violência e outras questões que afetam as comunidades, sem se deixar conduzir por ideologias que subvertem o Evangelho. Informada pela *espiritualidade servidora*, por exemplo, o trato com a comunidade se orienta por uma diaconologia para a esfera social, desenvolvendo liderança comunitária, serviço prático, projetos sociais e ações solidárias.

Nas cidades, temos um *locus* que inspira a refletir sobre uma *teologia da cultura*. Uma *espiritualidade santificada* encoraja os crentes a buscarem a orientação e o poder do Espírito Santo para enfrentar os temas culturais e étnicos no contexto urbano. Dessa espiritualidade, irradiam princípios para a ética social e para a integridade pública, assim como uma consciência crítica e contracultural em face de práticas que prejudicam os bens humanos básicos da vida, igualdade, liberdade e moralidade. Nesse nível, uma mente carismática dirige-se para a prática do evangelismo contextualizado. O evangelho é anunciado de maneira relevante e sensível à cultura e às necessidades urbanas específicas. Isso pode incluir o uso de métodos criativos de comunicação, como música e arte, para transmitir a mensagem de esperança e salvação.

Nas praças, locais de encontro e interação social, a fé pentecostal tem a oportunidade de fornecer uma *teologia pública* propriamente dita. O atributo da *espiritualidade carismática*, em especial, fornece ricos elementos para o trato de questões econômicas, educacionais e sociais mais amplas. A presença pública informada pelos *princípios do cenáculo* contrasta os valores seculares, mostrando que o naturalismo impiedoso e o racionalismo frio são insuficientes para responderem às angústias existenciais do homem em sociedade, ao tempo em que evidencia o papel vital da religião para o homem em particular e para a sociedade em geral. Diante das mazelas, da corrupção, das violências e dos abusos, a coragem profética se estabelece como um paradigma vital para firmar uma sociedade justa e pacífica. Igualmente, os princípios da *gratuidade, utilidade para o bem comum, unidade e diversidade* servem para conduzir as interações sociais, com respeito e espírito dialógico. Mesmo de posse de uma verdade, insuperável para a fé pentecostal, essa teologia pública se dirige pela humildade[1], não uma humildade ingênua e autoexcludente, mas sábia e cidadã.

Nos palácios, a *espiritualidade escatológica* pode nutrir e articular uma teologia política desapaixonada, contraideológica e não utópica. Essa abordagem política se orienta pela preocupação com a vida comum e pelo exercício legítimo e cuidadoso do poder, entendido como uma responsabilidade outorgada por Deus. Sob essa perspectiva, o governo e o Estado não instauram a verdade nem fundamentam, por si sós, a autoridade. A lealdade ao Estado, portanto, torna-se secundária à fidelidade a Deus. O engajamento político, então, não se baseia no desejo de dominação ou imposição da fé, mas na finalidade de ordenar a vida em direção ao bem comum .

Por ora, não pretendo aprofundar em cada um desses níveis, senão deixar o convite e o desafio para que outros teólogos e pesquisadores pentecostais ampliem esses aspectos elementares e se dirijam para águas mais profundas. O desenvolvimento dessa teologia robusta pode proporcionar uma compreensão mais completa e integrada da espiritualidade pentecostal-carismática, promovendo uma vivência de fé que dialoga de forma construtiva com o mundo ao seu redor.

Entrementes, sugiro provisoriamente três princípios que articulam a ideia de uma teologia pública de matriz pentecostal: princípio do testemunho pleno, princípio da presença fiel carismática e princípio das virtudes públicas no Espírito.

12.1. Princípio do testemunho pleno

A vida devocional e a participação na sociedade pelo cristão são igualmente dirigidas pelo evangelho pleno, expresso nos cinco pontos da narrativa pentecostal: Jesus salva; Jesus batiza no Espírito Santo; Jesus santifica; Jesus cura e Jesus é o Rei que voltará. A espiritualidade dinâmica e cheia de poder que decorre dessas declarações de adoração e confiança dirige tanto as práticas piedosas e particulares da pessoa, valorizando a sua individualidade e privacidade, como também conduz a vida pública, em obediência à ordem testemunhal dada por Cristo aos seus discípulos (Atos 1:8).

---

[1] Como escreveu Davi Lago: "Humildade não significa abrir mão de suas convicções, fazer concessões nas próprias crenças nem mutilar e negar a historicidade das coisas. Significa fazer um esforço concreto para chegarmos a acordos pacíficos naquilo que diz respeito a todos, a fim de garantir a coexistência entre as pessoas e chamar seres humanos a serem humanos" (LAGO, Davi. *Brasil Polifônico: Os evangélicos e as estruturas de poder*. São Paulo: Mundo Cristão, 2018, p. 29).

Toda a vida em sociedade se nutre pelos mandatos de anunciar o evangelho a toda criatura e de ser testemunha (gr. *mártyr*) de Cristo neste mundo, o que envolve a disposição para sofrer e até mesmo morrer. Para o cumprimento dessas missões, os discípulos são revestidos de poder, por meio do qual recebem encorajamento e ousadia para enfrentar as adversidades espirituais, religiosas, culturais, sociais e até mesmo políticas. Logo, o testemunho há de ser pleno no sentido de envolver todas as dimensões do ser humano (corpo, alma e espírito), mas também todas as camadas e esferas da sociedade.

O princípio do testemunho pleno indica que o engajamento cultural, a relação com a economia e a participação política igualmente compõem dimensões nas quais a fé deve se fazer presente e revelar a graça e o amor de Deus para com o ser humano. O testemunho pleno é universal, porquanto se dirige a toda e qualquer pessoa, independentemente de raça, cor, sexo, condição social ou nacionalidade. O testemunho pleno é global, abrangendo todos os lugares geográficos, desde as ruas, comunidades, cidades e países.

12.2. Princípio da presença fiel carismática

Por esse princípio, o testemunho público não se regerá por intenções de predomínio ou pela busca de maioria dentro da sociedade. Também compreende que a vida em sociedade do povo de Deus não tem o *objetivo primordial* de influenciar a cultura e o mundo político. Embora o exercício do poder e a influência expressiva possam ocorrer naturalmente, mediante o exercício de habilidades legítimas de cristãos vocacionados para determinadas áreas, o foco do evangelho não é a *transformação do mundo*, mas das pessoas. Pessoas transformadas é que fazem diferente o ambiente em que estão.

Dentro dos pressupostos da prática e da vida pentecostal, extrai-se a concepção de presença fiel e carismática. Isso significa que o cristão vive neste mundo provisório com o coração voltado para o Reino de Deus. Seguindo as palavras de Cristo, "estamos no mundo, mas não somos do mundo". Somos chamados a viver na terra por meio de uma presença em fidelidade ao Senhor, isto é, a sermos fiéis e leais em todos os lugares e em tudo o que fazemos, mas sem depositar esperanças soteriológicas para a salvação — política, econômica ou cultural — do mundo.

A presença fiel não significa uma atitude de omissão e passividade; deixar como está. Absolutamente não! A presença fiel é profética, ativa, engajada e responsável, sem ser coercitiva, dominadora e pretensamente heroica. Ela é carismática, pois o Espírito capacita o seu povo por meio de dons para a vida em comunidade e fornece uma postura que percebe o mundo em sociedade regido por certos valores estruturais necessários para a boa vida. Como tal, ao participar da vida pública, o cristão o fará sob o entendimento de que tal participação decorre da graciosidade divina, e todos os seus talentos, dons espirituais e habilidades profissionais devem servir ao bem comum, dentro de uma concepção de unidade e diversidade.

A presença pública em fidelidade valoriza a tolerância e a pluralidade social, respeitando a liberdade individual, inclusive daqueles que não seguem o cristianismo. Ao reconhecer que outras visões de mundo possam estar total ou parcialmente erradas, a mentalidade carismática não se impõe aos outros, mas defende e vive a sua verdade como forma de testemunho.

12.3. Princípio das virtudes públicas

A mente carismática é inundada pela noção de virtude, seja no sentido de revestimento de poder (Atos 1:8), seja no do fruto do Espírito (cf. Gálatas 5:23). O *princípio das virtudes públicas* assinala a presença social da fé cristã no Espírito, englobando a dimensão de poder dinâmico e hábitos que refletem um interior transformado. As virtudes públicas unem, portanto, *carisma* e *caráter*.

Na cultura grega, o conceito de virtude (*areté*) estava ligado diretamente às qualidades e habilidades humanas, bem como à figura do herói demonstrada nos poemas épicos, a exemplo da *Ilíada* de Homero. Essa noção também se vincula aos conceitos de amizade, destino e morte, razão pela qual Alasdair MacIntyre, em sua obra *Depois da virtude*, sugere que a coragem é importante, não somente como uma qualidade individual, mas como virtude necessária para sustentar uma família e uma comunidade.[2] Enquanto isso, "o *Kûdos*, a glória, pertence ao indivíduo que se sobressai na batalha ou na disputa como uma marca do reconhecimento de sua família e de sua comunidade".[3]

Na sociedade ateniense, a virtuosidade identifica-se com o contexto social da cidade-estado, de sorte que ser um homem bom está intimamente ligado a ser um bom cidadão.[4] Essa forma de vida envolve generosidade, honra, coragem, justiça, temperança, como habilidades adquiridas pelo esforço e desenvolvimento humano. Por outro lado, na perspectiva grega, qualidades como humildade, parcimônia e consciência não poderiam aparecer nas listas de virtudes,[5] por serem expressões de fraqueza, não de coragem, dentro de uma cultura regida pelos jogos e disputas.

---

2 MacIntyre, Alasdair. *Depois da virtude: um estudo sobre teoria moral*. Campinas, SP: Vide Editorial, 2021, p. 191.

3 MacIntyre, 2021, p. 191.

4 MacIntyre, 2021, p. 207.

5 MacIntyre, 2021, p. 208.

Na mente carismática, a concepção de revestimento de poder e transformação do caráter operado pelo Espírito na vida do crente afasta-se da noção heroica grega, no sentido de mérito, força e desenvolvimento humano. O *areté* não é atributo do herói, do aristocrata ou do político habilidoso, mas de toda e qualquer pessoa, grande ou pequena, que tenha recebido em graça o Espírito de Deus, seus dons e virtudes. Tais virtudes referem-se tanto ao encorajamento carismático como também à postura de abnegação e humildade, aspectos marcantes da espiritualidade direcionada pelo Espírito. Somente pelo caráter transformado é possível exercitar o conselho de Paulo: "Nada façais por contenda ou por vanglória, mas por humildade; cada um considere os *outros superiores a si mesmo*" (Filipenses 2:3). *Isso porque são outros os referenciais de sociedade e de boa vida do cristão que tem Cristo como exemplo e se deixa dirigir pelo Espírito.*

No trato com a esfera social, o princípio das virtudes públicas aponta que é preciso coragem e destemor para lidar com situações de abuso, violência, desrespeito, injustiça e ofensas aos direitos humanos básicos. Ao mesmo tempo, a conduta pública é orientada pelo amor (*ágape*), a virtude mais excelente. O amor caridoso é o núcleo das demais virtudes, essenciais para cultivar uma vida social em harmonia: o gozo, a paz, a longanimidade, a benignidade, a bondade, a fidelidade, a mansidão, o domínio próprio. Essas virtudes conduzem a uma presença cristã cidadã que compartilha alegria, produz pacificação, generosidade, altruísmo, bondade, autenticidade, afetividade e temperança.

12.4. Uma síntese da mente carismática

À luz desses aspectos centrais, sugiro que a mente carismática, apesar das conexões com as demais tradições protestantes, possui importantes distintivos capazes de contribuir com as amplas discussões da teologia pública e cooperar com o bem comum e com os ideais de uma sociedade plural e tolerante. Com base no que expus ao longo das páginas anteriores, finalizo com a síntese dos principais pontos da mente carismática:

1. A crença de que Cristo é o Senhor e Salvador indica a queda, a depravação e a limitação espiritual e moral do ser humano. Ao declarar que Jesus salva, por sua morte sacrificial, a mente carismática enuncia toda a sua confiança e esperança de que Cristo é o Messias que veio, e o seu Reino encontra-se entre nós. O cristão vive essa dimensão presente da salvação com muita intensidade, como um verdadeiro súdito desse Reino. Isso tem implicações políticas. Fora de Cristo, não há outro salvador; não existe messias político ou salvação por qualquer outro meio, a não ser no Filho de Deus.

Consequentemente, isso afasta qualquer subserviência ideológica, messianismo político e dependência eclesiástica aos poderes humanos.

2. A mente carismática compreende que ao homem regenerado foi dada não somente uma nova posição diante de Deus como justificado, mas uma *nova humanidade*. A morte de Cristo resgata a plenitude da imagem de Deus no homem, desfigurada outrora com a queda no Éden, e revigora os atributos humanos de propósito, liberdade, igualdade, valor e dignidade.

3. A política e o Estado são vistos como instrumentos de administração para a vida em sociedade, mas não como fins em si mesmos. Em essência, o evangelho pleno descarta a ideia de *libertação política*, pois somente Cristo é o libertador. Também rejeita as teologias que visam à dominação cristã; afinal, nenhum poder humano pode ser absolutizado, nem mesmo aquele reivindicado pela religião. Seguindo as narrativas bíblicas, a mente carismática não busca poder e predomínio. Em vez de uma influência política e organizacional, os pentecostais são caracterizados pela influência comunicativa e orgânica, de dentro para fora e de baixo para cima.

4. Além de salvador, Cristo é o santificador do seu povo, apontando para os padrões morais e éticos esperados da comunidade cristã. Ao mesmo tempo que estrutura a integridade individual, pela transformação do caráter, a santidade embasa uma ética social e relacional. A santificação do povo de Deus inclui não somente sua purificação, mas também sua consagração para testemunhar e contribuir com a melhoria do mundo e o bem-estar das pessoas.

5. Afora a erradicação dos efeitos do pecado no nível pessoal, a santidade conduz à busca da perfeição que acarreta efeitos sociopolíticos, impactando organizações e instituições locais.[6] Ao mesmo tempo que preserva certa marginalidade e separação cristã em relação ao mundo, uma política de santidade inspira compromisso cultural de engajamento e transformação, discernido pelo Espírito e conduzido para a glória de Deus.[7]

6. A mente santificada se projeta como imaginário que confronta os projetos de *desencantamento* do mundo e *desdivinização* do universo, vendo o mundo impregnado do sagrado e da presença do Espírito de Deus.

---

[6] Yong, 2009, posição 2337.

[7] Yong, 2009, posição 2337.

7. A declaração de que Cristo é o Rei que voltará firma a esperança escatológica do povo de Deus. No seu trato com a cultura, com a economia e com a política, a mente carismática revela os valores de abnegação, sacrifício e altruísmo apreendidos no íntimo na fé, sempre tendo em consideração a sua condição escatológica.

8. A esperança escatológica se opõe tanto à visão apocalíptica (que leva à fuga da realidade), quanto à inauguração do reino vindouro, na tentativa de se criar um reino terrestre, que conduz à aplicação imediata do juízo sobre os maus pela via política. A esperança cristã engloba o dom do Espírito que nos atrai para a história de Jesus e evita uma mentalidade escapista, permitindo um desempenho em praça pública, como um povo de oração, adoração e louvor, testemunhando os poderes da cruz, como antecipação da restauração futura.

9. Pelo revestimento de poder, os cristãos são capacitados para o testemunho. A mente carismática manifesta-se pela presença fiel do cristão em todas as dimensões da sociedade, visto que o poder recebido mediante o batismo é poder para a evangelização e testemunho diante do mundo.

10. A espiritualidade revestida de poder que fundamenta o evangelho pleno encoraja os cristãos ao anúncio do evangelho mesmo vivendo à margem e diante das hostilidades e perseguições. O apoderamento do Espírito capacita o crente para testemunhar explicitamente na praça pública, instigando-o também a uma vida de comunidade, mutualidade e generosidade.

11. A fé carismática entende que a efusão do Espírito Santo capacita o crente à participação política de forma amorosa e ao mesmo tempo corajosa na cidade, confrontando, quando for o caso, o próprio Estado.

12. A presença pública é centrífuga, irradiando do seu centro de experiência e expandindo cada vez mais. O testemunho fora do cenáculo começa pela preocupação com as famílias, com os bairros e as comunidades menores, refletindo sobre suas necessidades espirituais, físicas e materiais. Antes de lidar com a cultura mais abrangente, atingindo ruas e praças, e com as questões políticas e globais, a espiritualidade carismática começa seu caminhar público pelos domésticos na fé, seus familiares e vizinhos.

13. A mente carismática irá expressar o seu distintivo comunitário a partir das camadas mais pobres e marginalizadas da sociedade, por meio da diaconia e do cuidado social. As igrejas pentecostais funcionam como famílias estendidas, com grupos e células onde os membros são cercados por pessoas que zelam por elas e por suas famílias, cuidando de órfãos e viúvas e realizando uma série de outras ações sociais que variam de país para país, dependendo das necessidades de cada contexto local.

14. O pentecostalismo possui aptidão para alterar dinâmicas comunitárias e lida de um jeito diferente com a modernidade e com o fenômeno da secularização, e é considerado um "impulsionador poderoso de mudanças culturais radicais".

15. Tendo a igreja primitiva como modelo, a interação com a cultura se caracteriza por uma flexibilidade cultural inerente, ora promovendo rupturas, ora se adequando aos padrões culturais vigentes, operando continuidades e descontinuidades.

16. A mente carismática rompe com a tradição de preconceito e discriminação, partindo da premissa bíblica de que o Espírito de Deus, o Consolador, é para "toda a carne", e age indistintamente no meio do seu povo, independentemente de raça, cor ou sexo. O pentecostalismo enxerga nas palavras de Pedro em Atos 10:34 ("Deus não faz acepção de pessoas") uma diretriz vital para a vida em sociedade.

17. A mente carismática é essencialmente plural. É conservadora nos costumes e ortodoxa nas doutrinas, sem ser reacionária e fundamentalista. Apesar da sua característica voltada para a experiência, a autoridade bíblica permanece como um elemento central dentro do movimento.

18. A cultura, os arranjos sociais e o poder governamental não são tomados à força, e sim mediante um processo (sobre)natural de amor e serviço que acompanham a pregação do evangelho e o testemunho público.

19. No imaginário carismático, não existe uma ideia de transformação cultural como projeto teológico. Os impactos sociais, culturais e políticos são reflexos inescapáveis do compromisso pentecostal com a *ordem testemunhal* de Cristo aos seus discípulos. A igreja, com efeito, não tem uma estratégia social; ela própria é uma estratégia social.

20. Além da experiência, existem certas pressuposições, convicções e compromissos teológicos que constituem um ponto de vista da espiritualidade pentecostal. No entanto, ela não se amolda a uma concepção de cosmovisão cristã cognitivista e racionalista. A mente carismática busca integrar as crenças, afetos e ações (ortodoxia, ortopatia, ortopraxia). O afeto dominante é o amor e a paixão pelo Reino de Deus.

21. Essas crenças, afetos e práticas se conectam e se retroalimentam, criando uma forma abrangente de viver a fé e ver o mundo. A participação no sobretural, por meio dos dons do Espírito, dão sentido ao existir pentecostal. O imaginário que emerge dessa espiritualidade oferece orientações fundamentais que direcionam a vida como um todo.

22. O imaginário carismático é um comprometimento, uma orientação fundamental do coração, por meio de uma profunda paixão por viver e esperar o Reino, sob o domínio do Espírito, que se expressa por meio de hábitos, práticas e crenças elementares, as quais fornecem o alicerce sobre o qual os pentecostais vivem neste mundo.

23. A mente carismática não se enquadra em um único modelo de relação com a cultura, pois equivaleria a amalgamar a espiritualidade pentecostal em um modelo metodologicamente restritivo e incapaz de dar conta da energia vibrante e polissêmica da tradição do povo do Espírito. No relacionamento com a sociedade, há continuidades e descontinuidades, aproveitamento e rupturas sociais.

24. Em um primeiro momento, a mente carismática tem um caráter contracultural, representado por certo afastamento dos padrões culturais vigentes, especialmente aqueles nocivos ao testemunho cristão. Mas também se aproveita do que há de bom, belo e verdadeiro na sociedade e os canaliza para o bem da vida e da pregação do evangelho.

25. Convictos da realidade do pecado e da depravação humana, os pentecostais afirmam a necessidade de serem conduzidos pelo Espírito da verdade e da santificação para que saibam decidir o que acolher e o que rejeitar na sociedade. Nesse processo de interação, o cristão procura preservar as características essenciais da sua espiritualidade pujante e vívida, sempre partindo da experiência do cenáculo.

26. Ao se desenvolver como teologia pública, a fé pentecostal tem três grandes desafios: ir além do discurso, ser fiel aos seus pressupostos espirituais e rejeitar o desejo de dominação política.

27. Em relação aos modelos cristãos de teologia pública, existem aproximações e distanciamentos com a fé pentecostal, comungando de vários pontos das principais correntes cristãs de vivência pública, dentro da tradição protestante, em especial; mas, em razão da sua polissemia, dinamismo e distintivos, não se enquadra exclusivamente em nenhum desses modelos.

28. A mente carismática, como elaboração teológica, surge como a articulação interativa entre as experiências pentecostais fundamentais e o testemunho diante da sociedade. Ela se apresenta como uma forma de compreender como o povo salvo e revestido de poder vivenciou (e vivencia) a espiritualidade no íntimo da fé dentro do cenáculo e como expressa do lado de fora sua devoção, percepções e hábitos, formando um imaginário que dá sentido e orienta a vida como um todo.

29. A mente carismática leva o sentido da salvação, da santificação, do serviço, da esperança escatológica e do batismo no Espírito como premissas que nos ajudam a nos relacionar com a cultura, com a economia e com a política.

30. Com base nesses elementos, três princípios articulam a ideia de uma teologia pública de matriz pentecostal: princípio do testemunho pleno, princípio da presença fiel carismática e princípio das virtudes públicas no Espírito.

Epílogo

A nossa jornada ao longo do desenvolvimento desta obra foi mais longa do que eu havia previsto, porém chegamos ao seu término, com o desejo de que tenha contribuído, de algum modo, para elucidar a dimensão, a beleza e a riqueza da mente carismática.

Não se trata, é claro, de um ponto final, mas de um ponto e vírgula que abre caminho para que outros estudiosos brasileiros prossigam em colaborar com o tema.

Peço desculpas por eventuais imprecisões ao longo do livro, pois, como todo e qualquer trabalho humano, está sujeito a correções e adaptações inerentes à escrita e ao fazer teológico.

Minha oração é que, assim como foi para mim durante a pesquisa e escrita deste trabalho, o presente livro seja revigorante, esclarecedor e sobretudo inspirador na sua vida, não somente no aspecto intelectual, mas especialmente no aspecto espiritual, a fim de perceber que a fé pentecostal-carismática é a expressão do evangelho, com singeleza, devoção, humildade, amor e, ao mesmo tempo, com coragem e audácia.

Do fundo da minha alma, oro para que o mesmo poder do evangelho que experimentamos dentro de nossas igrejas se revele fora delas; da mesma maneira que usamos os dons dentro da nossa comunidade, que eles sejam expressos para o bem comum no âmbito da sociedade, a fim de que o nosso testemunho de Cristo seja pleno e abnegado. Afinal, o verdadeiro Pentecostes vai além do cenáculo!

Glória a Deus!

Bibliografia

ALLEN, David. *Expiação: um estudo bíblico-teológico e histórico da cruz de Cristo*. Natal: Carisma, 2020.

ANDERSON, Allan H. *Uma introdução ao pentecostalismo: cristianismo carismático mundial*. São Paulo: Loyola, 2019.

ARCHER, Kenneth. *The Gospel Revisited: Towards a Pentecostal Theology of Wordship And Witness*. Eugene, Oregon: Pickwick Publications, 2010.

ARISTÓTELES. *Ética a Nicômaco*. São Paulo: Martin Claret, 2015.

ARMSTRONG, A. *O fim da pobreza: o evangelho, a nova criação e a necessidade de um salvador*. São Paulo: Vida Nova, 2015.

ARRINGTON, French L.; STRONSTAD, Roger. *Comentário bíblico pentecostal: Novo Testamento*. Vol. 1. Rio de Janeiro, CPAD, 2015.

BENTHO, Esdras Costa. Ponto de Contato. *Lições bíblicas: as doutrinas bíblicas pentecostais*. Rio de Janeiro: CPAD, 2006, p. 51, abril.

BERKHOF, Louis. *Teologia sistemática*. São Paulo: Cultura Cristã, 2012.

BLAMIRES, Harry. *A mente cristã: como um cristão deve pensar*. São Paulo: Shedd Publicações, 2006.

BONINO, José Míguez. *Em busca de poder: evangélicos e participação política na América Latina*. E-book. Rio de Janeiro: Novos Diálogos, 2011.

BRAND, Chad Owen (Org.). *Batismo no Espírito Santo: um debate entre as tradições*. Natal, RN: Carisma, 2019.

BRUCE, F. F. *Paulo: o apóstolo da graça*. São Paulo: Shedd Publicações, 2003.

CAMPOS, Bernardo. *O princípio da pentecostalidade: hermenêutica, história e teologia*. São Paulo: Recriar, 2018.

CARSON, D. A. *Cristo e cultura: uma releitura*. São Paulo: Vida Nova, 2012.

CARVALHO, César Moisés. *Pentecostalismo e pós-modernidade: quando a experiência sobrepõe-se à teologia*. Rio de Janeiro: CPAD, 2019.

________; CARVALHO, Céfora. *Teologia sistemático-carismática: a conexão pneumática entre as principais doutrinas da fé cristã*. São Paulo: Thomas Nelson, 2022.

CATROGA, Fernando. *Entre deuses e césares: secularização, laicidade e religião civil*. Coimbra: Almedina, 2010.

COUTO, Vinícius (Org.). *Cosmovisão cristã: reflexões éticas contemporâneas a partir da teologia arminio-wesleyana*. São Paulo: Reflexão, 2019.

COX, Harvey. *O futuro da fé*. São Paulo: Paulus, 2015.

DANIEL, Silas. *O batismo no Espírito e as línguas como sua evidência: a imersão plena no profetismo da nova aliança*. Rio de Janeiro: CPAD, 2020.

DAYTON, Donald. *Raízes teológicas do pentecostalismo*. Natal, RN: Carisma, 2018.

DOOYEWEERD, Herman. *Estado e soberania: ensaios sobre cristianismo e política*. São Paulo: Vida Nova, 2014.

EARLE, Ralph; MAYFIELD, Joseph H. *Comentário bíblico Beacon*. Vol. 7. Rio de Janeiro: CPAD, 2016.

EINWECHTER, William. *Ética e a lei de Deus: uma introdução à teonomia*. Brasília, DF: Monergismo, 2009.

FEE, G. D. *Paulo, o Espírito e o povo de Deus*. São Paulo: Vida Nova, 2015.

FIENSY, D. A. *Christian Origins and the Ancient Economy*. Oregon: Cascade Books, 2014.

FINNIS, John. *Direito natural em Tomás de Aquino*. Porto Alegre: Fabris, 2017.

_______. *Fundamentos de ética*. Rio de Janeiro: Elsevier, 2012.

GARLAND, David E. *Atos*. Série Comentário Expositivo. São Paulo: Vida Nova, 2019.

GEISLER, Norman. *Enciclopédia de apologética: respostas aos críticos da fé cristã*. São Paulo: Vida, 2002.

GEORGE, Timothy. *Teologia dos reformadores*. Edição revisada e ampliada. São Paulo: Vida Nova, 2017.

GOHEEN, Michael W.; BARTHOLOMEW, Craig G. *Introdução à cosmovisão cristã: vivendo na intersecção entre a visão bíblica e a contemporânea*. São Paulo: Vida Nova, 2016.

GONÇALVES, José. *O carisma profético e o pentecostalismo atual: pressupostos para uma práxis carismática autêntica*. Rio de Janeiro: CPAD, 2021.

GONZÁLEZ, Justo L. *Atos: o Evangelho do Espírito Santo*. São Paulo: Hagnos, 2011.

_______. *Economia e fé no início da era cristã*. São Paulo: Hagnos, 2015.

GREEN, Michael. *II Pedro e Judas: introdução e comentário*. São Paulo: Mundo Cristão, 1983.

GRENZ, Stanley. *A busca da moral: fundamento da ética cristã*. São Paulo: Vida, 2006.

HARPER, A. F. (Coord.). *Comentário bíblico Beacon: João a Atos*. Vol. 7. Rio de Janeiro: CPAD, 2006.

HIEBERT, Paul G. *Transformando cosmovisões: uma análise antropológica de como as pessoas mudam*. São Paulo: Vida Nova, 2016.

HOLLENWEGER, Walter. *The Pentecostals: The Carismatic Movement in the Churches*. Minneapolis, Minnesota: Augsburg Publishing House, 1971.

HORTON, Michael. *O cristão e a cultura*. São Paulo: Vida, 2006.

HORTON, Stanley. *O avivamento pentecostal*. 4. ed. Rio de Janeiro: CPAD, 2001.

_______. *Teologia sistemática: uma perspectiva pentecostal*. Rio de Janeiro: CPAD, 1996.

HUNTER, James Davison. *To Change the World: The Irony, Tragedy, & Possibility of Christianity in the Late Modern World*. 1. ed. Oxford: Oxford University, 2010.

JENKINS, Philip. *A próxima cristandade: a chegada do cristianismo global*. Rio de Janeiro: Record, 2004.

JOHNSTON, Jeremiah. *Inimaginável: o que nosso mundo seria sem o cristianismo*? Rio de Janeiro: CPAD, 2018.

KEENER, Craig S. *A mente do Espírito: a visão de Paulo sobre a mente transformada*. São Paulo: Vida Nova, 2018.

_______. *Comentário exegético Atos: Volume 1 – Introdução e caps. 1.1 a 2.47*. Rio de Janeiro: CPAD, 2022.

_______. *Comentário histórico-cultural da Bíblia – Novo Testamento*. São Paulo: Vida Nova, 2017.

_______. *Entre a história e o Espírito: o testemunho apostólico do livro de Atos*. Rio de Janeiro: CPAD, 2021.

_______. *O Espírito Santo na igreja*. São Paulo: Vida Nova, 2018.

KELLER, Timothy. *Igreja centrada: desenvolvendo em sua cidade um ministério equilibrado e centrado no evangelho*. São Paulo: Vida Nova, 2014.

_______; INAZU, John. *Mundo plural*. São Paulo: Vida, 2021.

_______. *Justiça generosa: a graça de Deus e a justiça social*. São Paulo: Vida Nova, 2006.

KIRK, Russell. *A era de T. S. Eliot*. São Paulo: É Realizações, 2011.

KRAYBILL, Donald. *O reino de ponta cabeça*. São Paulo: JesusCopy, 2017.

KUYPER, Abraham. *Calvinismo*. São Paulo: Cultura Cristã, 2019.

KUYPER, Abraham. *O problema da pobreza*: A questão social e a religião cristã. São Paulo: Thomas Nelson, 2020.

LAGO, Davi. *Brasil Polifônico: Os evangélicos e as estruturas de poder*. São Paulo: Mundo Cristão, 2018.

LAND, Steven. *Pentecostal Spirituality: A Passion for the Kingdom*. Cleveland, Tennessee: CPT Press, 2010.

LEITE, Cláudio; CARVALHO, Guilherme de; CUNHA, Maurício (Orgs.). *Cosmovisão cristã e transformação*. Viçosa, MG: Ultimato, 2006.

LEVISON, Jack. *Inspirado: O Espírito Santo e a mente de fé*. Rio de Janeiro: Thomas Nelson Brasil, 2022.

LLOYD-JONES, Martyn. *O batismo e os dons do Espírito: poder e renovação segundo as Escrituras*. Natal, RN: Carisma, 2018.

LOPES, Hernandes Dias. *Atos: a ação do Espírito Santo na vida da igreja*. São Paulo: Hagnos, 2012.

LUTERO, "Sobre a autoridade secular", in: HÖPFL, Harro (Org.). *Sobre a autoridade secular*. São Paulo: Martins Fontes, 2015.

MACCHIA. Frank D. *Batizados no Espírito: uma teologia pentecostal global*. Rio de Janeiro: Thomas Nelson, 2024.

MACINTYRE, Alasdair. *Depois da virtude: um estudo sobre teoria moral*. Campinas, SP: Vide Editorial, 2021.

MCGEE, Gary. *Evidência Inicial: perspectivas históricas e bíblicas sobre a doutrina pentecostal do Batismo no Espírito*. Natal/RN, Carisma, 2019.

MCGRATH, Alister. *A revolução protestante*. Brasília: Palavra, 2012.

_______. *Teologia sistemática, histórica e filosófica: uma introdução à teologia cristã*. São Paulo: Shedd Publicações, 2005.

MENDOZA-ÁLVAREZ, Carlos. *O Deus escondido da pós-modernidade: desejo, memória e imaginação escatológica. Ensaio de teologia fundamental pós-moderna*. São Paulo: É Realização, 2011.

MENZIES, Robert. *Glossolalia: Jesus e a Igreja Apostólica como modelos sobre o dom de línguas*. Natal, RN: Carisma, 2019.

_______. *Pentecostes: essa história é a nossa história*. Rio de Janeiro: CPAD, 2016.

_______, William W.; HORTON, Stanley M. *Doutrinas bíblicas: os fundamentos da nossa fé*. Rio de Janeiro: CPAD, 1995.

_______, William W. e Robert. *No poder do Espírito: fundamentos da experiência pentecostal — um chamado ao diálogo*. Natal, RN: Carisma, 2020.

MOODY, D. L. *O poder secreto do Espírito Santo*. Rio de Janeiro: CPAD, 1998.

MORELAND, J. P. *O triângulo do Reino*. São Paulo: Vida, 2011.

Moreira, Weder Fernando. *Anatomia do Pentecostes: uma análise exegética e teológica de Atos* 2. Editora Palavra Fiel: 2022.

Nañes, Rick. *Pentecostal de coração e mente: um chamado ao dom divino do intelecto*. Trad. Ana Schaffer. São Paulo: Vida, 2007.

Nascimento, Valmir. *Deus nos amou primeiro: um estudo da graça preveniente* [e-book]. Cuiabá: Palavra Fiel, 2021.

_______. *Entre a fé e a política: participação dos evangélicos no processo político-eleitoral — reflexões sobre a legitimidade, abuso de poder e ética cristã na esfera pública*. Rio de Janeiro: CPAD, 2018.

Naugle, David K. *Cosmovisão: a história de um conceito*. Brasília: Monergismo, 2017.

Newbigin, Lesslie. *O evangelho em uma sociedade pluralista*. Viçosa, MG: Ultimato, 2016.

Niebuhr, Richard H. *Cristo e cultura*. Rio de Janeiro: Civilização Brasileira, 1967.

Novais, Tiago de Melo. *Neocalvinismo*: *tradição e fundamentos*. 1. edição eletrônica. São Paulo: Mundo Cristão, 2022.

Oakeshott, Michael. *A política da fé e a política do ceticismo*. São Paulo: É Realizações, 2018.

Olson, Roger. *História das controvérsias na teologia cristã*. São Paulo: Vida, 2004.

_______. *Teologia arminiana: mitos e realidades*. São Paulo: Reflexão, 2013.

Padilla, René. *Missão integral: ensaios sobre o Reino e a igreja*. São Paulo: Temática Publicações, 1992.

Palmer, Michael D. *Panorama do pensamento cristão*. Rio de Janeiro: CPAD, 2018.

Pearcey, Nancy. *Verdade absoluta: libertando o cristianismo do seu cativeiro cultural*. Rio de Janeiro: CPAD, 2006.

Pinheiro, Victor Sales (Org.). *A filosofia do direito natural de John Finnis*: Volume 1: conceitos fundamentais. Rio de Janeiro: Lumen Juris, 2020.

Pomerville, Paul A. *A força pentecostal em missões: entendendo a contribuição dos pentecostais na teologia missionária contemporânea*. Rio de Janeiro: CPAD, 2020.

Pommerening, Claiton Ivan, "Pentecostalismo líquido: fluidez teológica entre o pentecostalismo", *Azusa: Revista de Estudos Pentecostais*, p. 147. Disponível em: www.ceeduc.edu.br/pdf/azusa/volume4/1_claiton_ivan_pommerening.pdf. Acesso em: 13 jan. 2016.

Ramos, Leonardo; Camargo, Marcel; Amorim, Rodolfo. *Fé cristã e cultura contemporânea: cosmovisão cristã, igreja local e transformação integral*. Viçosa, MG: Ultimato, 2009.

Razzo, Francisco. *A imaginação totalitária: os perigos da política como esperança*. Rio de Janeiro: Record, 2016.

Rawls, John. *O liberalismo político*. São Paulo: Martins Fontes, 2020.

Richards, Lawrence. *Comentário devocional da Bíblia*. Rio de Janeiro: CPAD, 2012.

_______. *Comentário histórico-cultural do Novo Testamento*. 3. ed. Rio de Janeiro: CPAD, 2008.

Rodrigues, Zwínglio. *Uma introdução ao arminianismo clássico: história e doutrinas*. São Paulo: Reflexão, 2015.

Scruton, Roger. *A alma do mundo: a experiência do sagrado contra o ataque dos ateísmos contemporâneos*. Rio de Janeiro: Record, 2017.

_______. *O rosto de Deus*. São Paulo: É Realizações, 2015.

Shelton, Brian W. *Prevenient Grace: God's Provision for Fallen Humanity*. Indiana: Francis Asbury Press, 2014.

Simpson, A. B. *The Fourfold Gospel*. E-book Kindle. Canadá: In His Image Ministries.

SINNER, R. von, "Teologia pública no Brasil: um primeiro balanço", *Perspectiva Teológica*, [S.l.], vol. 44, n. 122, p. 11, 2012. DOI: 10.20911/21768757v44n122p11/2012. Disponível em: www.faje.edu.br/periodicos/index.php/perspectiva/article/view/1589. Acesso em: 26 ago. 2022.

SIQUEIRA, Gutierres Fernandes. *Quem tem medo dos evangélicos?: religião e democracia no Brasil de hoje*. São Paulo: Mundo Cristão, 2022.

_______; TERRA, Kenner. *Autoridade bíblica e experiência no Espírito: a contribuição da hermenêutica pentecostal-carismática*. Rio de Janeiro: Thomas Nelson, 2020.

SIRE, James. *Dando nome ao elefante: cosmovisão como um conceito*. Trad. Paulo Zacharias e Marcelo Herberts. Brasília, DF: Monergismo, 2012.

_______. *O universo ao lado: um catálogo básico sobre cosmovisão*. 4. ed. Trad. Fernando Cristófalo. São Paulo: Hagnos, 2009.

SMITH, James K. *Aguardando o Rei: reformando a teologia pública*. Liturgias Culturais. Vol. 3. São Paulo: Vida Nova, 2020.

_______. *Desejando o Reino: culto, cosmovisão e formação cultural*. São Paulo: Vida Nova, 2018.

_______. *Pensando em línguas: contribuições pentecostais para a filosofia cristã*. Rio de Janeiro: Thomas Nelson Brasil, 2020.

SOARES, Esequias. *O pentecostalismo brasileiro: um guia histórico e teológico para compreender o Pentecostes no Brasil*. Rio de Janeiro: CPAD, 2021.

SPYER, Juliano. *Povo de Deus: quem são os evangélicos e por que eles importam*. São Paulo: Geração Editorial, 2020.

STRONSTAD, Roger. *A teologia carismática de Lucas: trajetórias do Antigo Testamento a Lucas-Atos*. Rio de Janeiro: CPAD, 2018.

_______. *Teologia lucana sob exame: experiências e modelos paradigmáticos em Lucas-Atos*. Natal, RN: Carisma, 2018.

SYNAN, Vinson. *O século do Espírito Santo*. São Paulo: Vida, 2009, p. 357.

TAYLOR, Charles. *Uma era secular*. São Leopoldo, RS: Unisinos, 2010.

TRACY, David. *A imaginação analógica: a teologia cristã e a cultura do pluralismo*. São Leopoldo, RS: Unisinos, 2006.

VAILATTI, Carlos Augusto. *Expiação ilimitada*. São Paulo: Reflexão, 2016.

VANHOOZER, Kevin J.; STRACHAN, Owen. *O pastor como teólogo público: recuperando uma visão perdida*. São Paulo: Vida Nova, 2016.

VOLF, Miroslav. *Uma fé pública: como o cristão pode contribuir para o bem comum*. São Paulo: Mundo Cristão. Edição do Kindle, 2018.

WRIGHT, N. T. *Atos para todos*. Parte 2: Atos 13—28. São Paulo: Thomas Nelson, 2020.

YONG, Amos. *In the Days of the Caezar: Pentecostalism and Political Theology* (Sacra Doctrina: Christian Theology for a Postmodern Age). E-book. Grand Rapids, Michigan: The Cadbury Lectures, 2009.

_______. *O Espírito derramado sobre a carne: pentecostalismo e a possibilidade de uma teologia global*. Campinas, SP: Aldersgate, 2022.

_______. *Quem é o Espírito Santo?: uma caminhada com os apóstolos*. Cuiabá: Palavra Fiel, 2019.

O autor

VALMIR NASCIMENTO MILOMEM SANTOS

Doutorando em Filosofia Política e Social (Unisinos); bacharel e mestre em Teologia (Faculdades EST); jurista, pós-graduado em Estado Constitucional e Liberdade Religiosa, com estudos na Universidade de Coimbra (Portugal) e Universidade de Oxford (Inglaterra); 3º vice-presidente acadêmico do Instituto Brasileiro de Direito e Religião (IBDR); analista da justiça eleitoral; pastor da Assembleia de Deus em Cuiabá/MT, onde preside o Conselho de Educação e Cultura; *head* da Academia Teológica; escritor e conferencista. Casado com Carla Marcele Milomem, é pai do Vinícius e da Beatriz.

@valmir.nascimento.ms

Este livro foi impresso pela Reproset, em 2024, para
a Thomas Nelson Brasil. O papel do miolo é
Ivory slim 65g/m², e o da capa é cartão 250g/m².